高校大学生思想政治教育理论与实践创新路径研究

刘爱萍◎著

吉林出版集团股份有限公司

图书在版编目（CIP）数据

高校大学生思想政治教育理论与实践创新路径研究 /
刘爱萍著 . — 长春 : 吉林出版集团股份有限公司，
2020.5

ISBN 978-7-5581-8475-8

Ⅰ . ①高… Ⅱ . ①刘… Ⅲ . ①大学生－思想政治教育
－研究－中国 Ⅳ . ① G641

中国版本图书馆 CIP 数据核字 (2020) 第 060081 号

高校大学生思想政治教育理论与实践创新路径研究

著　　者	刘爱萍	
责任编辑	王　平　　白聪响	
封面设计	李宁宁	
开　　本	787mm×1092mm　　1/16	
字　　数	264 千	
印　　张	14.25	
版　　次	2021 年 3 月第 1 版	
印　　次	2023 年 4 月第 2 次印刷	
出　　版	吉林出版集团股份有限公司	
电　　话	010–63109269	
印　　刷	炫彩（天津）印刷有限责任公司	

ISBN 978-7-5581-8475-8　　　　　　　　定价：58.00 元

前　言

当今世界，全球化已成必然趋势，这促进了各国政治、经济、文化、科技、教育方面的沟通交流，促使国际竞争日趋激烈，科技与人才成为国家综合国力较量的重点。人才竞争的实质是教育的竞争，教育特别是高等教育，在"人才强国""科教兴国"战略与国家知识创新体系的建设中扮演着越来越重要的角色。

高校思想政治教育工作是培养社会主义建设合格人才的保证，是全面实施素质教育的根本手段。因此，我们必须从实施科教兴国的战略高度，从把他们培养成为德、智、体、美、劳全面发展的社会主义事业建设者和接班人的战略高度，充分认识加强高校思想政治工作的战略性和迫切性。在文化多元化发展的今天，探索高校思想政治工作，是形势的要求，同时也是高校育人目标的体现。

高校大学生思想政治教育工作事关人才培养质量，如何改进和加强大学生思想政治教育工作，使其主动适应高端技能型人才培养的需要，是摆在高校大学生思想政治教育工作者面前的重要问题。面对复杂多变的国内外形势，只有始终坚持德育为首、育人为本、全员育人的育人思想，不断创新思想政治教育工作，着力构建全员、全程、全方位育人的思想政治教育工作格局，才能不断开创大学生思想政治教育工作的新局面。

由于水平和时间的限制，书中难免有疏漏和不妥之处，恳请各位读者和专家批评指正。

目　录

第一章　高职院校思想政治教育概述 …………………………………… 1

第一节　高职院校加强思想政治教育的必要性 ………………… 1

第二节　新时代高职院校大学生思想政治教育基本状况 ………… 9

第三节　高职院校大学生思想政治教育的保障机制 …………… 15

第二章　全球化视域下高职院校思想政治教育的内容创新 …… 34

第一节　高职院校思想政治教育内容创新的目标、原则与理论依据 … 34

第二节　高职院校思想政治教育内容创新的任务要求 ………… 43

第三章　高职院校大学生思想政治教育创新元素 ……………… 63

第一节　高职院校大学生思想政治教育观念创新 ……………… 63

第二节　高职院校大学生思想政治教育内容创新 ……………… 70

第三节　高职院校大学生思想政治教育方法创新 ……………… 72

第四节　高职院校大学生思想政治教育载体创新 ……………… 78

第五节　高职院校大学生思想政治教育机制创新 ……………… 81

第六节　高职院校大学生思想政治教育价值创新 ……………… 84

第七节　高职院校大学生思想政治教育管理创新 ……………… 86

第四章　不同背景下的大学生思想政治教育创新研究 ………… 92

第一节　多元文化背景下的大学生思想政治教育创新 ………… 92

第二节　新媒体背景下的大学生思想政治教育创新 …………… 96

第三节　构建和谐社会背景下的大学生思想政治教育创新 …… 102

第四节　影视文化影响背景下的大学生思想政治教育创新 …… 106

第五章 新媒体时代给大学生思想政治教育带来的机遇与挑战 … 110

第一节 大学生思想政治教育在新媒体时代迎来新机遇 ………… 110

第二节 大学生思想政治教育在新媒体时代面临的新挑战 ………… 111

第三节 新媒体环境下加强和改进大学生思想政治教育的重大意义 116

第六章 新媒体环境下加强和改进大学生思想政治教育的对策思考 ……… 119

第一节 结合新媒体特点，坚持思想政治教育科学性原则 …………119

第二节 开展媒介素养教育，增强大学生媒介免疫力 ………… 121

第三节 运用现代技术，促使教育手段新媒体化 ………… 124

第四节 紧跟新媒体发展步伐，加强师资队伍建设 ………… 127

第五节 新媒体时代大学生思想政治教育的方法创新 ………… 129

第七章 高职院校构建"浸润式"思想政治教育模式的探索与实践 ……… 133

第一节 高职院校构建"浸润式"思想政治教育模式的有效探索 … 133

第二节 高职院校思想政治理论课"浸润式"教学及其呈现 ……… 138

第八章 德育发展在高职院校素质教育中的地位和作用 ………… 145

第一节 大学生思想政治教育在高职院校素质教育中的特殊地位 … 145

第二节 大学生德育发展在高职院校素质教育中的地位和作用 …… 148

第三节 新形势下高职院校思想政治教育工作的环境建设 ………… 152

第四节 加强美育教学，提高大学生艺术鉴赏能力 ………… 156

第九章 高职院校大学生思想政治教育模式创新研究 ………… 161

第一节 高职院校大学生思想政治教育模式新探讨 ………… 161

第二节 树立大学生思想政治教育现代服务意识 ………… 164

第三节 加强大学生思想政治工作队伍建设 ………… 167

第四节 巩固高职院校大学生思想政治教育的理论阵地 ………… 170

第十章 中国梦融入大学生思想政治教育的模式 ………… 175

第一节 中国梦融入大学生思想政治教育的功能及意义 ………175

第二节　中国梦融入大学生思想政治教育的原则 …………………… 187

第三节　中国梦融入大学生思想政治教育中的主渠道 …………… 203

参考文献 …………………………………………………………… 219

187

201

210

第一章 高职院校思想政治教育概述

第一节 高职院校加强思想政治教育的必要性

经济全球化的趋势下，我国同世界的交往更加紧密，社会信息化给经济带来了新的增长点，也使通信发生了变化。市场经济体制会产生很多的矛盾，重视这些变化，它们给大学生思想政治教育带来很多机遇。

随着当今全球化的迅速发展、政治多极化和文化多元化的发展，我国高等教育的发展也进入了不断深入改革和更加注重教育教学质量、不断提高学生思想政治教育的新时期。

高职院校大学生思想政治工作，就是要利用先进的思想理论和实践教育学生，来提高他们认识世界，改造世界的能力。为国家兴旺发达，提高在世界舞台上的竞争力充分发挥自身的创造力和主动性。

高职院校的职能就是人才的培养，近几年随着高等教育改革的不断深入，高职院校教育也从"精英教育"转向了"大众教育"大学生生源的多元化，使得作为受教育者的大学生思想方面也越来越多样化，观念也来越多元化，因此思想政治教育工作在高职院校日常管理过程当中的位置也变得越来越重要。所以大学生的思想政治教育要紧紧围绕人才培养这个中心来进行，加强思想政治教育工作，在人才培养这个工作的基础上中发挥好思想政治教育的强势优势和独特作用。

一、社会形势变化的主要表现

（一）文化多样化

文化是在社会和历史发展中，人们后天创造的、共同享有的精神生活方式。文化是多种多样的。21 世纪后，文化交往的范围越来越大，全球化的文化往来是发展的趋势。在经济和文化的全球化的时代，不同的民族文化相互尊重，相互学习，形成一种文化多元化的现象。文化多样性是世界人民的心愿。联合国教科文组织发表的《世界文化多样性宣言》就提出，文化多样性要作为一种鲜活的宝藏保存下去，并不是一成不变地继承。文化是一切变化的源泉，对维护生物多样性关键性很强。

文化多样性是对最广大人民文化需求的变相反映，体现了人民精神的多样性，代表了文化的繁荣。随着对外交往的增多，我们国内也形成了文化多样性的局面。多样化的发展依赖于科技的发展和生产力的发展。随着社会经济成分的变化，我国的文化出现了"多样文化共存"的局面。

第一，主文化、亚文化、负面文化共存。

主文化是社会价值的主流所在。亚文化是特定群体的独特文化。亚文化是社会转型时期价值观的分化。亚文化如果发展得好，是对主文化的补充，但是不能替代主文化。负面文化背离主文化，并试图取主流文化而代之。

第二，传统文化、西方文化和新时代马克思主义文化的共同发展。

当代中国的文化，是发扬中华民族的传统，以广大人民群众的根本利益作为出发点，体现先进生产力的文化。在文化发展的过程中，传统文化中封建的、消极的文化同样会有所异动，冲击着主流文化。因此，针对文化的真实性和时代性，我们需要积极的甄别和判断。

总的来说，文化多样性是经济全球化、社会信息化、体制市场化带来的必然结果。

在现代社会的环境下，文化多样性使得社会主义文化内容获得丰富，精神文化多样性的需求获得满足，人们的思想观念和价值观受到了强大的冲击，正确的思想观念和价值观的形成受到一定的限制，给大学生思想政治教育带来了严峻的挑战。

综合以上分析，文化多样性对高职学生带来的影响如下。

第一，文化多样性开放宽松的文化环境，使很多学生彻底的解放了思想，摆脱了一些固定模式的束缚，但是也同样让他们在选择上感到困惑，在精神上无所适从，没有安全感。文化多样性之所以造成学生价值观念的薄弱，事物判断和选择的困惑，其根本原因是他们本身欠缺对世界各国文化的理解认识以及在判断选择上的能力，对民族文化的理解和接纳、对文化资源的鉴别以及跨文化交流等方面能力的欠缺，使得他们在多种可能的环境下感到茫然而无所适从，在面对选择时深感无力和孤独，进而被动的使自己陷入尴尬的局面。也因为这样，在他们面临种种困惑与混乱的时候，他们通常都是采取随大流或者跟着感觉走的做法，这也导致他们轻易的盲目跟从。

第二，在多种文化并存，相互交融，互相冲击和碰撞的过程当中，新的文化环境和价值观导向在学生群体当中衍生了更多的创新观念、主体意识、权利意识以及宽容意识。

首先，不断增强的创新观念。大学生是一群具有高素质，热情而充满活力，大胆而富有朝气的年轻群体，他们对新事物新观念的接受和适应能力很强，他们无所畏惧的活跃在时代和社会潮流的尖端，勇于挑战社会和自身存在的惰性，表达自由，行为开放，面对新事物敢于尝试，有担当，有责任感，乐于在社会潮流中扮演领潮人的角色。在文化多样性的背景下，正因为有各种文化的冲突，大学生的创造性与活力被无限的激发，

其次，大学生在主体意识上的日渐凸显。我们从很多地方可以感觉到，现在大多数大学生还是努力从学习书本文化知识向适应社会文化发展的角色方向转变，他们在很多方面都更热切的向世人展现他们在新事物新文化的接受和适应上面具有非常的能力，通过如此来获得社会的认可和尊重。他们在审视时代与社会变化时，通常以独立和批判的眼光来看待，也不再简单地满足于某些既定观念，他们渴望拥有独立的人格和自由的思想，在思考问题时会更多的结合自身的知识体系、真实经验和感官感受，在职业生涯的规划、事业的经营以及认知判断等生活决策决定方面更具有独立性，他们憧憬的是"我的生活由我主宰"。正因为这样的思想观念，大学生在面临选择和判断的时候，主体由社会转变成了自我，他们考虑的不再是"社会需要我做什么、怎么做"，而是"我自己要做什么、怎么做"。显然，在文化多样性的环境下，我们的大学生有着越来越多的选择机会，当然选择的同时思维参照物也越来越多，这无疑有利于增强大学生的主体意识，大学生也更重视个人价值的实现。

再次，对于文化多样表现出的宽容。我们对宽容的理解主要是"容许他人有判断和行动的自由，对不同于自己或传统观点的见解能够耐心公正地予以容忍"。在多样的异质文化交融碰撞时代，对于不同文化的宽容态度关系着不同个人和群体能否和平共荣、共存，关系着能不能够很好的化解他们之间的冲突和矛盾，创造和谐共荣的局面。当然，大学生的这种宽容是一种理性认识、客观看待文化环境的宽容，他们没有对异质文化、异己文化表现出排斥和贬低，他们以一种公平正直的视角看待多样性的文化，将先进文化进行科学的融合。当然，对于不同的人和不同的文化模式，宽容也意味着不同的选择和理解，大家都被允许根据自己对生活和事物的理解和认识，做出自己在生活模式和思维方式上的选择。不过，为了避免道德虚无主义和文化相对主义，大学生的宽容精神也是有限度和原则的。

（二）经济全球化

"经济全球化"在 20 世纪 80 年代由西方学者提出。经济全球化给整个新时代的发展带来了巨大的机遇和挑战。科学的分析世界的发展趋势，清醒地参与到社会发展的机遇和挑战中，这些十分有利于社会主义现代化建设。经济全球化已成为当今世界经济发展的重要特征，它将中国与世界紧密地联系在一起。

经济全球化是以市场经济为基础，以科技和先进的生产力为手段，追逐经济利益，多种要素相互融合的过程。经济全球化中经济活动超越国界，通过对外贸易、技术转移、提供服务、资本流动使各国的经济联系在一起。

简而言之，经济全球化是不以人的意志为转移的，是社会发展的产物。

经济全球化是实现平等、互惠、共同繁荣的问题。要充分地认识经济全球化的历史机遇，发展经济。

经济全球化使大学生的思想进一步解放，在经济全球化的过程中，各种各样的社会思潮使大学生的思想进一步解放，观念进一步更新，思维方式进一步拓展，视野进一步开阔。全球竞争唤醒了他们的自我意识、竞争意识和进取意识。

经济全球化促进了大学生个性的发展，在经济全球化的时代里人们十分崇尚个性，并鼓励个性充分发展，在激烈残酷的竞争中，鲜明的个性特征更是不可少，它已成为人们生存的一大特点。因此要求大学生在经济全球过程中不断地接触新知识，做出新尝试，并根据新情况调整旧有的观念。

（三）体制市场化

建立社会主义市场经济体制可以更好地发展生产力，改变经济体制。在市场的引导下，调节市场供求关系的变化，使资源可以重新配置。通过价格杠杆和竞争，不断推进经济的进步。1978 年以来，我国从农村改革到城市改革，历经几十年的发展，经济飞速发展，国际地位逐渐地提升。

我国经济的市场化进程给社会带来的主要变化包括：

第一，促进了社会结构的多样化。市场化的结果是经济成分和经济利益的多样化。经济成分和经济利益的多样使社会出现了不同的阶层。社会阶层的不同呈现出生活方式和思想的很多的不同。

第二，经济管理体制和方式有了重大的改革。市场经济体制下，企业自主经营，由市场来决定价格，市场价格为基本价格形式，政府的行政干预减弱。

第三，中国经济市场化取得了很大的成绩。市场对经济的发展和资源配置起了关键的作用。企业的市场化程度越来越高，非国有经济成为主要的力量。

一方面，由于市场经济的缺陷，出现了很多的不良现象。另一方面，发展了生产力，竞争、效率、开放、平等这样的现代思想出现在企业。

（四）社会信息化

现代科学技术获得了很大的发展，现代社会的信息化和互联网的发展是最主要的特征。中国正处于自主发展的阶段，不管是在经济建设领域还是社会发展环境都处于信息化的环境中。大学生是社会信息化的参与者，信息化改变了大学生的思维方式和行为方式。

二、社会形势变化给大学生思想政治教育带来的机遇

（一）更加显示了大学生思想政治教育在社会主义建设中的重要地位

人才是一个国家经济发展的重要因素，科学文化的学习和思想素质的培养都很重要，在知识经济和信息社会，全球化的综合国力的竞争条件下，坚持以人为本，构建社会道德和人的情感，培养新时期高素质的人才。

（二）拓展了大学生思想政治教育视野

在经济全球化和社会信息化的背景下，用国际视野重新书写大学生思想政治教育理论和实践。竞争意识、国际意识、进取意识是新时代的主题。

对大学生进行思想政治教育的视野要向世界扩展，要汲取人类文明的优秀成果和先进经验，用全新的思维方式推进政治教育的改革。

（三）为大学生思想政治教育提供了新的载体

网络技术给大学生思想政治教育提供了新的载体。网络比报纸、广播、电视更有优势，主要有以下五个表现：

一是传播方式的交互性。在网络上，信息发布者和群众交流，使信息反馈得以实现。

二是信息传播的高效性。在现代信息化条件下，信息很及时，更新很快。

三是全球化传播，全球 200 多个国家都在使用网络。只要有网络，所有的讯息可以传遍全世界。

网络可以使家庭对学生的教育和学校对学生的教育结合起来，共同做好对学生的思想政治教育。

四是传播手段的多媒体化。网络具有文字、图像、视频、音频等很多的传播手段。多媒体技术，使传播效果更优化。

五是开辟了大学生思想政治教育的新阵地。学生利用网络就可以了解世界上发生的大小事件。网络是教育的新阵地。

三、社会形势变化给大学生思想政治教育带来的挑战

（一）文化多样化的挑战

在新世纪，开放性、复杂性、文化多样性是大学生思想政治教育的特点。

第一，对价值观念的挑战。

改革开放的过程中，人们的思想观念呈现多样化的趋势。在市场经济的发展过程中，产生了不同的利益群体，也产生了不同的价值观念，使学生难于进行价值取向。在群众媒体上，各种不同的价值观念混杂在一起，大学生缺乏足够的判断能力，很容易偏离正面的、积极地价值观。文化多样性教育的困难在于如何提升文化价值鉴别的能力。

第二，对我国主流文化主导地位的挑战。

文化多样性背后承载着意识形态，多样性的文化增加了大学生思想上的困惑，特别是西方的文化渗透有可能引发大学生对社会主义主流意识形态的怀疑和否定，从而冲击社会主导价值观。

大学生们思想活跃，接受新生事物能力强，在开放的文化环境里，大量涌入的西方思想文化自然首当其冲地影响到他们。一些大学生经受不住西方文化的诱惑，对马克思主义开始怀疑，对执政党表现出不信任的情绪。当中国大踏步地融入以西方为主导的国际社会，拥有强势话语权的西方意识形态、西式语言思维便不断对青年学子进行持久、重复的强刺激，舆论"西强我弱"的局面暂时无法根本扭转。在西方文化典籍广泛引入，社会思潮纷至沓来的情况下，我们的思想政治教育显然对此缺乏足够的思想准备和应对措施，长期以来我们一直坚守的马克思主义理论教育，也表现出在应变上的稍稍滞后。这就使一些在现有"思想资源库"中"找不到答案"的大学生，到西方文化思潮中去寻找知音，为西方形形色色文化思潮的传播提供了合适的土壤。这种对主流意识形态的怀疑一旦与对其他信仰的眷恋相结合，则很可能使我们几十年来的思想政治教育成果化为乌有，中国特色社会主义文化建设出现倒退。

（二）经济全球化的挑战

经济全球化从主客观方面都说明了其在大学生思想政治教育工作中形成的挑战十分严峻：

第一，美国在西方发达国家中占据主导地位。在经济全球化的过程中，西方国家不断地推行自己的意识形态和国际经济法则，利用经济全球化自我扩张，西方国家的手段多样，很容易被欺骗。

第二，目前，面临西方国家的两大挑战，一是先进的科技和现代化教育水平；二是西方文化的渗透。在经济全球化的背景下，我们对西方思潮的辨别能力要加强。

（三）社会信息化的挑战

西方国家在信息技术和传播上处于主导的地位，他们力图使用网络向落后国家灌输西方的思想。所以我们不能任凭西方国家的价值观念在互联网上传播，这会给本民族的文化和思想观念带来影响。

任何事物都有好的一面和坏的一面。互联网自身的隐匿性和相关制度引导不当，造成很多大学生出现网络心理问题。如果对网络的管理不严格，就会导致大学生自我意识的膨胀，最终形成犯罪。最近，有很多的大学生通过网络进行违法活动，还有的得了网络依赖综合征，所以要加大对网络的监管力度。

总而言之，加强大学生思想政治教育的必要性：

一是全面贯彻落实党的教育方针，为新时期培养合格人才的需要。高职院校的根本职能是为社会发展进步培养各方面所需要的优秀人才，大学生的思想政治素质的高低，将对我国的两个文明建设的发展起到重要的示范影响和辐射作用。党的教育方针就是要使受教育者德、智、体、美、劳全面发展，使未来的建设者和接班人符合社会发展进步的需要。

二是加速社会道德升级和人类进步的需要。加强对大学生思想政治教育就是使大学生自身能够与国家、社会的要求协调发展，同步前进。大学生是未来社会的主流人才，加强大学生思想政治教育能够使大学生凭借自身的坚定信念和优良的思想政治道德素质来促进社会道德的进步。

三是引导正确的价值观，树立和发扬良好社会风气的需要。加强大学生思想政治教育能够弘扬集体主义精神作为思想政治道德建设的主旋律，有利于形成大学生正确的价值观。正确引导大学生思想政治教育工作也是塑造一种社会良好风气的迫切要求。

高职院校的思想政治教育不能停留在表面的教材上，要结合社会的事实，把我国的国体、政策、世界新的变化都要以事实为论据，讲清事实，讲明其中的道理和问题，把问题深入的剖开，使同学们了解的深入、细致。所以说高职院校的思想政治工作不能脱离实际，不能脱离国际国内的热点问题，只有紧跟社会新的变化，有针对性地提出问题、解决问题，才能使思想政治教育开展得有声有色。

在新的社会形势下，高职院校要正确引导大学生思想政治教育，培养大学生乐观、坚强、博爱的品德，让大学生都要树立自己正确的人生目标和理念。

四、加强大学生思想政治教育的几点建议

校园文化建设是学生学习、生活、成才的基础，通过参与校园文化建设的各种活动，大学生的思想政治、认知水平能够逐渐与社会要求相适应，他们开始习惯承担各式各样的社会角色，使自己融入社会当中去，逐渐形成正确的价值观、道德观，养成良好的行为习惯。

高职院校思想教育的方式方法有很多，此处归纳出几点。

（一）转变授课方式方法，实现教育教学的新形式

作为教师首先要加强课程的新鲜度，要紧密联系到世界格局的新变化、新内容，结合到思想政治课中，并要了解学生的心态，看学生们对哪些内容有兴趣，要根据大学生的心态来授课，要不断寻找新的工作切入点，不断地找到新的内容。只要涉及的内容新颖，立足的角度不俗套，就会激发大学生认知新知识、新事物的兴趣，认同同学们的正确判断，并提供说服同学们的理由，引导他们思想进入正确轨道。采取有效的教育措施，使同学们爱学并在不断找到更新内容中让同学们学进去，记的做，用的上。

（二）加强学生人生观教育

在人生观方面，要把创造和价值作为自己人生追求的价值目标，而不要把金钱、权势作为人生追求的理想尺度。只有解决好人生价值观的目标，大学生才能正确树立好人生目标，在思想上才能健康向上。同时，科学思想的形成，要依照马列主义、毛泽东思想、邓小平理论、"三个代表"重要思想、科学发展观和习近平新时代中国特色社会主义思想的理论依据，只有正确理解和把握其思想体系和内涵才能形成正确的目标，并且要在实践中锻炼，将思想政治理论运用到实际生活当中去。培养自己的思想素质，提高自身的政治理论水平，这才是保证自己政治上进步的前提条件。

（三）树立良好的道德榜样

树立良好的政治道德观念，这就要求思想政治教师把握好思想政治方向，把我国的奋斗目标，努力过程，道德模范等内容以实际例子讲授给学生，让

学生听得进去并能以此为榜样、目标去努力奋斗。大学生只有树立好正确的思想政治观念，才能让自己融入社会主义大的道德行为规范当中去。只有在复杂的情况下，把握住自己的道德行为底线，才能保持自己良好的道德观念，树立正确的人生方向。

（四）高职院校对学生思想政治教育工作的重视

作为高职院校，在重视大学生学习的同时，更要加强大学生的思想政治教育工作的开展。只有先帮助大学生树立好正确的思想政治目标，才能更好地去读书、去学习、去生活、成为社会有用的人才，因为高职院校培养的是"德、智、体、美、劳"全面发展的大学生。所以，高职院校要给每个大学生创造一个良好的学习氛围，才能够使每个大学生发挥出自己特点和长处。

所以我们要通过深入加强思想政治教育来全面培养大学生的政治素质，使大学生成为一个对社会有用的全能型人才，为我国的社会主义建设贡献一份力量。

第二节 新时代高职院校大学生思想政治教育基本状况

新时代的大学生有鲜明的时代的特点，了解大学生的特点和要求，是做好大学生思想政治工作的前提。

一、新时代大学生基本生理特点

（一）身体迅速发育

人的身高和体重，在生长发育过程有两次高峰，第一次是从出生到一岁，体重增长一倍。身高增加比例为身体的 50%。第二次为青春期，身高每年增长 8cm 左右，体重增长 4kg 左右。

（二）发达的大脑和神经系统

青年时期，智能高度发展，大脑的神经显著增加，神经系统的形态和技能基本完善。青年时期逻辑思维能力很强，能够灵活运用概念，进行推理和判断。

大学生可以利用复杂的脑力劳动，独立进行思考和学习。他们的观察力、想象力、记忆力都很强，对社会现象有自己的思考和见解。求知欲强，喜欢接受新事物。

（三）性机能日渐成熟

大学生处于性的成熟期。性激素作用于整个身体的发育，使骨骼和肌肉越发坚实有力，体格更加丰满匀称，针对大学生成熟的特性，要格外关注这一时期。

二、新时代大学生基本心理特点

青年期是少年向成人过渡的时期。具备一系列的心理特征。

（一）具有丰富强烈的情感

情感是对人或事物的感觉。情感是对客观事物刺激的反映。

1. 理智感、道德感和美感显著发展

理智感是智力活动中所产生的体验。求知欲和好奇心都是理智感，在学习中好奇心越强，理智感越强。道德感是根据社会道德评价别人和自己言行的情感体验，爱国主义和责任感、反感、疏远、尊敬、轻视都属于道德感。

美感是人的审美体验，美感的发展与文化修养有关。大学生欣赏美，喜欢音乐、艺术、美景。对内在美和外在美都很热爱。

2. 友谊感在大学生的情感中十分突出

青年时期是人生的一个分界点。起初个人对家庭的依赖很大，友谊感并不强烈。伴随着思想的成熟，青年人需要友谊。注重理想、爱好、性格的吸引，会互相交流和帮助。

3. 大学生的情感具有外露性

青年人会很直接地表达自己的感情，有为理性和真理奋斗的激情，热衷热闹的激动场面。有时候会情绪很激动，难以控制，容易出现错误。当自己的心愿实现的时候，他们情绪激动。他们把生活想象得过于美好简单，一旦遇到挫折就十分的沮丧。

（二）认识能力得到迅速发展

1. 观察力的发展

观察是持续的、目的明确的直觉活动，观察力是透过现象发现本质的能力。大学生的观察力发展得很快，观察力中的精确性和深刻性得到很大的提高。

2. 记忆力的发展

记忆力是大脑对所发生事情的存储的能力。大学生是记忆力发展最快的时期。他们有很多种记忆的手段，机械记忆、意义记忆，他们的记忆能力很强，课本的知识、社会的知识，大量的信息储存在他们的大脑中。

3.想象力的发展

想象力是在原本知识的基础上创造新形象的能力。观察力和记忆力是想象力的基础。大学生有丰富的想象力，对未来充满希望。

（三）自我意识得到发展

自我意识为自身对周边人和事关系的认识。

1.自尊心、自信心和好胜心明显增强

随着知识的增加，大学生的力量不断地增强，希望受到别人的尊重，希望别人可以重视自己。自信心变得大了起来，对自己的知识和能力逐渐充满信心，喜欢肯定自己。这一时期，学生们喜欢展现自己的才华，对于学生的自尊心和自信心，我们应该积极地引导，使他们有一个积极健康的心态，积极进取，重视荣誉。如果没有正确的引导，会使他们有很强的虚荣心，变得孤立自傲。在思想政治教育的过程中，最重要的是保证学生的自尊心和积极性。

2.独立意向迅速发展

大学生的智力和体力越来越强，个性变得更加独立。他们在小学和中学阶段在思想上和精神上对家庭有很大的依赖，但是到了大学阶段，他们会产生批判的心理，越来越表现出独立。对此要有正确的指导。

3.自我评价和自我教育能力成熟

大学生有很强的自我意识。他们不仅重视别人的评价，也重视自己的评价。在对大学生进行思想政治教育的过程中，要重视学生的自我教育。

（四）社会心理逐渐成熟

随着大学生各个方面的成长和发育，与社会的交往面的增大，大学生们也越来越意识到人际关系的重要性，以确立自己的社会关系的位置。

1.与家庭关系的变化

进入大学后，他们在与家庭的关系上也慢慢地有了质的变化。他们崇尚独立，对父母的思想敢于说"不"。随着自己的知识的提高，他们在家庭中独立性的地位增高，自主支配自己行为的能力越来越大，他们可以自由地选择朋友。

2.与同龄人关系的变化

在与同龄人的交往中，学会用恰当的方式交往，建立同学间的真诚友谊。大学生也有集体归属感的需求，大学生希望可以加入更多地团体，承担更多地社会责任，希望在这个团体中发挥更大地价值。

3. 与教师关系的变化

大学生不再把分数看作一个学生声望的标准，他们把教师看作朋友和前辈，和老师的关系不再那么密切。

（五）形成自己的个性和意志，兴趣变得多样化

个性中体现了人的很多的心理特征，大学生有自己的理想和追求，进取心很强。大学生的个性处于形成时期，仍然像青年期那样善于模仿，在可塑性和模仿性不稳定的阶段，对大学生进行正确的引导，以形成良好的个性。

大学生随着年龄、知识的增长，意志力变得自觉和持之以恒，使他们可以战胜自身的弱点，支配自己的行为，取得成功。大学生的意志还没有定性，很容易冲动，很容易感情用事。

兴趣是积极地探索某种事物的思想意识，是探求知识的动力。爱好是对某种事物有种积极地倾向。大学生在大学期间学习知识，与他的兴趣爱好和未来的事业是有关联的。所学习的知识将来会应用到工作中，对自己热爱的知识持之以恒地学习，不喜欢的完全不接触。我们应该知道学生要各科知识都有了解，要做个知识丰富的人。大学生脱离了家庭的管制，可以自由地支配自己的时间，为了满足学生的不同的喜好，我们要开展不同的活动，使他们的精力向健康的方向释放。

（六）性意识开始成熟

有了恋爱要求，大学生处于人生的青年期，性发育已经成熟，对异性有很大的吸引力。他们在意自己在异性心目中的地位，希望可以谈恋爱。现在大学生谈恋爱的情况很多，除去青春期的原因，还有些原因是受外在环境的影响，家长的敦促和鼓励也有关系。还有很多学生是一心扑在学习上，希望"先成才后成家"。在大学阶段，学生的主要任务是学习专业和钻研知识。

三、大学生的思想特点

（一）思想发展主流良好，思想活跃

新时代的大学生理想信念的主流是健康向上的，思想很活跃，主要表现在以下方面：

1. 性格爱憎分明，有强烈的爱国情怀

新时代的大学生出生在和平年代，他们爱憎分明，具有强烈的爱国情怀。在遭遇抗洪抢险和地震灾害中，大学生组成志愿者队伍，努力去帮助那些需

要帮助的人。在北京奥运会、残奥会上都可以看到大学生志愿者的身影。

2. 思想独立，容易接受新鲜事物

新时代的大学生经历了时代的变革，有思想、有个性，喜欢传统的事物，又喜欢时尚，容易接受新鲜事物。

3. 人生态度健康，有崇高的社会理想

新时代大学生积极向上，有理想，开始规划自己今后的人生道路。他们维护国家利益和民族的尊严，孝敬父母，用行动表达对父母的爱。关心国家和国际上发生的事情，有积极的反映。当别人发生了困难，愿意尽自己的所能帮助别人。新时代青年人的思想状况是健康的。

4. 思想活跃，喜欢创新

现代大学生生活在一个较为开放和民主的环境中，新时代的全球化潮流的跟进，使整个世界和村庄一样，紧密地结合在一起。随着信息技术的普及，尤其是互联网的发展，大学生的接触面和眼界都有所扩大。此时的大学生心理发育还不是很好，对新事物缺乏判断力，不再拘泥于过去的思维和形式。乐于接受新事物、新看法和新风尚，运用新的手段获取信息，对待一些问题他们有自己的行为方式和处理方法。他们富于变化，但是很阳光，很可爱，这是这一代人的特征。

（二）思想上也有些消极因素

大学生的思想主流是好的，但也有些消极因素存在，主要表现为以下方面：

1. 价值取向多元化，价值观有些错位

随着改革开放，我国逐渐进入了市场经济体制。经济全球化带来了经济、政治和文化的交往，价值观念开始多元化，这是新时代大学生所处的时代特点。

当前，由经济体制改革带来了国内外环境的变化，国内外环境的变化带动了高职院校的改革变化发展，高职院校的革新改变了大学生的生活方式、思维方式及价值观。一些大学生比较认同社会主义和改革开放的理论，但理论在实践中比较模糊，认识不到位；部分学生总体人生价值比较积极，但是价值目标过低；还有学生过于看重自身价值的实现，功利性太强，不顾及国家和民族的荣誉。在传媒对低俗文化的传播下，对于成功的认识有了错误的看法。新时代的大学生注重现实和实用主义，一味地追求物质，精神生活不积极，他们把物质利益、舒适的生活，职业和地位作为最大的追求。如果单纯追求金钱，用金钱来衡量自身的价值，很容易产生纵欲、奢侈的偏颇行为。在张扬个人主义的同时，会出现自我异化和随意性。

2. 理想信仰存在危机

大学生在对自己的定位和理想的选择上常常感到迷茫。现在的社会出现了很多的问题，大学生的信仰受到各种思想的冲击。人们的价值观出现了多元化的选择，学生在多元化价值观面前受社会阅历的限制，旧的价值观逐渐失去影响力，价值判断很矛盾，在选择人生的道路和方向上感到了困惑。

他们不仅接受了社会主义核心价值观的教育，还受到市场经济的变革和西方资本主义的影响，他们希望在社会上展现自己的才华和价值，但是社会存在阴暗面，对未来感到矛盾。大学生在学校，树立了自己的理想和信念，步入社会，发现原来美好的理想被现实击得粉碎，他们抛弃了自己所学到的信念。还有很多人意志不坚定，内心充满畏惧，不能勇敢地追求自己原来的信念。

3. 审美观异化，发生错位

在商业化的氛围下，审美取向变成了娱乐，低俗的文化和趣味更有市场。高雅的艺术从精神的信仰回到了世俗的享乐中。人们不再思考，而是专心享受。低俗的文化使人们的价值观变得很庸俗，低俗的东西会给大学生增加负面的影响，这种信息使学生丧失真正有价值的收获。年轻人喜欢奇装异服，越是另类越是美。一些大学生的审美走向世俗化和功利化，审美情趣低下。他们失去了自我，被别人所控制。青年人正确的审美观是什么？应该是真善美，是内外和谐。

4. 政治意识变淡

在全球化的背景下，西方意识形态受到冲击，青年人更喜欢西方的节日。西方不仅仅是一个地理的概念，而是一种文化，这些文化受背景环境的影响，它的本质并不是主流的文化价值观。因此，大学生更加容易丧失政治警惕性，这些文化中的消极影响不知不觉进入学生的世界，并获得潜意识的认可，最后在思想上接受了这样的观念，失去了民族的传统价值和自豪感，盲目地追求西方的民主和自由，最后变成了个人主义和无政府主义。

5. 社会责任感弱化

社会责任感是一种对社会责任表现出来的自我意识，是理想和价值的统一，是整个国家发展的强大的动力。在当今社会的"花花世界"中，部分大学生只是享受上大学的乐趣和自由，应付学业，沉浸在无意义的玩乐中，对家庭和社会缺乏责任。理想不存在，学习成了负担，不去思考社会的问题，民生的问题，甚至自己的道路和未来，都不去脚踏实地的规划。

第三节 高职院校大学生思想政治教育的保障机制

"机制"一词源于希腊文，原指机器的构造和工作原理，现已广泛应用于自然现象和社会现象，指其内部组织和运行变化的规律。作为一个整体，机制是由若干要素按照一定方式组合而成的，各要素之间按一定的方式相互作用，再通过相互作用保障系统整体的生成、运行，并产生特定的功能。在任何一个系统中，机制都起着基础性作用。在理想状态下，有了良好的机制，甚至可以使一个社会系统接近于一个自适应系统一在外部条件发生不确定变化时，能自动地迅速作出反应，调整原定的策略和措施，实现优化目标。

教育机制是教育现象各部分之间的相互关系及其运行方式，包括教育的层次机制、教育的形式机制和教育的功能机制三种基本类型。教育的层次机制主要包括宏观教育机制、中观教育机制和微观教育机制；教育的形式机制主要包括行政—计划式机制、指导—服务式机制和监督—服务式机制；教育的功能机制主要包括保障机制、管理机制和奖惩机制。

思想政治教育机制是指思想政治教育运行过程中各构成要素之间相互联系、相互作用的制约关系及其产生的特定功能，它在思想政治教育过程中有着十分重要的作用。"思想政治教育机制作为中间环节，联系着思想教育的规律和方法，思想政治教育方法的实施和思想政治教育规律对这一方法的制约，要通过机制作为中介，就是说，思想政治教育方法的实施通过机制体现思想政治教育规律；思想政治教育的规律通过机制制约着方法实施。"

所以，要建立创新型的大学生思想政治教育，就必须拥有创新型的教育机制。对大学生思想政治教育机制中的保障机制的创新进行简要阐述，以便更深入地了解大学生思想政治教育机制的创新。

大学生思想政治教育的核心是培养什么人的问题。如何使思想政治教育在整个高等教育过程中能够顺利地贯彻实施则是组织保障机制的核心问题。当前，切实加强大学生思想政治教育，必须健全和完善大学生思想政治教育的保障机制。

一、大学生思想政治教育保障机制的内容

一切教育活动的顺利开展都是建立在一定的物质基础之上的，需要相应

的人力、智力的支持和参与，并且以必要的制度保障来纠正活动过程中可能出现的这样和那样的偏差、事务，并且通过优良的环境不断地与其进行能力、信息的交换和反馈等，通过吸收新的理念和经验为教育活动的开展提供一个长久的、稳定的引导机制，这就是保障机制。其功能在于推进教育活动的持续、纵深发展，及时纠正教育活动过程中的偏差和失误。思想政治教育作为一种特殊的育人活动，同样需要保障机制。可以说，保障机制是思想政治教育机制中不可或缺的重要组成部分。当然，保障机制也是当前思想政治教育机制建设中较为薄弱的一个环节，因此，必须要不断地创新和完善思想政治教育保障机制，也即通过提高思想政治教育队伍的工作水平和综合素质，改良思想政治教育环境和设施，增加必要的物质经费投入，建立健全各项相关制度，从而更好地发挥思想政治教育的服务保证功能。因此，思想政治教育保障机制主要包含以下几个方面的内容。

（一）领导保障

大学生思想政治教育是党的工作中的一个重要组成部分。大学生思想政治教育要想能一如既往地实现为社会主义事业服务，就必须紧紧依靠党的领导，只有这样，才能保持自己的发展方向。因此，党的思想政治教育体现了党的意志。党的领导是大学生思想政治教育的根本保证。

1. 只有在党的领导下，大学生思想政治教育才能沿着正确的方向健康发展

不论是在革命时期还是在建设时期，我国的社会主义事业所取得的胜利一直是在党的领导下来实现的。在改革开放的今天，我国已将社会主义市场经济体制作为经济体制改革的目标，社会经济成分、组织形式、就业方式、利益关系和分配方式出现了多样化的趋势。面对这样复杂的局面，大学生思想政治教育只有在党的领导下才能有清醒的认识，才能做出合理的判断，成为社会主义建设的思想武器。

2. 只有在党的领导下，才能正确总结大学生思想政治教育的历史经验，认识并掌握其发展的科学规律

任何事物的发展规律都不是一次性认识的，它需要经历一个过程；大学生思想政治教育的发展规律是在对我国以往历史经验的总结和对现状的分析的过程中慢慢体现出来的。而且，我们应该认识到，我们在探索大学生思想政治教育的科学规律的前进道路上所跨出的每一步都是在党的牵引和领导下进行的，没有党的领导，就没有今天我们对大学生思想政治教育认识的深度和广度。

3. 只有在党的领导下，才能调动全社会的力量，增强大学生思想政治教育的作用

中国共产党集合一国之力、一国之资，专门成立研究、调查、教育、科研、后勤等部门，才有了今天我们大学生思想政治教育的喜人局面，大学生思想政治教育所发出的最灿烂的光芒和党的领导是分不开的。

领导保障直接关系到大学生思想政治教育的成败。大学生思想政治教育目标的设定、任务的提出、内容的确定、计划的制订、决策的选择、组织实施和评估总结等都离不开党的领导保障。没有党的领导保障，大学生思想政治教育就会成为无目的、无计划、无组织的行为；没有党的领导保障，就没有大学生思想政治教育的正确实施；没有党的领导保障，就无法保证大学生思想政治教育确定的方向和目标；没有党的领导保障，也就不可能有实际意义上的大学生思想政治教育的社会活动。因此，党对大学生思想政治教育的领导保障在大学生思想政治教育中起着极为重要的作用。

（二）制度保障

制度保障是思想政治教育保障机制的重要组成部分。思想政治教育中的制度规范，是指在思想政治教育开展过程中用来约束思想政治教育主客体的行为或行动，明确思想政治教育的实施方法以及规定思想政治教育程序的各种章程、条例、守则、标准等的总称。思想政治教育是一个复杂的社会系统工程，必须要依靠完善的制度来保证。因此，完善制度建设是保证和增强思想政治教育实效性的必要措施。

思想政治教育的制度保障就是通过建立健全一整套行之有效的组织领导、监督管理体制和法律、法规等，来切实保证思想政治教育的有效实施。其中首要的就是有正确的组织领导。组织领导是指思想政治教育要坚持党绝对领导的同时，统一协调、部署、动员和召集全社会力量的协同参与，充分调动各方的积极主动性，形成强大持久的合力，并通过科学的分工，确保思想政治教育方向的正确性。

如果说完善的制度建设是思想政治教育有效实施的根本，那么加强监督管理是保证思想政治教育可持续发展的重要方式、方法和手段。所谓监督管理就是要对思想政治教育的全过程进行检查、督促和管理，使其结果达到预定的目标。如果缺乏有效的监督管理，思想政治教育的成效就会大打折扣。当然，发挥社会各方的监督作用具有十分重大的意义，它可以最大程度、最广范围内揭露、批评违反社会要求的言行和现象，帮助广大人民群众明辨是非、善恶、美丑，引导人们按照思想政治教育要求来严格规范自己的思想和

行为。而法律、法规保证，就是要建立、完善并政党运用相关的法律、法规以及规章制度来保障和推动思想政治教育的有效开展。

综上所述，思想政治教育保障机制是思想政治教育机制建设的中心环节和必要条件，建立健全优化高效的思想政治教育保障机制，对于弱化和消解思想政治教育领域的矛盾，推动社会主义和谐社会的构建都具有积极意义。尤其，是在当前我国社会主义市场经济条件下，解决社会政治、文化、道德生活中出现的新情况，新问题，需要依靠政治、经济、法律、文化等多种手段。因此，要加强思想政治教育的制度建设，为思想政治教育活动的开展提供强有力的保障。

（三）队伍保障

思想政治教育工作队伍是加强和改进思想政治教育的组织保证，因此必须要建设一支政治强、业务精、作风正的思想政治教育队伍，这支队伍的优劣及稳定与否直接关系到高职院校思想政治教育的成效。因此，加强和改进新时期的思想政治工作，最重要的一条保障就是要加强新时期的思想政治教育队伍建设。

新时期思想政治教育队伍建设不仅要加强和充实党的各级思想政治教育部门，还要按照提高素质、优化结构、相对稳定的要求和年轻化、知识化和专业化的标准选拔一批德才兼备、年富力强的人才来充实思想政治教育队伍。除此之外，各级党委以及政府部门和单位，对思想政治教育工作者要给予关心，采取多种措施稳定思想政治教育骨干队伍；要不断完善思想政治教育队伍的培养工作，积极开展各种培训，提高他们的综合素质和业务能力；要创造条件组织思想政治教育工作者深入实际，进行调查研究，勇于研究新问题，探索新规律；要建立各种激励制度，使他们的工作得到全社会的高度重视与尊重；要解决好思想政治教育队伍的专业职务、待遇等方面的问题，使他们能够毫无后顾之忧地集中精力做好思想政治教育工作。

（四）物质保障

为了提高思想政治教育的成效，必须在经费及物质方面提供有力的保障。因此，思想政治教育必须要改变过去只靠"一张嘴"的做法，加大物质投入，改善教育条件。当然物质投入的范围，不但要包括日常性思想理论教育的投入、各种宣传教育活动的投入、组织思想政治教育工作者进行理论研究和实践调研的投入，还要包括思想政治教育工作干部接受培训等继续教育、社会考察、表彰奖励以及思想政治教育职能部门基本建设所需的投入。除此之外，各地还要把思想政治教育硬件设施、设备和活动场所、基地建设等，纳入本地或本单位总体建设规则，并给予充足的物质投入。

总之，在思想政治教育的物质投入方面，要从当前的社会实际出发，使各种投入的使用效率得到最大化，从而提高思想政治教育的实效。与此同时，还要以专款专用为一个基本原则，加强对物质投入的审核、预算、管理，完善和健全物质投入的使用制度。

（五）环境保障

环境是构成思想政治教育工作的要素之一，是思想政治教育系统的外部条件，也是人的思想品德形成和发展的客观基础。因此为了保证思想政治教育有效地运行，必须要有一定的环境条件作为保障。

思想政治教育环境，"指的是影响人的思想品德形成和发展，影响思想政治教育活动运行的一切外部因素的总和。"思想政治教育环境一般分为三大组成部分，即学校环境、家庭环境和社会环境。这三种不同性质的环境，在人的思想品德的形成和发展中发挥着各自不同的作用。当三种作用力在方向上一致时就能够促进人的发展，反之，则互相冲突，甚至引起人们的反社会、反人类等危害性倾向。因此，环境保障是思想政治教育顺利、有效开展的强大的外部条件支撑。有力的环境保障，就是通过对学校、家庭、社会三种不同影响力的协调，建立这三者和谐互动运行的思想政治教育环境机制。这一机制的建立，需要全社会的密切配合和共同努力。因此，思想政治教育的环境保障就是指构建学校、家庭和社会三位一体的育人环境。

（六）法律保障

社会生活是复杂多样的，人的文明程度是参差不齐的，总会有人做出危害他人、危害社会、危害国家的事。在这种情况下，仅靠良心和舆论的"软约束"往往无济于事，只有通过立法程序，把一些最基本的规范上升为法律、法规，变成"硬约束"，强制性地使人遵守，才能保证起码的社会生活秩序。可见，要开展大学生思想政治教育，就必须建立法律法规机制，用法治来保证大学生思想政治教育工作的稳妥进行。

目前，世界上许多国家都已把大学生思想政治教育立法提上重要的议事日程。为适应大学生思想政治教育的发展、进一步规范大学生思想政治教育管理，使大学生思想政治教育适时跟进，我们应该注意以下几个问题。

一是在立法时间上，要坚持适时性。尽管我们也追求立法的超前性，但在实践中这是较难以实现的。立法的适当滞后，符合立法规律。当某种社会关系需要法律规范去调整时，才会直接提出立法问题。但如果立法无限期滞后，便会使出现的各种法律关系"无法可依"；当事人的合法权益就可能受侵害，国家、社会和人民的利益可能就会造成难以弥补的损害。因此，大学生思想政治教育立法要注重适时性，即当某种事实发生或社会关系的出现，需要法律规范去调整时，在一个合理的时间区内，要依据客观环境和现实的要求，相关的法律法规立即制定和颁布实施。

二是在立法过程中，要注意整体协调性。我国现有的刑法、民法等法律法规，对于调整传统意义上的各种法律关系，有较强的系统性，但在大学生思想政治教育工作过程中，调整因大学生思想政治教育而产生的新的社会关系，现有的法律规范明显无法全然规范大学生思想政治教育工作秩序，迫切需要进一步完善大学生思想政治教育立法，以求得大学生思想政治教育工作的规范和有序。大学生思想政治教育立法的完整性、协调性，一方面，要求针对大学生思想政治教育侵权、犯罪的立法，要相对完整、系统、全面，自成体系。另一方面，针对大学生思想政治教育的立法，要与原有的其他法律、法规相协调、相补充，健全我国的完整法律体系。

三是制定法律法规时，要注意针对性、准确性。现代化的大学生思想政治教育体现了高科技的发展水平，具有很强的专业技术针对性。针对大学生思想政治教育的立法，某一法律规范调整某一类社会关系，要具体明确，力求避免似是而非，含混不清、难以实施。因此，有关大学生思想政治教育立法，应有专家的介入。

四是针对大学生思想政治教育立法，要注意与国际通行规则相衔接、相一致。各国针对大学生思想政治教育工作过程中出现的侵权与犯罪，都注意用法律手段去调整，制定了相应的法律法规。这类立法，本就有可借鉴之处，尤其是逐渐形成的通行的规则，我们在立法时更要力求一致，何况现在我国加入WTO，立法方面很多都必须与国际接轨，以便在世界范围内打击大学生思想政治教育工作过程中的侵权犯罪，保护当事人权益方面，处于主动的地位。

二、大学生思想政治教育保障机制的特征

思想政治教育保障机制既属于教育领域的课题，又是管理领域的问题。它既具有一般社会保障机制的特点，又具有自身独有的特征。对其特征的研究也是对思想政治教育保障机制研究的深化，有利于提高人们对思想政治教育保障机制的理性认识。概括地说，思想政治教育保障机制主要有以下七个方面的特征。

（一）方向性

这主要取决于我国高等教育的社会主义性质。思想政治教育作为高等教

育的一部分，其保障机制的构建也必须坚持社会主义的方向，坚持以马列主义、毛泽东思想和中国特色社会主义理论体系为指导，抵制各种错误思想的侵蚀和渗透。

（二）主体性

为保障思想政治教育的顺利运行，思想政治教育保障机制要坚持教育主体和教育课题的双向互动，因为在思想政治教育过程中，缺少了任何一方的积极参与，思想政治教育活动都不能够顺利进行。思想政治教育保障机制的构建应以崭新的教育思想和教育理念为指导，以主体道德教育模式为基础，充分尊重教育主体和教育客体在教育过程中主体地位的转化，积极调动他们的主动性和创造性。

（三）适应性

在社会主义市场经济条件下，在我国全面建成小康社会的今天，思想政治教育保障机制的构建应与社会主义现代化建设相适应，并为经济建设这个中心服务。这是主要是因为在我国开展社会主义现代化建设的新形势下，全党、全国工作的中心都是经济建设，其他的一切工作都要服从、服务于这个中心工作。因此，思想政治教育保障机制的构建也不能例外。

（四）协调性

思想政治教育保障机制只是整个思想政治教育机制体系中的一个组成部分。正确处理思想政治教育机制这个大系统与思想政治教育保障机制这个小系统之间的关系，确保思想政治教育工作与其他各项工作的协调发展，是思想政治教育保障机制的重要职能。思想政治教育与社会主义精神文明建设紧密相连，思想政治教育保障机制能有效地调整公民道德教育与高等教育及社会主义精神文明建设的关系，使道德教育与思想教育、政治教育统一规划、协调进行，促进人们整体素质的全面发展。

（五）系统性

思想政治教育保障机制的系统性，首先是要把思想政治教育保障机制摆在全校工作的大系统中，要从系统工程的理论来看待它的位置。这就要依靠高等教育的机制来调节，而不仅仅是靠来自中央的、上级的指示和社会政治气候加以调节。那种头痛医头，脚痛医脚的方法只能治标而不能治本。思想政治教育保障机制系统的第二个意义在于只有将其放在学校工作的系统中才能提高工作成效，实现学校工作一盘棋，形成思想政治教育大系统，大气候。

学校的一切工作都紧紧围绕教育方针进行，除学生工作部门之外，教师的教书育人、其他部门的管理育人、服务育人，以及政治理论教育的针对性，党团活动的教育性都是思想政治教育保障机制系统化的必要条件。

（六）整合性

思想政治教育是一项复杂的系统工程，无论是对其自身系统内部，还是其与系统外部的联系，都必须要实施统一协调，才能确保思想政治教育活动的开展处于一种良性运行的状态，确保思想政治教育目标的真正实现。思想政治教育保障机制的整合性特征是指其在整体、全局视角下，具有的这种统一协调的功能。一方面，为了保持思想政治教育的稳定运行，思想政治教育保障机制要对其内部构成要素不断进行整合、调整、矫正，使保障机制按着社会对思想政治教育所确定的方向运行。另一方面，思想政治教育保障机制是一个开放系统，不是孤立存在的，它要不断地与外部相关要素进行整合协调，使它们之间相互联系，相互促进，形成整体大于部分之和的综合效应。

（七）层次性

思想政治教育保障机制的科学性、系统性特征要求思想政治教育保障机制同时必须具备层次性特征。这主要是因为，思想政治教育保障机制既要解决共性问题，也要解决个性问题。要根据不同教育客体的特点加以施教，以保证思想政治教育活动的系统化、科学化。从过程来看，思想政治教育要从基础做起，按照人们思想品德的形成规律进行爱国主义、集体主义和社会主义教育，结合思想政治教育的目标进行人生观教育、法制教育、职业道德教育等，这些都属于基础层次的教育；思想政治教育还要在此基础上对人们再进行共产主义的教育。思想政治教育过程的层次性是思想政治教育保障机制层次性特征落在实处的保证。思想政治教育保障机制的层析性还要注意由低层次做起，引导人们向高层次努力，逐渐提高。此外，思想政治教育保障机制还应注意教育的超前性，其最终目的是使广大人民群众的思想政治素质达到更高水平，进而实现思想政治教育保障机制的真正目的。

三、大学生思想政治教育机制的现状

（一）大学生思想政治教育保障机制面临的机遇

政治多极化、经济全球化、文化多样化、社会信息化相互交织，共同构成了大学生思想政治教育的现实境遇。这些现实境遇完善大学生思想政治教育保障机制创造了许多新机遇。

经济全球化有利于促进资源、资本、技术、知识等生产要素在全球范围内的优化配置,有利于促进世界和平与稳定,推动了信息技术的快速发展,促进了资金、技术和劳动力的流动,也带来了信息流动和不同思想文化观念的快速传递,有利于各个国家在与世界经济、文化的全面接触中,汲取反映人类文明进步和发展趋势的优秀文化成果,有利于开阔视野,使传统文化在全球化的洗礼中吐故纳新,常新不衰。

市场经济激发出的竞争意识、效率意识、动力和压力机制等都充满了活力,深刻地影响着高职院校的师生,给当代大学生的学习、生活和发展注入了新的内容和活力,学生也易于接受各种新思想和新观念,他们对某些问题也不再是仅仅满足于教师的教授,而是能够独立地去思考问题、分析问题、解决问题。

新形势更加凸显了大学生思想政治教育的重要性,更加凸显了大学生思想政治教育保障机制完善的重要性。因此,我们要不断完善大学生思想政治教育的保障机制,切实加强大学生思想政治教育的高效运行。

中国社会同时面临着参与全球化进程和社会转型的两大难关。市场经济体制的建立与完善是中国社会近代史上的一场深刻、广泛的社会变革。城乡二元经济与社会结构被打破,人们之间的社会交往日益频繁,人口的流动性大大加速,原有相对不变的职业身份阶层被公民之间平等的竞争关系所打破,整个社会利益分化与分层更加快速、猛烈。人们在经济、社会、文化和政治交往中的利益冲突日趋突出,公平与效率、正义与丑恶、伦理与现实、价值理性与工具理性、信仰与实践、名与利、传统与变革、东西方文化价值观的差异等都不同程度地被不同社会处境的公民和不同经济和社会处境的大学生个人所选择和接受。在此情况下,要求大学生思想政治教育肩负起培养识大体、顾大局、能够肩负民族复兴重任的社会主义现代化事业的建设者和合格接班人的任务是非常艰巨。

新境遇为创新大学生思想政治教育保障机制提供了良好的载体。随着现代信息技术特别是互联网的高速发展和日益普及现代社会逐渐进入"网络时代",社会信息化的趋势愈加明显。以网络技术为核心的现代信息技术的迅速普及不仅推动了全球化的进程,还是全球化的重要表现之一,而且给大学生思想政治教育保障机制创造了新的载体。

网络技术的迅猛发展给大学生思想政治教育保障机制创造了迄今最为先进强大的信息载体。如何充分利用和开发网络载体,使网络成为传播大学生思想政治教育保障机制信息的新渠道和新阵地,是当前推动大学生思想政治教育保障机制创新的突出课题。

（二）大学生思想政治教育保障机制面临的挑战

经济全球化本质上是市场全球化，对我国的直接影响是必将进一步推进市场经济的发展。市场经济作为一种合规律性与合目的性的活动，促进了人的主体性、创造性能力的发挥，挖掘了人的多种潜能。但任何事物都具有两面性，市场经济在推动社会发展的同时，也给人的全面发展尤其是大学生的全面发展带来了消极异化作用。

经济社会的发展不可能自发地产生全新的价值体系，大学生主体意识的觉醒，意味着对自我选择权利的确认和自觉性的增强，而不等于道德自律能力的自然形成。作为大学生个人来讲，每个个体的社会地位、经济状况、家庭教养和文化修养等处境状态上的差异必然导致他们选择各不相同的生存价值观，大学生价值观选择呈现出多样化是不可避免的。长期以来我们思想政治教育中进行的集体主义观念、义利观念、知行观念的教育在价值多元化时代正在受到多方面的挑战。每个人，不管是大学生还是社会公民，他们对其价值观的选择很大程度上出自个人的生存理性。由于市场经济生存竞争的残酷性，要想希望所有人做出有利于他人不利于自己的价值观念的选择是很难的。在此情况下，我们认为，大学生思想政治教育的根本任务是培养他们对社会主义政治、经济和文化制度的认同感，对未来共产主义社会的基本信念，对祖国和人民的深切情感。

市场化体制自身也有其弱点和缺陷。市场经济发展过程中所暴露出来的一些弊端，对大学生的思想发展产生了消极影响。市场经济自身的弱点诱发会引发像自由主义、拜金主义、享乐主义、利己主义不同程度地存在，也诱发了一部分大学生的投机心理、功利主义倾向；国外资产阶级腐朽思想文化乘虚而入，我国长期存在的封建迷信和愚昧落后思想观念也会沉渣泛起等。

思想政治教育保障机制方面面临的形势自然是非常严峻的。主要表现为：第一，收费制度实施以来，高职院校与学生之间的关系发生了微妙而实际的变化，学生认为，他们是高等教育的消费者，校方无权剥夺他们对知识接受的选择权利；第二，由于第一个原因，校方的管理和教育组织方式必须依法进行，而传统的领导和组织运行方式并没有很好地适应这一形势的变化；第三，受比较利益的驱动，思想政治教育队伍不十分稳定；第四，在思想文化对外开放的条件下，学科建设和教材建设及课堂教学没有能够较好地适应多元文化的冲击；第五，学校经费困难日益严重，扩招导致学校规模扩大，日常运行的经费压力增大，尤其是部分靠贷款办学的学校经费特别紧张。

（三）当前大学生思想政治教育保障机制方面的现状

大学生思想政治教育保障机制实际就是解剖现行制度在思想政治教育方面是如何起作用的。我们谈加强和改进保障机制，实际上就是，如何健全和完善现行制度在思想政治教育方面的不足和缺陷，包括领导机制、师资队伍建设、学科建设、校园文化建设、网络文化建设、实践基地建设、心理咨询机构建设、经费保障和社会支持系统等。

1. 组织领导方面

大学生思想政治教育在领导组织方面，总体来讲，高职院校党委及其所领导的学生工作机构是有力的，尽管在全国不同类型的高职院校里出现了这样或那样的事件或问题，但不能由此否认现行领导机制工作上的成效。但是，现行的领导体制与思想政治教育在新形势下所肩负的使命和任务是很不相称的。部分高职院校在运作方式上仍然停滞在过去的思想行为模式上，制度和决策的针对性不足，许多制度规章约束差而弹性与宽容又明显不足，领导办法单调，形式主义和官僚主义作风比较突出，领导机制被严重地曲解为管理工作机制。

2. 队伍建设方面

大学生思想政治教育在队伍建设方面已经取得一定的成绩，但是在师资队伍建设依然存在一些不足，主要问题是思想政治教育教师数量不足、与专业教师地位不平等、待遇不高、知识结构不合理、素质和专业化水平有待提高等。

3. 学科建设方面

大学生思想政治教育学科建设涉及马克思主义哲学原理、马克思主义政治经济学原理、毛泽东思想和中国特色社会主义理论体系概论、思想道德修养、法律基础和形势与政策在内的公共基础课程体系。这些学科的课程经过多年建设，取得了很大成绩，对加强大学生思想政治教育起到了重要的作用。但是，与新形势下大学生思想政治教育的要求不够适应，面临诸多困难。

4. 心理健康方面

近几年来，大学生心理问题日益突出，大学生自杀率呈现出上升趋势，非理智事件也有所增加，如"马加爵事件""刘海洋泼熊事件""复旦大学投毒案"等，这些问题已经引起全社会的广泛关注。撇开原因不谈，建设心理咨询机构迫在眉睫。

5. 资金方面

经费支持和后勤生活保障方面。加强和改进大学生思想政治教育工作不可避免要增加高职院校的办学成本，这对于办学方来讲是最为实际的费用支出。学校的各项活动都需要成本，没有支出什么事也干不成，大学生思想政治教育工作也是如此。总体来讲，大学生思想政治教育投入相对较少，许多高职院校在学生社会实践、社会调查、参观、俱乐部方面的投入严重不足，很多活动因经费困难无法开展。

6. 社会支持方面

实践基地建设方面，各级政府缺乏与之配套的政策支持。走"产、学、研"结合的办学道路一直是党和国家倡导的办学指导思想之一。建设大学生实践教育基地是落实这一办学指导思想的重要方面。国内许多高职院校都在此方面做出了大量卓有成效的工作，但效果的确不尽如人意。在社会方面，缺乏对大学生成才和思想行为实践予以应有的关爱、必要的帮助和切实可行的支持，甚至包括对他们成长过程中并非恶意过错行为所给予必要的宽容。

大学生思想政治教育保障机制既涉及高职院校运作制度的方面，又涉及整个社会支持系统，包括高职院校办学思想和教育理念方面的问题在内。严格地讲，办学思想与教育理念是组织保障机制中的核心要素。

四、大学生思想政治教育保障机制构建的必要性

（一）发展社会主义市场经济的需要

当前，我国社会主义市场经济体制正在不断地完善和发展中，而这场深刻的社会变革使我国传统的价值观念受到了巨大的冲击和挑战，广大人民群众的价值观在日趋向着多元化演变。同时，市场经济的开放性特征要求思想政治教育环境也要更加的开放，人们的观念和行为受市场经济影响更加直接、更加迅速。这些要求我们在市场经济面前要时刻保持清醒的头脑，一方面要看到市场经济既有利于人的自由全面发展，另一方面还要看到价值规律作用泛化也导致了市场经济自身固有的负面影响。这些消极的作用使思想政治教育目标的实现更加困难。当思想政治教育的正面教育与社会问题的负面影响发生强烈碰撞时，思想政治教育工作者就必须要懂得去构建学校、家庭和社会和谐互动的思想政治教育保障机制，在全社会营造良好的育人环境，使大家都能够真正地认同并树立正确的价值观。

（二）迎接现代高新科技挑战的需要

在以知识和人才为主要竞争力的年代，科技的发展是最重要的生产力，邓小平同志早就提出了"科技是第一生产力"的论断。随着高新科技的迅速发展，网络愈来愈成为人们了解社会、了解世界的重要窗口，也成了人们接

受信息最直接、最快速、最高效、最现代化的一种途径。传统思想政治教育
的主导地位面临着严峻的挑战，而思想政治教育工作者的信息权威也在逐渐
地弱化。人们更多地通过自己对网络对最大量的信息进行接受和比较，最终
作出符合个人主观意念的价值判断。由于网络的无限性，它传载着不同的思
想政治观念、文化价值观念以及各种各样的信息，包括西方资本主义国家通
过网络来美化其政治制度、文化观念，传播其腐朽的生活方式等，这些消极
的信息思想政治教育带来了严峻的挑战。除此之外，网络交往的可匿性使人
们可以自由发表自己对某一个重大事件或社会问题的见解，甚至进行无所顾
忌的讨论，这使传统的道德他律作用受到了极大的削弱。高新技术的发展，
使得大量未经过滤的信息通过网络以各种各样的形态冲击着思想政治教育的
主阵地、主渠道。鉴于此，思想政治教育必须要充分发挥全社会的力量，使
之形成合力，建立全方位的思想政治教育监控体系和引导体系。因此，只有
构建思想政治教育保障机制，才能确保网络的积极作用得到有效发挥，其负
面影响也得到根本克服。

（三）适应高等教育改革发展的需要

随着"科教兴国"战略的实施，我国的高等教育正处在深化改革和加快
发展的时期，高等教育的重心也在发生着重要的转变，如：由重知识传承向
重知识创新转变；由重专业教育向重素质教育转变；由重共性要求向重个性
发展转变；等等。高职院校作为高等教育实施的主要阵地，也在从封闭走向
开放、从自成一体走向融于社会的大趋势，其开放的力度、与外界信息交换
的强度决定着高等教育发展的质量和速度。这些变化在给思想政治教育提供
了机遇的同时，也提出了挑战。首先，培养具有创新精神和实践能力的高素
质人才这一要求，决定了思想政治教育不仅要通过高职院校，还要借助全社
会的力量，使人们在行之有效的实践活动增长见识、提高能力、完善素质。
另外，伴随着高等教育的改革发展，思想政治教育工作的管理观念、管理模
式也在不断转变。这些转变将更加尊重人的个性，更有利于人们的健康发展。
在这种模式下，社会，家庭因素对人们的影响力正在明显加大，而这些都需
要有相应的保障机制做保证。

（四）遵循人才健康成长规律的需要

接受高等教育是人才成长的必经阶段，所以高等教育必须根据人才健康
成长的特点，把思想政治教育放在首位，认清构建思想政治教育保障机制的
重要性，按照社会发展的需要，引导人们正确的政治方向、培养人们高尚的
道德品质及对党、国家和社会的责任感，使他们具备坚强的意志，奋斗精神

和创新能力，在德、智、体、美各方面都能够得到充分的发展。

（五）应对素质教育基本要求的需要

人的素质分为思想道德素质、文化素质、专业素质和身心素质等几部分，其中思想道德素质是根本、是灵魂。因此，推进素质教育，首要是加强思想政治教育，积极构建保障机制，并不断加强其针对性。思想政治教育保障机制的作用就在于能够积极引导人们树立正确的世界观、人生观、价值观，使人们掌握辩证唯物主义和历史唯物主义的基本观点，帮助人们形成良好的道德品质，从而实现人自由伞面发展的最终目标。只有这样，素质教育也才能从根本上得到贯彻和落实。

在新时期新形势下，进一步加强和改进思想政治教育工作，构建和创新更加科学、更加完善、更加高效的思想政治教育保障机制不仅是势在必行，而且是当务之急。

五、不断创新大学生思想政治教育保障机制

（一）加强组织建设，切实转变领导作风

在领导和组织保障方面，必须始终不渝地坚持党委领导下齐抓共管的工作机制，积极营造党委领导下的院、系两级管理，以系为主、条块结合，以块为主、党政领导齐抓共管的学生思想政治教育工作的组织保障系统。作为职能部门要与学院其他部门紧密合作，交流情况，积极当好学院党委的参谋，为做好学生思想教育工作共同努力。要切实做到"三育人"，建立责任制，形成教学、管理、服务岗位各负其责。职能部门分工负责，教职员工自觉形成全方位育人的思想教育工作局面，充分发挥课堂教学的主渠道作用，各专业教师共同负责的教学风尚，充分发挥学生思想教育队伍的作用，鼓励他们敬业爱岗，尽职尽责。深入学生教室、宿舍，掌握第一手资料，做深入细致的思想教育工作。

第一，学校的各级领导必须切实转变领导作风，树立不让一个学生掉队的教育思想，深入教育教学第一线，认真开展调查研究，拿出切实可行的办法，为师生解决生活工作中的具体问题，赢得广大师生员工的信任和支持。

第二，切实改变那种讲排场、树典型、走形式、呼口号的办事作风，把一般性思想政治教育和个别教育结合起来，开展有针对性的工作。

第三，在大学中，树立和提倡仁爱宽容精神，允许学生犯并非恶意的过错，给予他们改过自新的机会。在制定学校各项管理制度中，在遵守宪法和

法律的基础之上，充分考虑各方面的实际情况，既要严肃制度，又要使制度执行有充分回旋的弹性，做到严谨有余，宽容有度。

第四，树立服务师生的观念，坚决克服官本位的不良作风，改进领导工作方法，消除形式主义、官僚主义，大力营造尊师爱生的校园文化氛围。

第五，认真开展现代大学教育理论的研究和学习，探索中国大学办学规律，建设和营造现代学习型、改革创新型领导班子。

第六，健全大学生党团、社团组织，加强对大学生党团与社团组织的领导是改进党委组织领导机制的重要保障。

（二）加强队伍建设，完善激励机制

建设一支高素质的师资队伍、党政团干部队伍、辅导员和班主任队伍是加强思想政治教育的基础建设保障。

思想政治教育教师队伍的数量必须像专业教师队伍那样充足，通过进修、攻读学位、科研资助、高访等多种形式和手段提高他们的专业化水平；在教材编写、出版方面给予同等的支持和帮助；在队伍结构的配置上按照"老、中、青"三结合的原则，发挥老教授和资深学者"传、帮、带"的作用，形成一支结构合理、学术造诣较高的梯队。

加强思想政治教育教师队伍建设，还应强化教师道德修养，教育教师树立正确的人生观、价值观，营造良好的师德环境，敦促教师自觉地养成良好的师德习惯；积极倡导教师追求更高的师德境界，建立有效的师德约束机制；加强对新任教师的岗前道德培训，以德才兼备标准选择任用新教师；培养新教师的自尊、自律意识；规范教师行为，科学制定教师业绩评估标准；建立和完善监督机制，实行学生监督、同行监督、校督导团监督、家长监督和社会监督相结合的全方位的监督机制。

加强队伍建设，必须健全和完善思想政治教育的激励机制。通过综合运用精神和物质的奖惩手段，鼓励、调动各类思想政治教育工作者的积极性和创造性。改革学校内部人事制度、分配制度、管理制度，在综合平衡考虑的前提下，根据工作业绩与实效给予其相当的奖励。与之相关的措施是，改革各种不同类别的思想政治教育的评价机制，建立和完善相关的考核制度和措施，认真区别不同情况，给予恰如其分的奖励。对那些思想政治教育学科建设和教材建设中做出突出贡献的教师，必须给予重奖；对那些课堂教学业绩突出、深受广大学生欢迎的教学工作者颁发优秀教学成果奖；对那些出色的团干部、班主任、辅导员、网络管理人员和网络教育工作者应该给予相应的奖励。

（三）加强教学系统保障，革新教学手段

大学人文教育在思想政治教育中起着极其特殊的作用，它是增加人文知识、提高人文思想水平、增长人文智慧的主要途径。思想政治教育本质上是人文教育，人文教育在提高当代大学生认知理解世界、认知理解当代中国的社会变革与转型方面起着不可替代的作用；在培养当代大学生的人文理性、人文智慧、自主行动能力、自我控制能力与知识创新能力方面是其他任何科学教育都无法取代的。科学教育与专业教育在思想政治教育中也起着十分重要的作用，因为它对于打破迷信、崇尚科学思想、严谨求实作风起着十分重要的作用。人文、科学和专业教育各个领域形成合力，由此形成教育教学的系统保障。

思想政治教育的关键在教师，即教育的实施者。研究和创新教学方法是实施思想政治教育的实效性保障；学校必须制定与之配套的政策和措施，支持和鼓励思想政治教育教师研究和革新教学方法，使之适应当代大学教育面临的各类挑战，增强课堂教学的实效性，真正发挥课堂在思想政治教育中的主渠道作用。革新教学手段同样是思想政治教育进头脑的重要环节。课堂教育直观性不强、生动性不足、说服力差不能不说与教学手段滞后有一定的关系，内容决定形式，开发与时代发展相适应的教育教学思想内容就必须要有与之相适应的手段为保证。教学手段创新是提高课堂效果最为直接的途径，开发各种多媒体课件、丰富学生课堂和课后学习资料是提高思想政治教育感染力和说服力不可缺少的手段之一。对此，不仅仅是思想政治教育的主管部门必须高度重视其投入，而且学校的教学主管部门和财务主管部门要采取与之相适应的配套政策予以支持，才能取得与目标相一致的成效。

（四）增加经费投入，健全贫困生救助和资助体系

思想政治教育的经费开支必须纳入大学生培养成本的核算体系之中，否则，经费保障就是一句空话，各项工作就达不到预期的工作目的。国家财政拨款预算，必须考虑适当的系数，拨款时必须加上思想政治教育经费这一块。当前的实际情况是，在大众化进程中的高等教育，许多省份学生人均拨款经费实际处于下降状况。中央财政和省级财政拨款不到位，而大学规模处于不断膨胀状态，不少高职院校已经处于还贷高峰，财政告急，基本的日常运作已经是捉襟见肘、入不敷出了，哪里还谈得上经费保障。

就高职院校本身来讲，在每年的年度预算中必须加大对思想政治教育经费的投入。就目前来讲可以说是用来还前几年的欠账，培养、引入人才，支持学科建设教材建设，鼓励教学法创新，增加对社会实践基地建设和学生社会实践经费，改进校园网络建设，投资校园文化等，可以不细算，但必须保

证分期、分批，逐步、逐年到位。

我国是实施社会主义制度的国家。社会主义必须为那些出生时经济条件处于劣势的公民创造平等的受教育条件和平等的就业机会，以实现富人与穷人的儿子处于同一起跑线，以保障每个公民处于公平竞争状态。因此在措施方面，必须打通和建立高职院校与社会各类慈善资助机构的联系，切实健全和完善大学生助学贷款、奖学金与助学金制度体系。

（五）落实导师制，形成高职院校全员育人环境

现阶段，高职院校推行的本科生导师制的基本模式是在班主任制和年级辅导员制的前提下，每名学生还配备一名教师作为学生的导师全面指导学生成长。实行师生双向选择，所有任课教师和部分管理人员参加，师生双方结成导学对子，分别开展活动。这是在高等教育大众化条件下学生思想政治教育工作的一种新型机制。这一机制真正体现了全体教师的育人责任，教师不仅传道、授业、解惑，而且真正扮演着"良师益友"的角色，即思想引导、专业辅导、生活指导、心理疏导。

导师制把"教书与育人"相结合，在学生思想政治工作的内容、方法和机制上全面突破了原有的学生思想政治教育的格局和模式，构建了学生思想政治工作的纵横交叉的立体网络，增强了教学效果，激发了学生的学习积极性。

按市场竞争要求引入竞争机制，丰富学生物质生活，创建优质服务生活小区，提高服务质量，改善服务态度，依法妥善处理学校后勤服务系统与学生利益之间的冲突，坚持服务育人的基本工作方针，提高后勤管理和服务人员思想政治教育的素质。后勤服务育人主要体现在两个方面：一是不能见利忘义、利欲熏心，忘记了学校是育人的殿堂；二是面对学生要有爱心，要关爱、尊重学生人格，把学生健康和温暖放在首位。

导师制、党团组织、班主任制和所有学科育人制、后勤服务育人制等一起构建学生思想政治工作纵横交叉的立体结构，形成高职院校全员育人环境，才能培养高素质的大学生。导师制是现有学生教育和管理体制的最好补充，它适应了高等教育大众化的发展，有强大的生命力。

（六）统筹协调，形成全社会育人的良好环境

首先，建立稳定的社会实践基地是获得社会支持的重要方面。高职院校必须坚持开门办学的方针，把大学专业教育实践与思想政治教育的实践有机地统一协调起来，建立稳定的社会实践基地和社区服务网络，为大学生践行思想政治教育的课堂教学内容提供最为方便的场所，这是检验思想政治教育成效的重要社会支持保障系统之一。对此，产业组织和政府相关部门应提供积极的支持

和必要的帮助。高职院校也应当根据市场经济的形势开辟社会实践教学基地建设的新形式和新思路。大学生社会实践基地建设必须纳入高职院校成本核算和成本预算之中，必须纳入学校的年度预算指标体系中去。只有这样，大学生开展各种正常的社会实践活动才有资金保障，否则就是一句空话。

其次，规范和健全大学生诚信实践行为考查制度，建立和健全大学生诚信评价体系与评价程序。但建立诚信档案，对于大学生来说，要慎重。因为他们还很年轻，难免因一时的冲动而犯错误，如果因一次并非恶意的过错而给其刻上不光彩的烙印，这不利于他们的健康成长。我们既提倡讲诚信，但也要倡导社会宽容，给年轻人改过自新的机会，为他们成才创造一个宽松的环境。再次，清理高职院校校园周边环境。引导社会舆论，创造大学生宽松成长的社会舆论氛围和宽容的人际关系环境，允许其偶犯并非恶意的小错误并提供改正错误的机会。各级地方政府必须把支持高职院校大学生社会实践基地建设当作一项重要的政治任务来对待，博物馆和公共文化设施、爱国主义教育基地应当免费向大学生开放，在大学生上学乘车以及就业方面创造有利的环境和必要的帮助，支持大学生积极参加社区志愿服务。

党和政府必须统筹协调，形成全社会育人的良好环境，才能培养社会主义合格建设者和可靠接班人。

（七）加强法制建设，提供坚强的法律保障

观念指导行为，也是行为的先导。法治不但是一种治国方针和社会秩序，而且还是一种观念意识，一种把法作为社会最高权威的理念和文化。有效的管理必须依靠法治来保障，建立以人为本、民主、法治的法理环境是大学生实现有效管理的重要保障。

1. 尊重学生主体

国际 21 世纪教育委员会在向联合国教科文组织提交的《教育：财富蕴藏其中》的报告中指出"教育在社会发展和个人发展中起基础性作用"，"教育最重要的目标是使每个人发展自己的才能和创造潜力"。尊重学生主体地位，发展学生个性特长，是现代大学最重要的办学理念之一，这要求高职院校及其管理者做到：以人为本，认同学生的主体地位；强调服务，满足学生的个性需要；讲求宽容，为学生发展提供宽松环境。高职院校学生工作管理者在制定学生制度、确定任务和思考问题时，都应当紧紧围绕"培养人才、服务学生"这一主题，使管理中的各个细节都能体现出一切为学生成才服务的目标。尊重学生主体地位，促进学生主动发展的观念，就是要把学生作为教育的主体，尊重学生的主体意识，突出主体性教育，倡导和发挥学生自我教育

的主动性、积极性和创造性，使学生真正成为学习的主人。在高职院校学生管理工作中，要以学生为本，积极引导学生形成正确的价值观和人生观，要加强对大学生内在心理和成长规律的研究，要关心学生、了解学生、沟通学生、理解学生、诚待学生、尊重学生，实行民主管理，给予学生更多的个性成长空间和自主选择权利。

2. 完善立法体系

高职院校学生管理工作法治化是高职院校依照国家法律的规定对在校大学生的学习、生活、社会活动等各个方面实现全方位指导、教育、服务和管理的学生管理工作模式。学生管理立法涉及的内容是多方位的，需要建立一套完整的体系，包括《宪法》的有关规定、基本法、单行法、行政法规、地方法规和规章制度六个层次。近年来，虽然我国的教育立法体系得到快速发展，形成了初步的体系，但仍然不够完善，仅有《教师法》和《未成年人保护法》两部教育主体的法律，还没有以学生为主体的专门法律。同时，一些法律不能适应新形势的要求，缺乏时代感和针对性。

第二章 全球化视域下高职院校思想政治教育的内容创新

第一节 高职院校思想政治教育内容创新的目标、原则与理论依据

一、高职院校思想政治教育内容创新的目标

高职院校思想政治教育内容创新的目标是一个多元的综合体系。我国高职院校思想政治教育内容的创新不仅是为了更好地继承和坚持马克思主义思想理论和政治立场，更好地坚持和发展中国特色社会主义理论体系，更好地弘扬和培育民族精神和时代精神，更重要的是为了更好地提高大学生的公民道德素质和促进大学生的全面发展。具体包括以下几方面。

（一）更好地继承和坚持马克思主义思想理论和政治立场

中国近现代史已经证明，马克思主义的指导地位和中国共产党的领导地位的确立都具有历史的必然性。作为社会主义国家，中国共产党代表无产阶级和中华民族成为中国特色社会主义事业的领导核心，中国共产党的指导思想马克思主义也必然成为当代中国社会意识形态的核心，并进而成为高职院校思想政治教育的指导思想。马克思主义指导思想决定了社会主义核心价值体系的性质与发展方向。继承和坚持马克思主义思想理论和政治立场，是社会主义核心价值体系教育的核心要求，也是维护社会主义文化建设的性质与方向的必然要求。高职院校思想政治教育内容创新的首要目标就要更好地继承和坚持马克思主义思想理论和政治立场，使马克思主义在社会主义意识形态领域中居于指导地位。

（二）更好地坚持和发展中国特色社会主义理论体系

中国特色社会主义理论体系是马克思主义中国化的理论成果。中国特色

社会主义理论体系是高职院校思想政治教育的指导思想，同时也是高职院校思想政治教育的内容。在当代中国，坚持社会主义的建设方向，就必然要求坚持马克思主义思想的指导。当前我国经济社会发展已进入重要的调整时期，中国特色社会主义理论在实践中不断丰富和发展，既继承和发展了中华民族的优秀传统文化，也批判地吸收和借鉴了世界各国优秀文明成果；既体现了思想道德建设上的先进性要求，又体现了广泛性要求；既坚持了社会主义先进文化的前进方向，又符合不同层次群众的思想状况；既具有广泛的适用性和包容性，也是联结各民族各阶层的精神纽带。当代高职院校青年学生思想活动和心理活动既有明显的差异性，同时当代高职院校学生的思想意识独立性和选择性也非常强。所以，高职院校思想政治教育内容需要在继承和坚持马列主义经典理论的同时，创新发展中国特色社会主义理论体系，并使中国特色社会主义理论体系进课堂、进教材、进学生头脑，用这一理论体系教育和武装高职院校青年学生，使他们坚定马克思主义的理想信念，真正地理解、掌握和学会运用中国特色社会主义理论指导自己的实践和生活。高职院校思想政治教育内容的创新可以让高职院校思想政治教育更加贴近大学生实际，更易于为大学生所接受，也能够更好地坚持和发展中国特色社会主义理论体系。

（三）更好地弘扬和培育民族精神和时代精神

中华民族的民族精神是以爱国主义为核心，团结统一、勤劳勇敢、爱好和平以及自强不息的精神。它使得中华民族创造了灿烂的文明，生生不息、连绵不绝，表现出强大的生命力。民族精神是一个民族的脊梁，也是一个民族信心和力量的源泉。时代精神是每一个时代特有的普遍精神实质，是一种超脱个人的共同的集体意识。时代精神集中表现在社会主体意识形态之中，但是在社会发展过程中，并不是所有的意识形态中的各种现象都能够表现时代精神，只有某些体现时代发展潮流的意识形态，才能够标志这个时代的精神文明，才能够对社会生产发展产生积极影响，才能够符合时代精神。时代精神是一个时代的人们在文明创建过程中所体现出来的优良品格和精神风貌，是激励一个国家和民族奋发图强、振兴祖国的强大精神动力，更是构建新时期精神文明建设的重要内容。时代精神反映一个时代人类社会发展变化的基本趋势，并且已经成为被世界绝大多数国家和人民所接受的共同的意志、心愿和精神追求。培育和弘扬中华民族的民族精神能够有效抵制西方的腐朽思想对当代大学生的渗透，能够在最大限度内凝聚和动员当代大学生的力量，为建设中国特色社会主义提供精神动力和智力支持。所以，当前的高职院校思想政治教育内容创新必须更好地弘扬和培育民族精神和时代精神。

（四）更好地提高大学生的道德素质和促进大学生的全面发展

大学生作为祖国未来的建设者，提高大学生道德素质，促进大学生全面发展，是提高民族素质的基础。大学阶段是道德素质教育的重要时期，重视倡导爱国守法、团结友善、明礼诚信、敬业奉献、勤俭自强等全社会倡导的基本道德规范教育尤为重要。针对高职院校学生加大道德教育，结合社会实际，将与社会体制相适应的公民道德素质教育融入高职院校思想政治教育中，能够为大学生打下坚实的基础。只有在大学阶段坚持不懈地进行细致教育，将道德教育逐步渗透，才能切实地提升大学生的道德素质，才能为社会输出具有坚实道德素质基础的公民，才能为全面建成小康社会提供强大精神动力和道德支撑。同时，人的素质是全面而综合的，素质的范畴包括身体、心理和思想道德素质，以及科学文化素质。人的自由发展意味着人的主体性增强、独特性增强。马克思主义认为，教育是实现人的全面发展的根本途径。人们对于不熟悉的社会内容多数可以通过教育来完成，比如人们可以通过教育来了解、熟悉社会的生产流程，人们可以通过教育来发现自己的兴趣爱好，可以通过教育来选择自己的职业发展方向，可以通过教育来了解更多的社会动态，避免传统社会分工的片面性。马克思关于人的全面发展理论，为我们指明了促进大学生全面发展的方向，奠定了高职院校思想政治教育的理论基础。高职院校思想政治教育的最终目标就是促进大学生的全面发展，培养大学生成为中国特色社会主义事业的合格建设者和接班人。要实现当代大学生的全面发展，在高职院校必须要进行行之有效的高职院校思想政治教育，而且在高职院校思想政治教育的内容创新过程中，要坚持以促进当代大学生的全面发展为目标，努力发掘并且有效提高高职院校思想政治教育的实效性，增强高职院校思想政治教育内容的吸引力和感染力。

二、高职院校思想政治教育内容创新的原则

强调高职院校思想政治教育内容创新，绝不是随意所为，必须坚持原则。高职院校思想政治教育内容的创新只有坚持必要的原则才能有所依循，才能保障思想政治教育内容的创新符合培养社会主义"四有"接班人的需要，也才能使高职院校思想政治教育内容的创新工作健康有序地顺利进行。

（一）坚持马克思主义理论的指导地位

马克思主义理论是社会主义核心价值体系的灵魂，是我们立党立国的根本指导思想。高职院校思想政治教育的内容也必须要以马克思主义理论为指导。马克思主义理论的指导地位在高职院校思想政治理论教育内容方面丝毫

动摇不得。随着改革开放的深入，我国社会经济成分、组织形式、利益关系和分配关系日益多样化，人们的价值选择、社会意识、生活方式也日趋多样化。面对诸多变化，我们既要尊重差异、包容多样，更要强调和坚持指导思想和主导价值的地位，重视和巩固社会主义的理想信念，用共同理想凝聚力量，并坚持马克思主义的指导地位不动摇。只有这样，才能最大限度地形成思想共识，充分挖掘和鼓励不同阶层、不同群体所蕴含的积极向上的思想力量，齐心协力建设中国特色社会主义。

（二）坚持以中国特色社会主义理论为主体

中国特色社会主义理论是马克思主义基本原理与中国具体实际相结合的理论结晶。自中国共产党成立以来，始终坚持以马克思主义的世界观和方法论作为指导，在领导中国人民进行革命与建设的过程中，始终将马克思主义的基本原理同中国的具体实际相结合，创立了马克思主义中国化的社会主义理论体系，包括毛泽东思想、邓小平理论、"三个代表"重要思想、科学发展观和"中国梦"等理论。中国特色社会主义理论是中国共产党在马克思主义的指导下，立足于当代中国社会实际，整合发展中华民族优秀文化，在中国特色社会主义革命和建设的伟大实践中，不断创新发展、解决现实问题、推进社会主义理论创新的结晶。当前，我国在经济社会各方面所取得的巨大成绩，得益于我们在社会主义现代化建设中开辟了中国特色社会主义道路，形成了具有中国特色的社会主义理论体系。马克思主义中国化是马克思主义在中国传承与发展的重要成果，是中国特色社会主义现代化事业的理论指南，同时更是中华民族的宝贵精神财富。在高职院校思想政治教育内容创新过程中，要始终坚持以中国特色社会主义理论体系为主体，同时使用这些理论来指导和创新高职院校思想政治教育内容。

（三）坚持以学生为本，从学生实际出发

高职院校思想政治教育内容的创新要坚持以大学生为本，突出大学生的主体地位。历史唯物主义认为，人民群众不仅创造了物质财富，也创造了社会精神财富，是社会变革与发展的决定性力量。人民群众是历史前进的推动力量，是历史的真正创造者。社会发展的目标是为了实现人的全面而自由的发展，因此促进大学生的全面发展是高职院校思想政治教育内容创新的原则目标。高职院校思想政治教育内容的创新就是要进一步做好高职院校学生的思想工作，就是要真正以大学生为本，尊重和满足大学生的物质和精神发展需要，发挥大学生的能动性和创造性，促进大学生全面发展。高职院校思想政治教育的内容创新是在实践中的创新，现实的创新性实践活动必将推动高职院校思想政治教育内容的不断完善，增强其实效性。因此，高职院校思想政治教育内容创新，必须贴近当代大学生的实际，坚持以学生为本，在实践中发展和创新高职院校思想政治教育的适应性内容。

（四）坚持借鉴继承与开拓创新相结合

继承是发展和创新的前提和基础。历史上任何时期的高职院校思想政治教育内容，都是总结前一个时期的成功经验和现实基础上建立起来的。如果离开前一时期的高职院校思想政治教育内容，就相当于失去了其继续发展和理论创新的条件，如果抛弃了以前的社会发展历史，高职院校思想政治教育内容的发展和创新就丧失了基础和前提。同时，借鉴和吸收西方相关教育内容发展的有益经验为我所用，可以更好地充实和丰富高职院校思想政治教育内容。借鉴继承的内在目的和必然要求是发展创新，而发展创新则以继承借鉴为前提与基础。所以，高职院校思想政治教育的内容的创新必然是在继承借鉴基础上的开拓创新。高职院校思想政治教育内容创新不仅要继承和借鉴其他相关学科的理论知识，更要在其他学科的理论知识提供的全新理论视野下，与时俱进、开拓创新，不懈地建构符合时代要求的高职院校思想政治教育新体系。

三、高职院校思想政治教育内容创新的理论依据

高职院校思想政治教育内容创新的理论依据主要是与思想政治教育密切相关的历史唯物主义的基本原理和中国化马克思主义理论体系的重要原理等。其中，马克思主义关于社会存在与社会意识的辩证关系原理，以及上层建筑与经济基础的辩证关系原理是最基本的理论依据；而马克思主义的人学理论，以及社会主义精神文明建设的原理则是直接的理论依据。

第一，社会存在与社会意识辩证关系原理要求高职院校思想政治教育内容不断创新。恩格斯指出："每一个历史时代的经济生产以及必然由此产生的社会结构，是该时代政治的和精神的历史的基础。"历史唯物主义认为，社会存在与社会意识二者是辩证统一的。社会存在决定社会意识，社会意识又反映着社会存在，社会意识是对社会存在的主观反映，产生于现实的社会存在。唯物史观向我们揭示了社会存在与社会意识之间的辩证关系。社会存在是社会生活的物质方面，主要包括人们在生产方式、人口因素和地理环境等方面；社会意识主要是指在社会生活的精神方面，包括政治、法律、哲学、道德、科学以及社会心理和风俗习惯等方面。社会存在与社会意识辩证关系原理为高职院校学生思想状况原因的分析，以及基于此的高职院校思想政治教育内

容的制定提供了科学的理论基础。

马克思主义历史唯物主义基本原理告诉我们，社会意识的发展具有不可忽视的历史继承性。同时，社会意识与社会存在的发展、社会发展水平又是不平衡的，具有很强的相对独立性。社会意识并不完全依赖于社会生产力发展水平，即便是在落后的社会物质条件下也可能产生先进的社会意识和社会文化。而且各种社会意识形态一经存在彼此之间就会产生相互作用和影响。而在这些思维形式中，社会意识处于主导、支配的地位，只能是统治阶级的思想意识形态。社会意识对社会存在的发生发展起反作用时，既可能促进社会进步，也可能阻碍社会的进步发展。顺应历史发展趋势的社会意识一旦被人民群众所掌握，就能够成为人们改造现实世界的巨大物质力量，具有推动社会发展的巨大动力。发挥社会意识的能动性，必须要通过具有目的和意识的人的社会实践活动，才能够得以实现，统治阶级要想维护和巩固本阶级的统治地位，就需要使用本阶级的意识形态教育青年一代，形成统一的思想意识，培育本阶级统治所需要的青年接班人。正是基于这一原理，我国高职院校思想政治教育内容的发展和创新过程中，要始终坚持不懈地用马克思主义理论和中国特色社会主义理论教育广大高职院校青年学生，使他们树立共产主义的远大理想，坚定他们走中国特色社会主义道路的信念。

第二，上层建筑与经济基础关系原理要求高职院校思想政治教育内容不断创新。在马克思主义哲学理论体系中，经济基础主要是指在社会发展到一定阶段后形成的社会经济制度，即社会生产关系的总和。马克思主义认为经济基础是上层筑的基础，一定的经济基础和一定的上层建筑共同构成一定的社会意识形态。上层建筑是指建立在一定经济基础上的社会意识形态以及与之相适应的政治法律制度和设施等的总和。在阶级社会中，政治法律制度和设施是上层建筑的重要组成部分，通常简称为政治上层建筑。马克思主义认为，经济基础和上层建筑具有辩证关系，即经济基础和上层建筑是辩证统一的。一方面，经济基础决定上层建筑。经济基础是上层建筑赖以产生、发展和存在的物质基础；经济基础的性质决定上层建筑的性质；经济基础的变革必然能够引起上层建筑的变革，并决定着其变革的发展方向。另一方面，上层建筑对经济基础同时具有反作用。上层建筑会为自己的经济基础的形成和巩固服务。上层建筑能够通过多种多样的形式反作用于经济基础，而思想政治教育就是其中极为重要的形式。如前所述，中国高职院校思想政治教育内容必然是中国共产党和社会主义国家通过高等院校教育教学实践，对高职院校学生进行有规划、有组织的教学活动中所蕴含的思想政治、道德法纪和心理健康等方面的实质性内容。实践已经反复证明，在中国社会主义革命和建设中，中国共产党的思想政治教育工作发挥了巨大的能动作用，不仅保障了经济发展工作以及其他一切工作，沿着社会主义建设道路的发展方向前进，而且提高了社会主义建设者的思想政治觉悟，使他们焕发出蓬勃的劳动生产积极性。同时，党的思想政治教育内容在高等教育中的推行，也为社会主义现代化建设事业培养了大批合格的社会主义事业建设的接班人。高职院校思想政治教育内容是高职院校思想政治教育的基础，要发挥高职院校思想政治教育的重要作用，必须重视高职院校思想政治教育的内容要与时俱进的进行创新，使教育内容始终符合历史进步的趋势，符合我国社会经济的发展要求。

第三，马克思主义的人学理论指出了高职院校思想政治教育内容创新发展的方向。马克思主义认为："人的本质不是单个人所固有的抽象物，在其现实性上，它是一切社会关系的总和。"人的本质不是一成不变的，而是随着社会关系的发展而不断发展变化的，在不同的生产力发展阶段，由于生产关系不同，因此人的本质上也不尽相同，社会关系对人的本质形成具有决定性的影响作用。当前高职院校学生思想特点的认识是我们思考问题的前提，要想把高职院校思想政治教育内容传输到学生的脑海里、心坎上，就必须从当代大学生的实际情况出发。马克思主义的人学理论以人为研究对象，揭示了人的生存、发展的规律。高职院校思想政治教育内容发展和创新的目的是促进大学生的全面发展，培养社会主义建设的"四有"新人，因此两者在本质上是一致的。马克思主义的人学理论指出了高职院校思想政治教育内容创新发展的方向，运用马克思主义人学理论可以指导和引导高职院校思想政治教育内容创新和发展。在高职院校思想政治教育内容发展和创新中运用人的本质的理论，从高职院校学生的社会属性出发，准确判断当代高职院校学生的思想观念，在高职院校学生现实的社会关系基础上设置思想政治教育内容，结合各种社会关系的处理引导广大高职院校学生，把个人价值和社会价值结合起来，在为社会做贡献中实现个人价值。

第四，社会主义精神文明建设的原理要求高职院校思想政治教育内容不断创新。改革开放以来，中国共产党将精神文明与物质文明共同作为我国社会现代化建设的目标，逐步提出并且不断完善了中国社会主义精神文明建设的理论体系，以及一系列理论内容。社会主义物质文明与社会主义精神文明之间具有紧密联系，社会主义精神文明建设需要以社会主义物质文明建设为基础，同样物质文明建设需要社会主义精神文明为其提供精神动力和智力支持。思想道德建设属于社会主义精神文明建设的理论范畴，思想道德建设决定着精神文明建设的社会主义性质和发展方向；社会主义精神文明建设同时还包含教育科学文化建设，教育科学文化建设则是提高人民群众道德水平和思想觉悟的重要保障。思想道德建设与教育科学文化建设相互影响和相互渗透，其关系处理得当就可以互相促进、共同发展。这些社会主义精神文明建设理论内容，不仅创造性地发展了马克思主义经典理论，而且成为中国化马克思主义理论体系的有机组成部分。

四、高职院校思想政治教育内容创新的实践依据

高职院校思想政治教育就其内容的存在形式来说，既是理论文本式的，也是实践经验的及时总结和概括。这就决定了高职院校思想政治教育内容创新富有实践性。

首先，创新思想政治教育内容是时代发展的需要。在全球化时代，多媒体网络高度发达，信息传播快速发展，特别是随着我国社会转型带来的新变化和改革开放后我国高职院校及大学生的一系列新变化的出现，要求高职院校思想政治教育内容必须坚持从实践中来，经受实践的检验，并伴随实践的发展而不断调整，通过创新来满足实践的需要。新媒体环境下思想政治教育呈现了如下特征：一是教育主客体关系的交互主体性特征，即教育主客体互动的模式由主客二分向主体转向，教育主客体互动的方式由人与人的直接互动向人与机的间接互动转向，教育主客体互动的时空向度由实时同步向实时同步与延时异步相融合转向；二是教育内容传播的技术性特征，即教育内容传播时效由单向滞后性向多向即时性转向，教育内容传播形式由单一媒体形态向多媒体形态转向，教育内容传播范围由相对封闭的小众向整体开放的大众转向；三是教育环境的耗散结构特征，即教育环境是开放的联系、非平衡的联系、非线性的联系；四是教育方法的连续统特征，即教育方法的存在原理是现实性与虚拟性的连续统，教育方法的运用理论是网上教育与网下教育的连续统，教育方法的作用机理是显性灌输与隐性渗透的连续统。面对新媒体带来的全新的理念以及大学生不断多样化的价值取向，思想政治教育内容必须更新，使之更接近现实，更易被学生所接纳，更富有实效性。

其次，注重吸取教育学、社会学、心理学、行为学等相关学科的最新研究成果，是达成思想政治教育目标的需要。从现实需要出发，适应客观形势的变化，注重利用现代高科技手段，重视校园文化、家庭、社会环境在思想政治教育中的重要作用，对思想政治教育的方式方法进行大胆探索和创新，才能不断增强思想政治教育的效果。当今时代的高职院校思想政治教育，作为社会运行大系统的重要组成部分，一方面要将自身汇入以改革创新为核心的时代潮流中；另一方面，必须以整体性的系统性的创新实践才能真正反映时代精神的要求。高职院校思想政治教育只有从整个体系上综合体现改革创

新的时代精神，才能真正提高其针对性和实效性。为此，要将高职院校思想政治教育看作是一个有机的整体，实现全面的且各部分有机结合、相互影响、相互促进、共生实效的创新体系。这个创新体系包括：高职院校思想政治教育课程和教材创新，高职院校思想政治教育队伍创新，高职院校思想政治理论课教学方法创新等。当前中国正由生存型社会向发展型社会转型，经济、政治、社会、文化、教育的发展都呈现出鲜明的阶段性特征，这对大学生思想政治教育产生了深刻影响。所以，思想政治教育必须准确把握社会转型的阶段性特征和大学生的思想行为特点，与时俱进，创新发展，在理念上坚持一切为了学生的发展，体制机制上注重科学化与灵活化，方式方法上注重精细化与生活化，途径上注重课堂化与社会化，手段上注重现代化与信息化，才能不断提高思想政治教育的有效性和实效性。特别是在知识经济时代，高职院校思想政治教育在培养德才兼备、情智并重、身心健康的创新人才方面需要承担起时代的责任，努力构建一个发展性的教育系统，以替代传统的矫治型的教育系统，从而促进大学生心理健康教育的良性发展。在这个过程中，如何构建大学生心理健康教育体系尤为重要。

最后，有效结合发展稳定性与连续性来实现内容创新。高职院校思想政治教育内容在马克思主义指导下，以中国特色社会主义理论体系为核心内容，总体而言是具有稳定性的。但改革开放以来，我国社会各方面均发生着日新月异、翻天覆地的变化。现实社会实践的变化，最终决定高职院校思想政治教育的内容，必须要随之而发展与创新，以适应现实社会存在的发展变化，实现思想政治教育内容的科学化。思想政治教育科学化就是指在马克思主义科学理论指导下，运用科学的理念、原则和方法，认识、把握、运用思想政治教育规律，实现思想政治教育最终目的的过程。思想政治教育科学化是思想政治教育合目的性和合规律性的统一。所谓思想政治教育合目的性，是指通过思想政治教育增强社会主义意识形态的吸引力和凝聚力，提升全社会的思想政治水平。所谓思想政治教育合规律性，是指在思想政治教育学科研究中所形成的理论范畴、研究对象、话语体系等不是对表面现象的感性概括，而是经过严格提炼并能够准确反映思想政治教育本质和社会发展规律的理论概括，并且这种理论概括是运用本学科独特的专业术语和概念来表达，达到精确化、规范化、系统化的水平，这既是思想政治教育科学化的内在要求，也是人文社会科学建设发展的必然规律。思想政治教育科学化主要包括学术研究科学化、人才培养科学化、教育实践科学化三个维度。其中，学术研究科学化是龙头、是根本、是指导，人才培养科学化是条件、是平台、是关键，教育实践科学化是基础、是源泉、是目的。在推进思想政治教育学术研究科学化中主要应处理好揭示特殊规律与揭示普遍规律的关系，应用研究与基础研究的关系，主干学科建设与分支学科建设的关系，单一学科研究与交叉学科研究的关系，继承研究和时代化的关系，借鉴研究和本土化的关系，理论研究与成果转化的关系；在推进思想政治教育人才培养的科学化中主要应处理好人才培养目标与课程设置的关系，学历教育与在职培训的关系，在理论学习研究中培养人与在实践中培养人的关系；在推进思想政治教育实践科学化中主要应处理好系统理论教育与日常思想政治教育的关系，政治观、世界观、人生观、道德观、法纪观等教育内容的关系，大中小学德育的衔接关系，学校教育、家庭教育、社会教育的关系以及单位内部党政工团合力育人的关系。当前推进思想政治教育科学化，要坚持以马克思主义科学理论为指导，牢牢把握思想政治教育理论与实践发展的正确方向；要大力加强思想政治教育学科建设，努力推进思想政治教育学科化发展进程，切实提升思想政治教育学科化水平；还要加强思想政治教育实践创新和当代发展，努力使思想政治教育体现时代性、把握规律性、富有创新性，实现与时俱进的发展。

第二节 高职院校思想政治教育内容创新的任务要求

一、思想政治教育内容创新的价值取向

从教育功能角度讲，创新思想政治教育内容的基本价值取向是为持续的创新教育奠定基础：一是打好创新精神的基础，二是为培养创新能力奠定基础。

创新精神是创新人格特征，是主体创新的内部态度与心向，它包括创新意识、创新情感和创新意志三大方面。创新意识是个体追求新知的内部心理倾向，这种倾向一旦稳定化，就成为个体的精神与文化。创新情感是个体追求新知的内部心理体验，这种体验的不断强化，就会转化为个体的动机与理想。经研究表明，有创新情感的人常常情感细腻丰富，外界微小的变化都能引起强烈的内心体验；人生态度乐观、豁达、宽容，能比较长时间地保持平和、松弛的心态；学习和工作态度认真、严肃，一丝不苟，有强烈的成就感，工作的条理性强；对世间的所有生命都有同情心和责任感，愿意为改善他们的生存状态而尽心尽力等。创新意志是个体追求新知的自觉能动状态，这种状态的持久保持，就会成为个体的习惯与性格。经研究表明，有创新意志的人常常是能够排除外界的各种干扰，长时间地专注于自己的活动；工作勤奋，行为果断，对自我要求较高，对工作要求较严；善于沟通与协调，组织能力

强，有较强的灵活性，为达到目的愿意变换工作的途径和方法；有较强的独立性和自制力，在没有充分的证据和理由之前，不轻易放弃自己的主张，能容忍别人的观点甚至错误等。

创新能力是创新的智慧特征，是主体创新的活动水平与技巧，它包括创新思维和创新活动两大方面。创新思维是个体在观念层面新颖、独特、灵活的解决问题的方式。创新思维是创新实践的前提与基础，如果想不到是不可能做得到的。

经研究表明，具有创新思维的人常常感受敏锐，思维灵活，能发现常人视而不见的问题并能多角度地考虑解决办法；理解深刻，认识新颖，能洞察事物本质并能进行开创性地思考；辩证思维，实事求是，能合理运用逻辑与直觉、正向与逆向等思维方式，不走极端，能把握事物的中间状态等。

创新活动是个体在实践层面新颖、独特、灵活的问题解决方式，创新活动是创新思维的发展与归宿。经不起实践检验的思维是无价值的。经研究也表明，具有创新活动能力的人常常实践活动经历丰富或人生经历坎坷，经受过大量实践问题的考验；乐于动手设计与制作，有把想法或理论变成现实的强烈愿望；不受现成的框框束缚，不断尝试错误、不断反思、不断纠正；愿意参加形式多样的活动，乐于求新、求奇，乐于创造新鲜事物等。

二、高职院校思想政治教育内容创新的基本要求

任何一个国家的高等教育特别是思想政治教育，都会对这个国家未来的面貌产生直接的、重要的、深远的影响，将决定着未来高级专门人才的思想、政治和品德素质。

高职院校思想政治教育内容具有针对性，相对稳定性，一定灵活性，相应层次性和递进连续性的特点。实现高职院校思想政治教育内容创新的基本要求是：一要根据大学生思想品德形成的规律和社会发展的要求确定高职院校思想政治教育创新的内容；二要根据高等教育整体规划安排高职院校思想政治教育创新的内容；三要根据高职院校思想政治教育总体目标设置高职院校思想政治教育创新的内容；四要根据高职院校思想政治教育内容是中学思想政治教育内容的深化和延伸，组织高职院校思想政治教育的新内容。现阶段，创新思想政治教育内容就是要坚持以马克思列宁主义、毛泽东思想和中国特色社会主义理论体系为指导，解放思想、实事求是、与时俱进，立足于帮助大学生树立正确的世界观、人生观、价值观，深入开展马克思主义基本理论教育，开展中国化的马克思主义理论教育，开展人生观、价值观、道德观、健康观和法制观教育，开展中国革命和建设、特别是改革开放的历史教

育，开展基本国情和形势、政策教育，开展社会主义核心价值观教育，开展实现中华民族伟大复兴的"中国梦"的教育。

改革开放以来，在全国高等学校中普遍开展了坚持四项基本原则、爱国主义的教育。在党的工作重点实现战略发生转移时，为避免社会上极少数资产阶级自由化分子打着"解放思想""民主、自由、人权"旗号制造思想混乱、煽动闹事而给高职院校及大学生带来不利影响甚至造成破坏国家安定团结的严重后果，高职院校依据邓小平必须坚持四项基本原则、反对资产阶级自由化的论述及中共中央宣传部、中央书记处研究室发布的《关于加强爱国主义宣传教育的意见》及中央有关文件精神，组织和引导广大教师认真学习，提高认识，深入了解资产阶级自由化思潮在学生中的影响，加强教育教学的针对性。同时，对大学生进行以坚持四项基本原则教育为中心的形势政策教育、道德品质教育，积极引导学生坚定党的信念，把爱国主义的情感、觉悟变成奋发图强建设祖国、保卫祖国的实际行动，走德智体美全面发展的成才道路。1993年，中共中央、国务院转发的《中国教育改革和发展纲要》，明确了学校德育工作的根本任务，强调要以邓小平理论为指导，进一步加强和改进学校德育工作，把德育工作提高到一个新水平。1994年，中共中央国务院召开了改革开放第二次全国教育工作会议，会后印发的《爱国主义教育实施纲要》和《中共中央关于进一步加强和改进学校德育工作的若干意见》（下称《意见》），深刻地总结了学校德育工作的经验教训，明确了学校德育工作的形势与任务，提出了改进学校德育的内容、途径、方法，完善学校德育的管理体制，加强党对学校德育工作的领导等基本要求，使各级各类学校的德育工作有了更加明确的纲领。为贯彻落实《意见》精神，1995年原国家教育委员会印发的《中国普通高职院校德育大纲（试行）》全面规划了中国特色社会主义高等学校德育体制，体现了把高等学校德育作为一项社会系统工程来建设的思想。1998年，中共中央宣传部、教育部印发的《关于普通高等学校"两课"课程设置的规定及其实施工作的意见》，要求各层次各科类学生都要开设形势与政策课，其主要内容是帮助学生全面正确地认识党和国家面临的形势和任务，正确理解建设中国特色社会主义的理论和实践，树立辩证唯物主义和历史唯物主义的世界观，确立远大的理想和正确的人生观。1999年，中共中央发出《关于深化教育改革全面推进素质教育的决定》，开始把素质教育纳入德育工作的视野，强调必须把德育、智育、体育、美育等有机地统一在教育活动的各个环节中。2000年6月，中央召开思想政治工作会议，对新形势下思想政治工作做出了全面部署。2004年下发的《中共中央关于加强和改进思想政治工作的若干意见》指出："我国正处在改革的攻坚阶段和发展的关键时期……学校思想政治教育要全面贯彻党的教育方针，全面推进素质教育。"2015 年 7 月 27 日，中宣部、教育部印发了《普通高职院校思想政治理论课建设体系创新计划》，对高职院校思想政治理论课建设体系创新计划的指导思想、基本原则和目标任务做出了明确部署，强调高职院校思想政治理论课建设体系创新计划的指导思想是：高举中国特色社会主义伟大旗帜，以马克思列宁主义、毛泽东思想、邓小平理论、"三个代表"重要思想、科学发展观为指导，深入贯彻落实党的十八大和十八届三中、四中全会精神，深入贯彻落实习近平总书记系列重要讲话精神，深入贯彻落实《关于进一步加强和改进新形势下高校宣传思想工作的意见》精神，全面贯彻党的教育方针，立足坚定大学生对中国特色社会主义的道路自信、理论自信、制度自信，以教材体系、人才体系、教学体系建设为核心，以学科支撑体系、综合评价体系、条件保障体系建设为关键，以推动综合改革创新为动力，以问题为导向，以教育教学实效性为评价标准，进一步坚定信心，强化责任，系统规划，整体推进，落实思想政治理论课在高职院校立德树人工作中的战略地位，把培育和践行社会主义核心价值观融入教书育人全过程，为实现"两个一百年"奋斗目标、实现中华民族伟大复兴中国梦发挥应有的作用。这无疑全面规划了高职院校思想政治教育创新的基本思路。

与此同时，高职院校思想政治教育内容逐渐融入社会实践活动。1995 年，团中央、中宣部、国家教委等部门联合发出通知，要求连续开展"中国大中学生志愿者扫盲与科技文化服务活动"。1997 年，团中央、中宣部、国家教委、全国学联发出《关于开展中国大中学生志愿者暑期文化科技卫生"三下乡"活动的通知》，首次提出开展文化、科技、卫生"三下乡"活动，将大学生社会实践活动进一步拓展和深化。这一阶段社会实践的内容更加丰富，广泛开展了支教扫盲、业余文艺演出队下乡、乡镇青年科技图书站建设、乡镇企业咨询会诊、博士硕士农村发展讲座、医疗服务和乡村卫生常识普及等多种形式的志愿服务活动。同时，青年学生还深入到城市社区、工厂企业，开展了社区服务、挂职锻炼、社会调查等丰富多彩、生动活泼的社会实践活动。2005 年 2 月，中共中央宣传部、教育部颁布的《关于进一步加强和改进高等学校思想政治理论课的意见》（以下简称《意见》）提出学科建设是加强和改进思想政治理论课的基础。设立"马克思主义"一级学科，开展马克思主义理论体系研究、马克思主义中国化研究、思想政治教育研究，为推进党的思想理论建设和巩固马克思主义在高等教育教学中的指导地位，培养思想政治教育工作队伍提供有力的学科支撑。《意见》正式提出，新的思想政治理论课设置为 4 门必修课。此次课程改革以"思想政治理论课"来概括原来的"两课"，客观地反映了"马克思主义理论"和"思想品德"这两类课程的内在联系，科学地综合了"两课"的基本内涵。在课程设置上突出了如何进行马克思主义基本原理、中国社会现实和中国历史结合为一体的教育，切实增强对当代大学生的全面的思想政治教育。

追溯思想政治教育发展轨迹，可以看出高职院校思想政治教育载体形式的多样性与有效性。从"思想政治理论课"的开设，发展到"政治理论课"与"思想品德课"，再到大学生社会实践等多种载体，其间还增添了"法律基础""形势与政策"等课程内容。从内容上看，不断成熟完善；从形式上看，载体丰富多样。实践证明，内容不创新，就没有思想政治教育的发展出路。实践同时也证明，模式拘泥于传统，忽视理论的先导作用，同样没有理想的结果。当前，面对青年学生现实生活中的热点、难点，从解决实际问题着手，提高思想政治教育的实效性，不断创新思想政治教育内容，既是时代发展的需要，也是高职院校思想政治教育工作者的历史使命。因此，要抓好以下几个方面的工作。

（一）世界观教育

对于任何社会历史条件下的思想政治教育来说，世界观教育都是最根本的内容，是其他教育内容的奠基石。全球化大趋势的背景下更是如此。习近平总书记把世界观、人生观、价值观比喻为思想政治教育的"总开关"。这无疑凸显了世界观教育的重要性。

大学生世界观教育是引导大学生健康成长、顺利成才的根本保障，是加强和改进大学生思想政治教育的主要内容。大学生世界观教育的效果直接关系到高等教育的人才培养质量，关系到社会主义人才培养目标的实现。因此，高职院校必须努力构建一个科学的、有实效的大学生世界观教育长效机制。高职院校思想政治教育工作部门应创新理念，为构建大学生世界观教育长效机制提供思想保障；加强队伍建设，为构建大学生世界观教育长效机制予以组织保障；通过科学管理，为构建大学生世界观教育长效机制提供制度保障；加大经费投入，为构建大学生世界观教育长效机制创造条件保障。

（二）政治观教育

政治观教育是思想政治教育的核心内容，政治素质是个人全面发展的首要素质。学生的生活离不开政治，大学生的政治观如何，不仅关系到大学生个体的健康成长，而且事关社会主义的前途命运。因此，加强对大学生的政治观教育，是一件艰巨且意义重大的事。高校历来是各种不同的理论学术观点、思想观点交汇、融合、斗争的阵地。在世界风云变幻的形势下，高校能否坚持社会主义方向，能否塑造政治素质合格的人才，关系到中国社会未来的命运。马克思指出："人创造环境，同样，环境也创造人。"政治观教育总是在一定的社会环境中进行的，既受环境的影响，也对环境产生一定的作用，我们在看到环境对人们政治思想作用强化的同时，也要看到人们改造环境的作用也在强化。因此，大学生政治观教育必须以马克思主义德育环境论为指导，探索优化政治观教育社会环境的新思路。

在新的历史条件下，政治观教育环境正经历巨大的变化和发展。大学生政治观教育必须与时代主题相适应，与变化着的社会环境相适应，与鲜活生动的教育对象——当代大学生的思想实际相适应。主导性的政治观念只有在社会生活实践中为各种环境因素所强化，才能被大学生真正接受并内化为个体的政治品德，成为他们政治行为的指南。

（三）人生观教育

青年大学生，朝气蓬勃，思维敏捷，勇于创新，积极进取，身心发展都处在"活跃—动荡—变化—成型—基本定型"这样一个过程之中。处于人生关键时期的大学生建立什么样的人生观，对其个人和社会都是至关重要的。针对当前高职院校大学生的思想状况及其存在的问题，加强和改进大学生思想政治教育工作应把"人生观"教育作为重点和突破口，并在深化大学生人生观教育的工作实践中拓展有效途径。

高职院校思想政治教育一直都非常注重培养学生健康的、科学的人生观。面对当前大学生中存在的突出问题，人生观教育应该着重于加强"以人为本、关爱生命"的内容，着力于引导大学生认识生命的价值，尊重自己和他人的生命，努力提升自身生命的内涵和价值。加强对大学生人生观的教育，首先，思想政治教育工作者应努力树立"以人为本、关爱生命"的新型学生观。应该树立从生命的角度和高度来理解学生的本质，将学生视为不断走向个体完善的独特生命存在的学生本质观；树立立足学生发展的终生性，为学生的发展奠基，增强学生发展的自主性，激发学生的创造潜能，实现学生发展的个性化，促进每一位学生发展观的形成；强调学生生命主体的能动性，将学生视为社会活动的实践者、平等交流的对话者的学生角色观。其次，要改进人生观教育的形式和内容，使人生观教育充满时代内容和强大的生命力。通过开设相关课程，并在其他课程中加强渗透与开展课外活动，增强实践体验相结合的人生观教育方法，使大学生学会珍惜生命、丰富生命、升华生命。

（四）法制观教育

大学生法制观问题一直是学校和社会关注的焦点。研究大学生的法制观，有针对性地对大学生进行法制观教育，是思想政治教育的重要内容。

针对大学生对法律知识的掌握还不够全面和深入、对法治的理解也存在偏差、对司法现状表示担忧和不满、对法治的价值判断和现实选择存在矛盾等问题，高职院校应强化法律基础课教育，增加学习时间，使学生能够有足够时间系统学习我国现有的重要法律，同时把民主教育作为专项教育内容，培养大学生的宪法观、公民观、民主观。通过增加社会实践活动，引导大学生正确认识我国的司法现状。实行依法治校，营造良好的校园法制环境。优化校园环境，发挥环境育人的作用，可以提高法制教育的实效。校园环境对学生的教育影响方式与其他教育影响方式不同，主要表现在三个方面：一是直接现实；二是长期性；三是潜移默化性。校园环境还拥有一种巨大的精神力量，良好的校园环境能控制和限制不良风气和行为的滋长，规范学生的言行。

（五）道德观教育

思想政治教育对大学生道德观教育影响重大。加强大学生道德观教育，并结合思想政治教育方法进行教育和引导，让其树立马克思主义的科学道德观，是摆在当前高校教育者和全社会面前的一个重大课题。

大学生优良道德品质的形成是长期的过程，是在一定的社会生活实践经验的积累以及个人自觉锻炼和修养中逐步形成的。面对当代大学生道德观的变化和发展，我们既要进行客观分析，也要以历史的眼光正确对待，从中发现问题，找出对策，改进和加强思想政治教育工作。在思想政治教育过程中，道德教育作为思想政治教育的基础性内容，是思想政治教育工作的目标和任务之一，加强大学生道德观教育离不开思想政治教育工作。针对当代大学生的道德现状和新的特点，一方面思想政治教育工作应加强大学生道德践行能力的培养。这是解决愿望与行动的矛盾，实现道德理想最有效的途径。作为大学生在道德修养上不仅应知道做什么，更重要的在于知道如何做。另一方面要加强大学生道德修养，帮助大学生树立马克思主义的科学道德观，培养他们高尚的道德品质和强烈的社会责任感。

（六）创造观教育

一个人是否具有创造力，关键是看其能否进行思维创新。所以，思想政治教育不仅要进行世界观、人生观、价值观教育，而且要开展创新思维教育。传统的思想政治教育思维往往把思想政治教育等同于理想教育，思想政治教育内容通常具有高度的政治理想性。在大众文化繁荣发展的当下，大众文化已经成为当代人思想观念、价值准则、审美倾向、行为方式、思维模式构造的重要文化参数。因此，思想政治教育在突出政治性内容的同时，要注意把政治性内容的教育纳入社会发展和人的发展的轨道上来，使政治性内容与生活性内容相耦合，把整体性、全局性的宏观教育内容与个别的、具体的微观教育内容结合起来，增强教育内容的现实性、针对性和实效性。同时，不能忽视对科学思维的培养教育，因为它是追求真理与真知的认识图式，有利于学生正确运用辩证思维的方法，把握事物的本质和发展规律，综合运用各种科学思维方法面对新情况，解决新问题。最后应该注意的是社会主义核心价值体系与思想政治教育思维教育的关系，要始终用社会主义核心价值观引导、鼓舞、塑造青年。

（七）健康心理教育

健康的心理是一个人全面发展必须具备的条件和基础。大学生是未来社会的主要领导者和建设者，他们将在很大程度上决定着未来社会的走向和发展状况，他们的心理健康与否，不仅影响着他们的学习和健康成才，而且对整个社会都至关重要。人类社会的快速发展，世界格局的动荡，地球环境的变化，使每个人的理解能力和承受能力都将经受更为严峻的考验。在当今大学生心理问题比较严峻的状况下，加强心理健康素质的培养，丰富不同学生心理教育的形式，改善培养、教育的条件和环境，是高职院校思想政治工作的当务之急。加强大学生心理健康教育可促进人格健康发展，提高学生综合素质，也可以发挥学生潜能。为此，要不断加强对大学生的适应性、承受力、调控力、意志力、思维力、创造力以及自信心等心理素质的教育与培养，使其形成健康的心理和成熟的性格。

三、高职院校思想政治教育内容创新的主要任务

高职院校思想政治教育的主要对象是大学生，而大学生思想政治教育涉及的范围广泛，教育的内容丰富，教育的方式多样，需要研究的领域、问题也较多。这就决定了思想政治教育内容创新任务具有复杂性和系统性，需要根据不同的特点确立相应的任务。

（一）加强思想政治教育学科研究

从需要思想政治教育学科支持的实际出发，一些理论工作者侧重于学科理论体系研究，这是必要的。当学科理论体系初步形成并得到多数人认同之后，学科体系仍需要进一步研究深化与完善。但思想政治教育学科研究，应着重于当前重大理论与现实问题，特别是大学生在成长过程中所遇到的实际难题的研究，这既是实现思想政治教育学科价值的需要，也是深化与完善学科体系的根本途径。中共中央、国务院颁发的《关于加强和改进大学生思想

政治教育的意见》，分析了大学生思想政治教育所面临的国际、国内新形势与新问题，提出了加强和改进大学生思想政治教育的指导思想和基本原则，强调加强和改进大学生思想政治教育是一项重大而紧迫的战略任务，明确要求以理想信念教育为核心，深入进行树立正确的世界观、人生观和价值观教育；以爱国主义教育为重点，深入进行弘扬和培育民族精神教育。教育"核心"与"重点"的确立，既由理想信念、爱国主义在大学生成长过程中的作用所决定，更是大学生自身发展的迫切需要。在开放、多样、多变、复杂的社会背景下，在市场体制所形成的竞争压力与科技发展所形成的信息压力下，许多学生由于缺乏社会生活经验，世界观、人生观、价值观尚未完全形成与稳定，因而容易产生迷惘与困惑，即迷途不知所向，疑惑不知所解，茫然不知所选。也就是面对开放、多样、多变、复杂的社会因素，发生了适应、取向、选择上的困难。迷惘与困惑是大学生思想领域的矛盾，而不是物质领域、知识领域的问题，其实质是精神需要、价值诉求、目标诉求。因此，帮助大学生认识迷惘与困惑的实质及产生原因，引导大学生确立正确的理想信念，培养大学生的爱国主义精神，则是促进大学生适应现代社会要求，不断健康成长和全面发展的关键。

同时，《关于加强和改进大学生思想政治教育的意见》还强调，在新的历史条件下，大学生的健康成长和全面发展，是在课堂教育、学校环境和社会条件的综合作用、影响下进行的，因而需要研究这些因素，特别是一些新的因素对学生的影响，开辟多样的、新的教育途径。而影响学生成长和发展的因素，都与学生的实际生活相关。大学生思想政治教育，再不是过去单一的理论内容、现实途径与课堂方式，而是理论与实践、现实与虚拟、社会与学校、课堂与课外等各个生活层面高度综合化、社会化的体系。为此，思想政治教育应以满足学生的实际需要为基本的出发点，即在坚持以育人为本的前提下，要贴近实际、贴近生活、贴近学生的要求，研究大学生实际生活中的思想政治教育。

研究理想信念教育、爱国主义教育与实际生活中的思想政治教育，是当前思想政治教育学科的研究重点。前者侧重面向社会、面向未来，以引导学生形成社会理想为追求，后者侧重面向实际、面向生活，以帮助学生提高生活质量为目标。前者为后者提供导向与动力，后者为前者提供前提与基础。两者相互联系、相互依存、相互促进。缺乏前者，实际生活将陷于实用、功利的自发状态，而缺少后者，理想信念则抽象、空洞而难以真正形成。

（二）突出思想政治教育的重点

市场体制和经济全球化的推进，对外开放和多元文化的激荡，科技发展和社会信息化的环境，社会民主化和个性特色化的发展，广泛渗透在社会和个体生活的各个领域与环节，成为当今高职院校思想政治教育的环境内容。马克思主义理论、中国化马克思主义、相关学科（哲学、政治学、社会学、伦理学、心理学、教育学）理论等，都在教育者和学生的可选择、可运用之列，成为思想政治教育的理论内容和知识视野。环境内容与理论内容的不同结合，形成了当代社会与个体以及思想政治教育两个层面的发展态势。

一是社会层面的主导性与多样性的并存与矛盾状态。所谓社会层面的主导性与多样性，主要是指：多元文化交汇背景下的中华民族文化主导，多种意识形态并存条件下的马克思主义社会主义意识形态主导，多样化价值取向过程中的社会主义核心价值观主导，多样化知识、信息影响下的人本主导。主导性与多样性的并存与矛盾，在现实生活中，在大学生思想政治教育过程中已经不同程度、不同形式地存在，并正在影响大学生的成长与发展，也在影响思想政治教育的过程与效果。应当看到，以上四大客观因素，作为社会的基础与客观条件，由于其发展快、变化大，而且相互交织形成综合效应，极大地赋予了社会与个体多样化发展机制。诸如市场体制的竞争机制、信息社会的选择机制、民主发展进程中的参与机制等，都极大地调动了人们，特别是青年学生发展的积极性、主动性与创造性，从而为广大青年学生的个性化、多样化发展提供了极其有利的条件。同时也应当看到，社会的客观因素与竞争机制、选择机制的形成，虽然为社会的多样化发展提供了条件，奠定了基础，但这些客观因素与机制本身发挥作用、发展完善，则需要条件。这个条件就是上层建筑的职能，其中包括思想上层建筑职能，即通过思想（价值取向）、政治（包括政治目标、原则与法制）、道德（规范）的作用来保证多样化大体都能遵循一致的方向、规范发展，以维护社会的安定与秩序，推动社会与个体全面、协调和可持续发展。主体的多样化发展如果脱离了思想、政治、道德的方向主导与规范，主体相互之间必然产生矛盾、发生冲突，甚至导致社会混乱，主体的多样化发展也丧失了条件。相反，思想、政治、道德的主导，离开了主体多样化发展，就会成为教条，流于形式，甚至成为主体发展的障碍。

在当代中国，高职院校思想政治教育在本质上就是运用中国特色社会主义的思想、政治、道德理论对大学生进行规范和引导。而当下的引导是在多种客观因素、多样化理论影响和多种机制作用下进行的，是对多样化的导向与规范。不研究客观因素影响的性质与方式，或不正确地选择和运用理论，思想政治教育不是陷于空谈就是背离主导，这两种倾向十分突出地影响着大学生思想政治教育的效果。为此，思想政治教育学科，要综合运用发展的中国化马克思主义理论与相关学科理论，既要分别研究社会客观因素对学生思想、行为的具体影响，更要研究这些因素对学生思想、行为的综合影响。重点要研究市场体制和经济全球化推进过程中的国家政治主导，对外开放和多元文化激荡中的民族文化主导，科技发展和社会信息化条件下的人本主导。社会民主化和个体特色化发展中的核心价值主导，是新的历史条件下所要研究的主导性思想政治教育形态。主导性思想政治教育，在对象上是对社会多样化以及多样性思想政治教育的概括、超越，没有对多样性的抽象就没有主导性，在功能上就是形成共同理想、核心价值观，没有对多样性取向的规范就不可能有共同目标；在性质上就是维护社会主义意识形态的安全，没有对多样化文化的合理选择、吸纳、鉴别、批判，就不能发挥社会主义意识形态的主导作用。

二是个体层面的个性化与社会化的矛盾状态。所谓个体的个性化与社会化，是指大学生在市场体制条件下拥有自主权和民主发展条件下拥有自由性，能够独立、自主和创造性地发展自己主体性与个性特点；与此同时，还必须要融入社会的政治、经济、文化与道德生活，接受社会政治、法制与道德规范。应当看到，社会的客观条件，既赋予了个体个性化发展机制，同时也提出了社会化发展的新要求。市场体制、社会民主、信息条件赋予学生自主权、自由性，但有些学生往往只局限于自身范围，珍惜自身的自主权、自由性，难以兼顾全局而忽视制约自主权与自由性的政治、法制与道德规范。也就是说，拥有自主权、自由性的学生往往难以自发社会化，需要学校通过教育、管理推进学生个体社会化。社会化的实质是促进学生认可、接受、融入社会的发展目标与规范，而思想政治教育在本质上就是运用思想、政治、道德的目标、规范来推进学生的社会化。当前高职院校学生的社会化，是在学生拥有并追求主体性，而不是在过去依赖性条件下进行的。学生的主体性表现为独立性、自主性与创造性三个层次。一些学生在学习、生活、交往、择业等实际活动中，主体性显示比较充分，而对思想、政治和道德的价值性认识不充分，即对社会化的发展取向有所忽视，因而在思想、政治和道德观念、规范形成与掌握上主体性欠缺。

学生的生活，包括学生的物质生活、学习生活、精神生活等，都是实在的和必不可少的，这些生活本身就是社会的一部分，需要社会加以规范。要使学生在各项生活中真正富有主体性，必须以实际生活为基础，形成生活的正确目标，遵循生活的规范，自主地在生活过程中育德，通过生活实现与社会的交流与融合。离开学生的实际生活而空谈社会化道理，会造成实际生活与社会化规范的脱节。为此，思想政治教育学科，要研究当代社会背景下学生的生活内容、目标与方式，把社会的政治、法制、道德目标、规范融入学生的实际生活之中，实现个性化与社会化的有机结合，这就是"三贴近"所要求的生活化思想政治教育形态。马克思在谈到人与动物区别的时候指出："动物和自己的生命活动是同一的。动物不把自己同自己的生命活动区别开来。它就是自己的生命活动。人则使自己的生命活动本身变成自己意志的和自己意识的对象。"马克思在这里所说的人的"生命活动"，就是讲人的生活，人的"生活"是一种有意识、有目的的对象性活动，是创造"生存"意义的生命活动。生活化思想政治教育的目的，就是研究和赋予大学生生命活动的意义，就是对大学生的生活进行科学性与价值性引导，以提高大学生的生活质量与生命价值。

主导性思想政治教育与生活化思想政治教育，是基于研究与教育的一种划分，两者的区别是：前者主要是面向社会与所有个体的理论教育，后者重点是面向不同类型个体的咨询教育。两者的联系是：前者要根据个体实际与特点进行内化、铸塑教育；后者要运用社会理论进行社会化教育。光有前者而没有后者，难以实现理论向学生实际生活的转化，容易导致空泛；相反，光有后者而没有前者，难以实现学生在实践基础上的超越，容易导致局限。

（三）实施大学生思想政治教育专业化或专门化

大学生思想政治教育，主要包括思想政治理论课教育，日常思想政治教育，以及教书育人、管理育人、服务育人活动。思想政治理论课教育是系统的马克思主义理论教育，纳入了高职院校的课程体系与教学计划；教书育人、管理育人、服务育人活动主要依托业务教学、管理与服务工作进行日常思想政治教育，这主要依靠高职院校辅导员队伍担当。

这里所说的大学生思想政治教育专业化或专门化，主要是指从事大学生日常思想政治教育的高职院校辅导员的职业化。如何运用思想政治教育学科与相关学科的理论，对学生进行科学性与价值性相统一的指导、咨询与管理，实现学生的日常生活由自发向自觉、由经验向科学的转变，就成为实施高职院校思想政治教育内容创新的迫切任务。应当清醒地看到，大学生日常生活的范围是广泛的，内容是丰富多彩的，方式是多种多样的。正因为这一领域具有日常性与综合性的特点，所以学科研究或因平常而忽视，或因综合而放弃，致使这一领域长期处于自发状态。学生的日常生活，主要靠自己的摸索，难以得到科学性与价值性相统一的指导。高职院校不少辅导员往往忙于琐碎事务而疏忽教育，陷于经验化管理而缺乏专业化咨询。正是因为这一原因，导致大学生思想政治教育的影响力不大，辅导员在高职院校的地位不高，德育首位难以得到保证。

学生的日常生活，从教育学视角来划分的话，多是非智力因素；从人才学视角来划分的话，多属于"情商"范畴；从德育与智育的范围来划分的话，多归于德育范围。在学科领域或理论上，不管是教育学、人才学还是思想政治教育学，都有比较明显的结论，即在教育、培养学生的过程中，非智力因素、情商、德育（非智力因素、情商、德育是三个同心概念，即中心相近边界不同）相对于智力因素、智商、智育，对学生的成长、发展更为重要，也就是学做人比学做事更重要。特别是在当代社会条件下，学生首先面临的问题，是在复杂的社会环境中的思想与行为适应，是对多样化、多变性因素的辨析与选择，是对自己成长、发展方向的确认。这些价值判断、目标形成与社会化过程，要由学生在教师指导下自主进行。如果这些前提性的问题解决不好，个体智商会因缺乏条件保证而难以发挥出来，业务学习也会因心理、思想困扰而效果不佳。然而，在市场竞争所引发的功利价值取向冲击下，在传统教育观念影响下，重智育轻德育、重科技轻人文的倾向，使一些高职院校的领导者和教育工作者，忽视了对大学生思想政治教育的研究与开发，致使思想政治教育滞后于科学技术和智育的发展，使一些学生在发展选择和取向上出现偏差，从而导致学生对思想政治教育的需要和教育者满足学生需要的方式与社会发展、人才培养的要求出现差距。也就是说，学生的专业学习，依托着专业、学科的系统知识，实现了学科化与专业化，而学生的非专业活动或日常活动，在很大程度上还处于自发的、经验的状态。在社会与自然一切领域都应学科化与专业化的历史条件下，在追求高深学问的高等学校，在培养人才这一重要内容上仍然处于自发的经验状态，这显然是滞后的。因而急需对学生日常生活领域进行探索、研究和开发。这种探索、研究和开发，在很大程度上就是人才资源开发，就是实现大学生思想政治教育的专业化。

大学生的生活是一个多层次的系统，不可能笼统地进行研究，就像自然科学不能笼统研究自然界，而只能分门别类进行研究一样。因此我们要按照大学生的生活结构，分层次开展研究。大学生生活，其主要构成和需要的理论和方法大体框架如下：一是政治生活，主要是党团生活，需要党团生活的理论与方法；二是学习生活，主要是学习、实践与研究活动，需要学习理论与方法、社会实践教育理论与方法和自主创新理论与方法；三是社会生活，主要是人际交往、社会适应，需要人际关系理论与方法、环境适应、优化理论与方法；四是职业生活，主要是就业、职业选择与创业，需要就业择业创业理论与方法；五是物质生活，主要是经济生活与日常活动，需要日常管理理论与方法；六是精神生活，主要是心理健康与调适，需要心理健康与心理调适理论与方法；七是虚拟生活，主要是网络活动，需要网络思想政治教育理论与方法。这些生活内容，构成了大学生生活结构，即政治生活是主导，学习生活是主体，职业生活、物质生活是基础，社会生活、精神生活是保证，虚拟生活是现实生活的补充与延伸。这些活动既有独立性，也有相关性。独立性是指它是学生全部生活不可缺少、不可替代的一部分；相关性是指它为学生的专业活动或智力活动提供条件和保证，同时也在学生的专业活动或智力活动中得到丰富与发展。

运用科学的理论和正确的价值观，对学生的实际生活进行指导与引导，解决学生的疑难与苦闷，避免学生的偏差与疏忽，减少学生的曲折与损失，无疑是十分必要的。但关键在于，用什么样的理论与方法进行指导与引导，形成什么样的指导理论与方法体系，这在实际教育与研究过程中是有不同取向与选择的。有的是满足于具体事务而轻视理论研究，有的是局限于狭隘经验而拒绝理论提升，有的照搬西方国家相关学科知识而否定思想政治教育等等，这些都不利于大学生思想政治教育理论与方法体系的形成。

因此，思想政治教育学科要从整体上、性质上、特色上把握大学生思想政治教育的专业化研究。这体现了以下几个方面的要求。

第一，大学生的生活特点决定大学生思想政治教育专业化特点。大学生处在迅速成长成才的人生关键时期。这一时期是充满希望与矛盾的特殊阶段，具有特殊的生理特点、心理特点、思想特点以及特殊需要、特殊地位和特殊作用。他们要在矛盾中选择，在曲折中发展，在比较中塑造。因而，在专业化研究中，一定要充分体现大学生的特点，而不仅仅是一般性思想政治教育研究。

第二，时代特征决定大学生思想政治教育专业化特点。时代特征集中体现在前面所讲的几大客观因素上，这些因素既改变着大学生的生活内容与方式，又开辟了大学生新的生活领域。因此，思想政治教育学科要对新的生活内容、方式、领域进行概括、提炼、升华，引导学生自觉进入现代生活。同时，要分别研究客观因素对学生影响的性质、方式与程度，分析、解决学生所共同面临的新情况、新问题，如社会竞争、信息化、多样化等对他们入团、入党、学习、交往、择业、创新、心理的影响，要对学生在竞争压力、信息压力下的迷惘、困惑、失衡、失态的表现、危害、根源进行深入分析。

第三，民族特性决定大学生思想政治教育的专业化特点。高职院校辅导员专业化在发达国家高职院校已基本实现。如美国每个高职院校都有10个左右的专业化教育、咨询项目，每个项目都有学科（综合的）依托，并专门配备职业化的辅导员。发达国家用于辅导的理论与方法，是根据发达国家的文化传统与具体国情而形成的，是为发达国家培养人才服务的，我们可以借鉴但不能照搬。我国的民族特性集中表现为民族文化性质与社会主义性质。这一特性主要体现为：一是重德治德教的伦理文化传统（区别于西方重法治管理传统）；二是重整体主义、集体主义的价值取向（区别于西方重个体主义、个人主义价值取向）；三是重世俗的社会理想、民族信念（区别于西方重超世俗的信念与个体理想）；四是重和平和谐的发展追求（区别于西方多战争与不协调发展）；五是重以民为本、以人为本（区别于西方以神为本、以物为本）。以上这些特性由中国传统文化与中国化马克思主义理论来体现。因此，思想政治教育学科的研究既要明确提出大学生生活的指导理论，又要渗透这些重要的民族特性。

第四，应用性决定大学生思想政治教育专业化特点。大学生的生活是现实的、具体的，我们只能面向现实的、具体的生活问题进行研究，而不能脱离现实、具体的生活实际空讲道理。在选择理论、知识研究和解决问题时，要有针对性，要根据实际需要选择和运用理论。应用性首先要求研究要有问题意识，要发现问题并围绕问题展开，而不是满足于理论体系的主观建构。同时，要有对问题表象的归纳、对问题本质的分析、对问题价值的阐述、对问题根源的探究，并要有解决问题的途径、方式、手段和技术。

（四）抓好德育工作

高职院校德育的根本任务在于帮助大学生完成其对人生意义的求索和生存质量的提升。构建与学生生活紧密结合的、生活化的德育格局是高职院校人本性德育的真谛。人的生活和动物的生存的很大不同在于，人不仅需要生活在一个物理世界中，还需要生活在一个意义世界里。人通过自主的活动来构建自己，不断完善自我的内心生活，完善与外界的联系，完成作为"人"的意义。因而意义世界的建构对维持个体与社会的生命存在具有至关重要的价值。生活，究其根本就是追求人生意义的活动。一方面，意义内在于生活之中，是生活的有机构成。生活世界既是事实世界又是意义世界，是两者相互联结的世界。生活的意义负载于生活的事实中，离开了生活的事实和实际的生活过程，生活的意义就会成为虚妄，这样的"意义"也是无意义的。另一方面，任何生活事实都被打上了意义的烙印。生活的事实总是在生活意义的展开中实现为事实的，人也总是按照他自己对生活意义的理解和设定来营造现实的生活活动与生活关系的。人的生活包括物质生活和精神生活两部分。

人不仅需要活着，而且需要活得有意义。由此，产生了人类社会生活领域一系列的关系准则：政治的、经济的、文化的、道德的、法律的等等，其中包括协调人与人的关系、人与社会的关系、人与自然的关系的规范，这可称之为"道德准则"。道德教育的终极目标就是使人们追求幸福生活。

从一定意义上讲，人的精神生活比物质生活显得更为重要。因为"只有精神才是人的真正的本质"。马克思认为，精神活动是最使人向往的一个活动领域，是人的全面发展的一个主要方面。缺乏人对精神价值的追求，人的全面发展便是畸形的、虚无的，是永远也达不到目标的海市蜃楼。可见，道德的价值与存在取决于生活，道德教育的存在自然也是为了人的生活，为了人的精神生活，为了提高人的生活质量。人类的价值关怀不仅要体现于人的世俗世界，更要体现于人的意义世界。"在当今的学校中，人文学科的萎缩，德育、美育的被放逐，或者它们也变质为纯知识、纯技能学习的领地，这些都表明意义世界在教育阵地的塌陷，教育成为'无意义'的教育。远离了意义世界的教育，也就从根本上远离了生活，因为人的生活是有意义的生活，没有意义的生活也就只能是动物式的存活了。"大学生作为道德的存在，其最鲜明、最生动的意义就在于他们有属于自己的现实的道德生活。高职院校德育的根本任务在于帮助大学生完成对于人生意义的求索和生存质量的提升。高职院校德育只有致力于让大学生生活在一个意义世界里，使其圆满生长时，才能尽到自己的职责。道德与生活原本是一体的，道德源于生活。过什么样的生活，就受什么样的教育。"如果一个孩子生活在批评之中，他就学会了谴责。如果一个孩子生活在敌意之中，他就学会了争斗。如果一个孩子生活在恐惧之中，他就学会了忧虑……如果一个孩子生活在鼓励之中，他就学会了自信。如果一个孩子生活在忍耐之中，他就学会了耐心。如果一个孩子生活在表扬之中，他就学会了感激。"大学生无时无刻不在生活的浸染之中，大学生的德行的发展和他的生活一脉相承，过什么样的生活，就受什么样的德育影响，就会有什么样的德行。"道德同存在的事实性密切相关，而不是同脱离实际的理想、目的和责任相关。作为道德基础的事实，来源于人们相互之间的密切合作，来源于人们在愿望、信仰、满足和不满的生活中相互关联的活动结果。"生活世界是创设充满情感和智慧的教学情境、激活学生自主建构学习的保证。所以，只有根植于生活世界，德育才能具有深厚的基础和强大的生命力。离开了生活，道德就成了空虚的原则和僵死的规范；离开生活谈德育，无异于"岸上教游泳"。

生活的过程就是道德学习的过程。"生活在一起这个历程本身就有教育作用，它扩大且启发经验，刺激并丰富想象，使我们负责言论和思想的准确、逼真。"生活是生命充实与展现的过程。这里的充实与展现理所当然地包括道德的充实与展现。大学生正是在生活的过程中，学习到作为德行历史积累的规范，即"拥有德行"。同时，大学生的"德行"又必须以"德行"加以确证，即通过生活过程展现自己的"德行"，亦即"德行之知"不同于"见闻之知"，是来源于真实的生活体验并通过生活过程加以确证的实践之知，是一种"亲知"。从本质上说，生活乃是教育的根基，一切教育只有在生活中并通过生活，才能培养出全面发展的人，也才能造就出自由的人。日本结构化方式道德教学论的倡导者金井肇博士更是明确地指出，道德关涉所有人，关涉所有人的生活，没有脱离人的现实生活的道德。因此，道德和道德教育不应该只求高尚而脱离生活现实，道德应该被作为人类生活的现实问题来予以对待；道德教育必须立足于人、立足于活生生的人的生活现实来思考人与价值的关系。事实上，作为道德教育内容项目的诸类价值均与真实的人的多侧面中某一个或某几个侧面相互关联。我们应该根据其关联的性质，明确其价值与学生心灵衔接的机制，并在此基础上探讨德育的应有状态。从而生动活泼的德育就会由此而产生。

当然，德育不单纯是告知、传递、赠送，而是应设计促使受教育者产生某种感受、理解、体验的思想"碰撞"的教育活动，并让这些"碰撞"去产生它必然的效应。从设计的角度看，它是德育；从"碰撞"的角度看，它就是生活。我国高职院校可以借鉴外国好的经验，着力改变文本式的德育课程，建构生活化的德育课程体系，让德育课程"回归生活世界"，成为具备生命形态、具有生机活力的活的立体的教科书。教师应寓德育于学生的学习之中，设法把积极、主动、科学学习的理念传递给学生，让学生体验到学习时的快乐和美好的精神享受，形成良好的学习品质，从而达到转"智"为"德"的目的。这包括以下几个方面：一是引导学生适应性学习。随着近年来大学新生中独生子女比例的增大，一些学生来到大学后不适应环境，教师应积极采取应对措施，通过思想上的引导、生活上的督导、心理上的疏导、成才上的教导，帮助新生适应大学的学习环境。二是引导学生健康性学习。应向学生介绍学习过程中的学习心理的基本知识和规律，培养学生学习的动机、兴趣、态度、意志、毅力等非智力因素，以解决学生心理活动中的学习障碍问题，使教师的"教"通畅、活跃。三是引导学生习惯性学习。养成良好的学习习惯是取得良好学习效果的重要保证。良好的学习习惯一旦形成，个体学习行为就能按照自主化的程序进行。在现代群体学习的形式下，良好的学风是维系学生高效学习和保证学习计划顺利完成的重要因素之一，良好的学风能够帮助形成动态平衡、朝气蓬勃的"生态群落"。因此，高职院校德育应当引导学生在学习中养成良好的学习习惯和学风。四是引导学生科学学习。科学学习是实现学习目的，取得学习成果的桥梁和手段。"怎样学习"比"学习什么"更为重要。因此，高职院校德育要特别注重学习方法的引导，可通过组织学法指导座谈会、经验交流会等形式引导学生掌握科学的学习方法，真正做到"授之以渔"，而不是"授之以鱼"。

德育不可能到人们的头脑中直接作业，它是通过社会生活与交往这些外在形式在人们心田中潜移默化地进行耕耘的一种特殊活动。交往是德育的逻辑起点，是德育发生的重要前提，是德行发展的动力和内在因素，没有交往的德育无法实现促进人的发展的目的。高职院校在德育过程中，应注重通过学生人际交往活动来培养其道德信念。高职院校应抓好两方面的工作。首先，专家授技。高职院校德育工作专家应教给学生交往的技巧。一是交往的选择性。"道不同，不相为谋"，同学之间在交朋友之前，应进行甄别，有所选择。二是交往的原则性。同学之间的交往应"和而不同""群而不党"，贵在团结和睦，但不应盲目附和，对原则性的问题，应始终坚持自己的立场和原则。三是交往的吸引性。人际吸引的因素有多种，但最重要的是要有吸引人的才能。每位学生都应努力提升能使别人欣赏自己的才干，从而产生人际交往的吸引力。其次，部门力抓。高职院校共青团、学生会应经常组织开展学生集体活动，让学生在活动中学习有关人际交往的基本知识，培养和锻炼交往能力，同时也潜移默化地影响周围同学的生活习惯和行为习惯，逐渐克服不良习气。针对大学生存在交往困惑或障碍的问题，高职院校大学生心理健康教育部门应进行人际交往团体辅导或小组辅导，也可以引导学生采用角色扮演法，在编好的心理剧中扮演角色，或在生活中"扮演"与原来性格不同的角色。上述措施，能促使大学生勇于和善于建立平等友爱、互帮互助、开放宽容、诚实守信的良好人际关系，为自身的健康成长和社会的稳定发展做好人际储备。

另外，日常生活是人类生存和发展的基础，社会的经济变革、文化转变无不与之相联系，每个人的成长都是建立在对日常生活的感受之上的，只有在日常生活中形成良好的行为习惯，才能在纷繁复杂的社会生活中进行正确的选择。从超越的角度去构建。要超越消费主义制造的各种精神幻象，超越媒体对日常生活的引导与操纵，始终以批判和建构双向互补的姿态介入，并以大学生特有的情怀重构生活观，引导大学生克服将日常生活作为一种单纯满足感官享受、消遣娱乐以及纯感性化或欲望化面对人生世界的消极心理。要发挥德育对社会生活的简化、净化和平衡作用，引导学生在对日常生活进行认真细致的体验和观察的基础上，融入自己对生活的深厚感情，并深深扎根于这片创造新生活来源的广袤土壤，汲取各类营养，让日常生活中的真、善、美成为学生生命中最重要的元素，让学生从那些每天都见、每天都经历的事件和日常生活场景中提炼出高于世俗生活的精神。从艺术的角度去构建。要教育学生将艺术的精神灌注到日常生活中去，把自己的日常生活当作艺术品一样去创造，使日常生活情趣化、个性化、纯净化、理想化，并在此过程中塑造完美的自我，成就理想的人生。通过培养学生高雅的情趣，使其超越物欲，忘记一己之得失，将自己的人生理想寄托于对周围事物美的发现和创造中，使人性得到健康和谐的发展，从而达到精神的愉悦；引导学生在日常生活中保持个体性格的多样性，从而保持人格的完整；引导学生能够用冷静的头脑和敏锐的目光审视社会生活环境，特别要对令人目眩的生活时尚做出自己的思考和明辨，取其精华，去其糟粕；引导学生把日常生活本身当作改造的对象，不断将生命活力灌注到生活中去，使它理想化、美化，实现"日常生活非日常化"的飞跃。

在生活化情景中渗透德育。"一个完整的德育过程，应该是体验者的认知活动、体验活动与践行活动的结合""人对道德价值的学习以情感体验型为重要的学习方式"。高职院校德育区别于其他社会意识形态的根本特征就在于它的实践性。因为道德是以实践精神的方式来把握世界的，具有意识与行为、理论与实践相统一的特点。所以，高职院校德育也就有了它自身的特点和规律，即强调潜移默化、个体觉悟和生活践展，强调情感体验和知行统一。评价一个人道德品质好坏的客观标准，衡量道德教育成败的根本尺度，就在于道德实践。只有"知行合一"，注重道德实践，紧密结合学生的生活、学习的现实境况，在生活化的情境中教育影响他们，道德教育才可能成功。因此，高职院校德育必须把理论讲授与生活实践活动结合起来，注重在生活实践情景中，引导学生面对生活世界的种种现实问题，综合运用所学的道德理论知识，主动去探索、发现、体验、交往、亲力亲为，获得解决问题的真实经验，促使他们实现从理解规范到践履规范的转变，最终帮助大学生达到对自己的合理的内在控制。在充满生活气息的校园文化中渗透德育，作为一种特殊的意识形态和群体意识，充满生活气息的校园文化通过特定的人文环境的熏陶、渗透和升华，将其长期培育和积淀的传统作风和学术气息等转化为环境中人们共同的观念追求、价值标准、行为规范，从而不断作用于校园文化主体，实现育人的目标。充满生活气息的校园文化活动的类型和形式主要有：感受体验活动、游戏娱乐活动、行为操练活动、模拟操作活动、表演竞赛活动、信息交流活动、竞赛参与活动、自我展示活动、选择辨析活动、演讲辩论活动、运筹对策活动等等。高职院校要通过组织多元化的活动，让学生在

"活动"中学习，在"主动"中发展，在"合作"中增知，在"探究"中创新，使德育焕发出生机勃勃的活力。

高职院校应设法使校园文化的教育作用自然化和情境化。这要求教育信息的输出应融于一切动态和静态的"看似无意实为有心"的校园文化之中，尽可能以自然的方式，从物质环境到精神环境体现教育的内涵，减少刻意的人为的痕迹，注重创设情景和氛围，以促使个体产生内在的需要和情感上的共鸣。让学生自己亲自感受到从事这项任务的必要性，达到深有感触，不愤不启，不排不发的境界，自己主动地、积极地去完成。这样，就能促进德育与校园文化建设的和谐相长。

在社区生活中渗透德育。随着社会的多元文化与价值的冲击，高职院校德育所面临的一个重要任务就是：正确选择和吸收与之相适应的认知行为模式、道德标准、文化和价值取向；本着参与、交流、服务的原则，给学生更多的生活维度、更多的德行发生的语境。开放的校园是时代的呼唤，是德育回归生活的必然。开放的校园应充分体现社区性，应拆除隔离德育与生活社区的围墙，以高职院校为核心向周边社区辐射，以其人文与科学的优势向生活社区蔓延、向社会蔓延，将社区纳入学校的视野，拓展学生生活空间，开阔高职院校德育新视角。面对生活，学生理应思考和感悟，去探求自己究竟能给别人带来什么，给社会添加什么有价值的内容；面对生活，学生理应运用所学知识透视人生百态，领悟生活之美。社区与校园的良性互动，将使高职院校德育落在生活的真义中，这也是高职院校人本性德育的应有之义。

第三章 高职院校大学生思想政治教育创新元素

第一节 高职院校大学生思想政治教育观念创新

一、以人为本的价值取向

（一）以人为本是思想政治教育的本质要求

按照历史唯物主义的观点，社会意识不仅有着相对独立性，更能对社会存在产生能动的反作用。"蜘蛛的活动与织工的活动相似，蜜蜂建造蜂房的本领使人间的许多建筑师感到惭愧，但是最蹩脚的建筑师比蜜蜂高明的地方就在于他在用蜂蜡建造蜂房之前，已经在自己的头脑中把它建好了。"思想是行动的先导。正确的思想、观念、理论能推动事物的发展；反之，错误的思想、观念、理论则会阻碍事物的发展。伟大的理论一经掌握群众就能变成巨大的物质力量。在学校的思想政治教育中，正确的教育理念能有效地指导教育者制定符合学生思想实际的、有层次、分阶段的教育目标，选择贴近学生、贴近生活的教育内容，采用行之有效、多种方式结合的教育手段，利用多种多样的教育载体，进行准确有效的教育评估，从而达到提高学生的思想政治素质，提升学生综合竞争力的目的。

教育是对受教育者施以影响的一种有计划的活动，其本质就是育人。著名的教育家蔡元培先生说："教育是帮助被教育的人，给他们发展自己的能力，完成他的人格，于人类文化上能尽一分子的责任，不是把被教育的人造成一具特别器具，给抱有目的的人去应用。"

17 世纪捷克著名的教育家扬·珂·夸美纽斯曾明确地提出教育要遵循自然适应性原则，要求教育同人的自然本性相一致。当代文化教育学的创始人斯普朗格更是明确主张："教育绝非是单纯的文化传递，教育之为教育，正在于它是人格心灵的唤醒，这是教育的核心所在。"大学教育是学校教育的高级阶段，是通过高深文化的传递、内化、选择和创新，来培养社会发展需要的、有创新精神的、全面发展的高级专门人才。真正的大学应该是探索真理和自由成长的最佳处所，在这里充满着对人的价值与意义的理解和尊崇，能够使置身于期间的每个人感受到充满内心的庄严感和被净化了的自我超越感。

作为培养大学生思想道德素质的思想政治教育，更应当充分表现对人的生命、价值、尊严的关切，确立以人为本的理念。这既是思想政治教育的本质要求，也是思想政治教育的历史启迪，更是思想政治教育的时代召唤、功能定位和力量源泉。

（二）大学生思想政治教育中忽视以人为本的表现及后果

在以往的思想政治工作中，以人为本的理念并没有得到很好的体现，甚至受到了无情的践踏。1957—1977 年这 20 年的时间里，人的问题被看作是资产阶级的专利而加以批判，忽视物质经济建设和文化建设，抑制了广大群众的积极性、主动性和创造性，社会生产力遭到了极大的破坏。一直以来，受到社会环境的影响，在我国高职院校学生的思想政治教育实践中也存在着忽视以人为本的现象。主要表现在以下几方面。

1. 忽视学生的主体差异性

在思想政治教育中，习惯于用过高的标准和统一目标教育和要求学生，"统一的人才培养模式，雷同的专业课程设置，单一的教学教育方法"，造成了"千校一面，万生一模"的尴尬局面。

2. 过分突出教师的主导作用

片面强调教师的权威，忽视学生的主动性和积极性；过分强调有序、服从与奉献的道德规范以及与之相应的观念；一些教师总是习惯于以"传道、授业、解惑"的身份自居，要求学生"师云亦云""唯命是从""不能越雷池一步"。

3. 教育和教学的人为分割

思想政治教育在不少学校变成了一个脱离智育、体育等各个学科教学、教育的单独领域。思想政治教育从完整的教育中被割裂、抽离出来，仅仅靠单独的课程、配备专业的老师、设立独立的机构来实施，"这使得对人的全面教养、对人的灵魂原本起着整体作用的教育变成了某一门课的任务，某一本教材的任务，某一个或一些教师的任务，某一个机构的任务，变成了在一个集中时段里进行的事情。"

4. 在思想政治教育中采取单向灌输的办法

往往把学生作为影响的对象，片面强调思想政治教育知识的掌握，所施加的多是口号式的令人可望而不可即的思想政治教育条目，把思想政治素质的提高过程等同于科技知识的接受与理解，整个思想政治教育过程忽略了学生的主体需要，忽略了人与人的心灵交流，把人视为填充各种美德品格的袋子，思想政治教育失去了人，忘记了人有思想、有感情、有精神世界，使部分学生形成了"知而不信""言而不行""知行不一"的双重人格。在这种忽视人本的教育理念的指挥下，高职院校的思想政治教育出现了脱离实际、学生产生抵触情绪、缺乏实效性等令人担忧的严重问题。近期媒体报道的一系列大学生道德危机事件更是让人们看到了加强和改进大学生思想政治教育的紧迫性。那么，在新的形势下，创新和发展大学生的思想政治教育，增强其实效性，应当怎样树立以人为本的新理念呢？

（三）尊重学生主体性，树立以人为本的教育新理念

我们党和国家坚持以人为本，尊重人的价值、解放人的思想、释放人的潜能、激发人的活力、推动人的全面自由发展，从以人为手段到人既是手段更是目的的宣言书，是实现人的自由发展、民族素质全面提升的政策保障和纲领性文件。

新形势下，高等院校的思想政治教育要改变过去教师一人掌勺，忽视学生主体性的局面，树立"以人为本"的教育新理念，就必须充分认识当前学校教育的实际情况，深入分析学生的思想状况，认识社会对学生的影响，真正了解学生、关心学生，树立"育人首位"的思想，一切为了学生，为了学生的一切。具体来说就是要做到以下几点。

1. 尊重学生的个体差异

要承认学生的差别，尊重学生的个性特点和兴趣爱好。不要动辄把学生归类，不要轻易把生理问题、心理问题归结为思想问题，不要试图把学生的思维方式、思想观念和行为表现改造成一个模式。

2. 把握学生的正当需求

人的需求多种多样，各不相同。要正确引导，妥善处理，不要把个人的正当需求认为是"个人主义""私心太重"和"追求资产阶级生活方式"。不要简单地用社会的集体的需求来否定或取代个人的需求。

3. 维护学生的合法权益

自由、平等、民主和正当的个人权益是社会赋予人的基本权益，高职院校大学生亦是如此。思想政治教育要尊重学生的主体意识、民主意识和平等

人格，尊重他们的权益。

4. 帮助学生实现自我价值

自我实现是人的高层次追求和需要，引导和帮助人们实现自身价值是促进人的全面发展的应有之义。

学校要想方设法为学生提供施展才华的舞台，创造良好的学习和生活环境，使学生充分发展，享受因努力而带来的成就感，并产生对自己的价值认同，树立自信心，逐步实现自己的人生理想。

二、"三贴近"的育人原则

《意见》指出：要"以大学生全面发展为目标，解放思想、实事求是、与时俱进，坚持以人为本，贴近实际、贴近生活、贴近学生，努力提高思想政治教育的针对性、实效性和吸引力、感染力，培养德智体美全面发展的社会主义合格建设者和可靠接班人。"贴近实际、贴近生活、贴近学生，是思想政治工作的一条历史经验，是思想政治工作所应遵循的一个基本方针，也是思想政治工作增强实效性、针对性的根本保证。

"三贴近"是一种非常通俗易懂的表述，从直观的角度，人们很容易理解它的意思，但最简单的表述，却体现着最丰富而深刻的含义。从贴近实际来看，这里的实际既包括当前的时代特征，包括整个世界范围内科技革命迅猛发展、经济全球化势头强劲、政治多极化不可阻挡的实际，包括国内改革开放不断深入、市场经济不断完善、社会多样化趋势日益明显的实际，也包括我们现实生活中随处可见、可感、可及的实际；从贴近生活来看，这里的生活既包括现实的经济生活、文化生活也包括现实的政治生活，包括城市生活、农村生活，包括社会各群体、各阶层的生存现状和发展趋势；从贴近学生来看，这里既包括学生的现实思想状况，也包括学生的现实生活状况，包括学生的愿望、需求、意见、建议、理想、态度、观念、习惯等。

对高职院校的思想政治教育来说，做到"三贴近"就是要把大学生的思想、学习、交往、生活实际同学校的教育管理活动有机地统一起来。

1. 要贴近大学生的学习实际

大学是人生发展的新阶段，大学阶段的学习有着自己的特点和规律。升学的目的基本上已经不存在，全面提高自身素质，增强适应社会的本领成为大学学习的直接目的；在学习内容上，不再是基础知识的吸收而是学习某一专业领域的知识；教学内容进度快，重复性少，大量知识要求学生自学；大量自由支配的时间让学生自己思考和选择怎样学、学什么。因此，思想政治教育要引导学生正确认识和把握大学阶段的学习规律，尽快适应新的学习生活，找准适合自己的学习方法，并将正确的世界观人生观价值观教育、道德教育、法纪教育、政治教育和情感教育融合在专业学习中，帮助他们制定正确的学习目标，循序渐进地提高自身的各项素质。

2. 要贴近大学生的生活实际

从进入大学校门开始，社会就把独立生活的能力作为大学生培养教育的重要内容，要求大学生在不断变化的环境中表现出优良的素质。这就要求大学生迅速适应大学生活环境的变化，但是许多学生以前都是在父母身边生活，衣食住行都由父母精心照料，日常生活的大小事务都是由父母包办，自己独立生活的能力差。进入大学，在地域上远离家庭，远离依赖的父母，很多学生都感到孤独无助，加上与人交流不顺畅，很容易出现思想上和心理上的问题。因此，思想政治教育要鼓励学生形成积极适应环境的良好心态，主动培养独立生活的能力，用正确的生活观、消费观引导他们，帮助他们走出不适应环境的心理阴影，把精力放到学习和提高自身素质上来。

3. 贴近大学生的交往实际

人际交往既是大学生自身的需要，也是社会要求大学生具备的能力之一。然而从中学到大学，学生交往的对象和人数明显增多了，同学来自五湖四海，彼此兴趣爱好差异较大。同长期交往的中学师生相比，更多的同学会觉得大学的师生关系较为疏远，同学关系也不如中学好处。中学时由于父母的照顾和学习的压力，对友谊的渴望也不那么主动。进入大学，新的环境和伙伴要求大学生独立地与各种人交往，但由于缺乏技巧等原因，不少学生一时难以建立友好协调的关系，甚至会发生人际冲突。这就要求思想政治教育引导学生在正确认识自己的基础上积极悦纳自我，培养自信，并承担起指导大学生正确开展人际交往的任务，教给他们人际交往的知识，使他们乐于交往，善于交往，建立平等、友好、互信、互谅、互助的良好人际关系。

4. 要贴近大学生关心的社会实际和热点问题

当代大学生他们"思想活跃开放，求知欲旺盛，认知能力增强，参与和竞争意识强烈，乐于追求新的思想和生活，崇尚务实的行为方式"。他们关心改革开放和社会主义市场经济建设，关心全面建设小康社会宏伟目标的实现和中华民族的伟大复兴，关心党风廉政建设，关心国际政治，关心国际体育赛事；也关心自己的就业创业前景和未来出路。这就要求大学生思想政治教育在理论与实践的结合上，在解决思想问题与解决实际问题的结合上，在国内与国际的结合上，在宏观与微观的结合上下功夫、出实招；真正在充分说理和解决实际问题上下功夫，出高招；并以饱满的热情和动人的感情去教育、开导、影响和感染大学生。

三、社会功能与个体功能相统一的功能观

思想政治教育的社会功能是指思想政治教育服从和服务于社会发展，既适应社会政治、经济、文化的发展，受政治、经济制度和社会主导意识形态的制约，服从党的中心工作，又促进政治、经济、文化的发展，为党的中心工作服务。思想政治教育的个体功能是指思想政治教育通过培养、提高人们的思想政治素质，完善人们的个体人格，最大限度地调动人们的主观能动性和发掘人的内在潜能，培养人的创造精神，实现个人的自由全面发展。思想政治教育的社会功能与个体功能之间有着内在的辩证统一关系。

（1）马克思主义关于人的全面发展理论，是以社会分工为基础的，是由生产力和生产关系的全面性所决定的，也就是说思想政治教育的个体功能的发挥受到其社会功能的制约。思想政治教育如果能很好地发挥其保证功能和导向功能，推动社会政治经济文化的发展，使政治制度巩固、社会安定团结、民主法制健全、社会主义经济基础稳固、思想文化环境良好，就能为个体的全面发展提供良好的外部条件。

（2）思想政治教育个体功能的发挥也会对其社会功能产生影响。思想政治教育的个体功能发挥充分，个体的主观能动性和内在潜能得到最大限度地调动和发掘，个体才会以更大的热情投入国家的建设中去。同时，个体创造精神的培养更能为国家的创新发展提供无穷的动力。

反之，个体功能受到压制，个体的主动性、积极性、创造力被压抑，社会就会缺少活力，这必然会阻碍思想政治教育社会功能的发挥。因此，思想政治教育的社会功能和个体功能是相辅相成的，两者都不可偏废。但是，作为社会意识形态的重要内容，思想政治教育受到社会发展阶段的制约，在不同的历史时期，各项功能的发挥不是同时同步的，而是有所差别。

在很长一个时期内，我国思想政治教育十分强调它的社会功能，较多地着眼于思想政治教育为社会政治、经济、文化发展，为社会群体关系的协调服务，思想政治教育所要培养的各种思想品质也是据此为出发点的，也即以社会为本位来培养每个个体。在一定的历史条件下，这可能不是一种错误的倾向，当社会发展还没有达到它的高级阶段时，当社会与个体尚未实现高度统一时，社会的需要经常要被作为第一需要，而且，这种社会需要又往往与个人的需要存在矛盾。在奴隶社会和封建社会中，个体的需要和它的丰富性遭到无情的压抑和摧残，个体的价值普遍遭到忽视；在资本主义社会中，少数的个体全面发展又剥夺了多数人的全面发展；社会主义社会虽以满足人的多方面需要为其发展的目标，但当它处在很不发达的初级阶段时，仍不免经

常要以牺牲个人的某些需要和发展为代价来获取社会的发展。也就是说，思想政治教育功能在个人关系领域内的发挥，必然会受到社会历史发展的制约。如我国在前几十年一直从为社会经济建设服务的角度对人进行教育，在经济发展上见物不见人。除了这种社会历史条件的限制外，我国几千年的历史所存在的集体至上、大一统的牢固传统观念与中华人民共和国成立后片面理解的集体主义等观念相结合，又在一定程度上更加强化了思想政治教育的社会功能，甚至否定和抹杀了它的个体功能。

当前，我国社会建设的巨大成就，社会主义在物质文明、精神文明、政治文明领域取得的前所未有的成果，使社会主义的发展提升到了更高的阶段，为社会与个体的统一提供了更好的条件。以新的科技革命为背景的时代，为满足人的各种物质、精神需要提供了可能。同时，当前的改革又是以个体的觉醒为条件的。小康社会目标的提出，科学发展观的确立，和谐社会的构建把"人"的重要性提到了前所未有的高度，尊重人、满足人、善待人成为社会的呼声。思想政治教育是教育者用一定的思想观念、政治观点、道德规范，对社会成员施加有目的、有计划、有组织的影响，使他们形成符合一定社会所需要的思想品德的社会实践活动，也即思想政治教育是通过培养人的德性来为社会服务的。人是社会实践中积极能动的主体，从来都有不断超越现状、追求美好理想的要求。正是基于此，个人才能够发展，社会才得以进步。可见，除了符合社会发展的要求外，个人德性的培养更是个人内在的需求。基于此，我们对思想政治教育的功能也应当作出新的衡量。思想政治教育不仅应当促进社会的发展、进步，而且更应当使个性充分发展，个体获得自我实现的满足。思想政治教育应当在协调个人关系特别是协调个人的自我关系方面更多地发挥它的作用。

只有当思想政治教育在个人关系领域内充分发挥它的功能，思想政治教育才不是把人作为工具来培养，而是作为目的来培养的。这种思想政治教育才不至于使被教育对象视为异化了的思想政治教育，才能消除教育对象的抵触情绪成为他们自愿接受的教育。在当前的条件下，高职院校的思想政治教育应当更多地注意加强学生个体意识的培养、启迪和发展，并以此提高个人的社会责任感。对思想政治教育的目标、内容等做出相应的调整，在教育的过程与方法上更多地从关心人、爱护人出发，创设良好的个体发展气氛和条件，从而使思想政治教育的各种功能最有效地发挥与实现。

第二节 高职院校大学生思想政治教育内容创新

我国高职院校思想政治教育内容的创新发展需要遵循科学而正确的途径，以此来顺利而有效地实现高职院校思想政治教育内容创新的目标和意义。我们认为，这样的途径主要包括有效结合心理与道德教育来实现高职院校思想政治教育内容创新的途径，有效结合网络教育与法纪来逐步实现高职院校思想政治教育内容创新的途径，以及有效结合发展稳定性与连续性来实现高职院校思想政治教育内容创新的途径。

一、有效结合心理与道德教育来实现内容创新

随着我国社会改革开放的不断深入，我国在社会转型期所出现的社会问题逐渐增多。在知识经济时代，高职院校思想政治教育在培养德才兼备、情智并重、身心健康的创新人才方面需要承担起时代的责任，努力构建一个发展性的教育系统，以替代传统的矫治性的教育系统，从而促进大学生心理健康教育的良性发展。在这个过程中，如何构建大学生心理健康教育体系尤为重要。

（一）在发展性原则指导下建构高职院校学生心理健康教育体系

在建构这个体系的过程中，要始终抓住发展的理念，将其作为核心的目标，从而更好地培养大学生健康的心理水平和进行自我心理调节的能力，进而持续地激发自己的潜能，为高职院校学生健康全面的发展奠定良好的心理教育基础。

（二）以系统性原则建构高职院校学生心理健康教育体系

在这个教育体系中要实现各种教育资源、教育力量通力合作，协调发展。长远来看，构建一个系统的高职院校学生健康教育系统，在理论探索、教育实践、人员培训上都要比分散建设和重复建设更节省教育成本。

（三）构建适用的大学生心理健康教育体系

要坚持人本性原则和科学性原则，构建适用的大学生心理健康教育体系。如何提高与发展当代大学生内心水平，其思想政治教育的方法、手段与途径

的采用必须遵循人类的心理发展规律，以人本性原则，最终指导构建大学生的心理健康教育体系，并在整个大学生心理健康教育过程中，均贯彻人本性原则。

二、有效结合法纪与网络教育来实现内容创新

目前，高职院校仍然是我国社会"网络化"和"数字化"发展的前沿阵地。互联网和虚拟社区的各种信息对大学生的政治立场、道德认识、价值标准和心理发展都发挥着重大的影响力。网络的发展给我国高职院校法纪教育提出了许多新的挑战，一方面，要求我们直面这些挑战，勇敢地去迎接挑战；另一方面，网络在主旋律的宣传、正面信息的广泛而快速传播等方面也带给高职院校思想政治教育新的机遇，为我国高职院校学生的法纪教育与网络教育的结合提供了契机。

在高职院校思想政治教育过程中，法纪教育实例的教育效果是非常明显的。一些高职院校思想政治理论课教师在应用案例教学的过程中取得了很好的效果，也积累了许多有益的经验。而利用迅捷的网络传播，我们可以在思想政治教育的内容中引人网络上最新的法律和纪律相关的文字新闻、视频报道等，丰富化、生动化、形象化我们的思想政治教育，使教育内容在吸引学生的注意力的情况下更好地入其心，进其脑。

这就要求我们在设置思想政治教育的内容过程中，要加强高职院校网络道德教育水平，特别是加强法律意识和爱国主义教育意识。同时，高职院校思想政治教育也要充分利用高职院校互联网，引导大学生利用互联网的便捷优势进行法纪自我教育。还可以把高职院校思想政治教育专题网站建设成为内容丰富、贴近大学生的法纪教育阵地，积极主动地拓展高职院校法纪教育与网络教育结合的途径和范围。

三、有效结合发展稳定性与连续性来实现内容创新

高职院校思想政治教育内容在马克思主义指导下，以中国特色社会主义理论体系为核心内容，总体而言是具有稳定性的。但改革开放以来，我国社会各方面均发生着日新月异、翻天覆地的变化。现实社会实践的变化，最终能够决定高职院校思想政治教育的内容，必须要随之而发展与创新，以适应现实社会存在的发展变化。在中国共产党的领导下，大学生思想政治教育遵循党的基本路线、方针政策，适应党的工作重心的转移，完成了当代大学生思想政治教育的基本任务，不断创新与发展大学生思想政治教育内容。邓小平、江泽民、胡锦涛、习近平等党和国家领导人的创新性理论成果不断补充

到中国特色社会主义理论体系中来。高职院校思想政治理论课的内容也进行着相应的调整。在这个过程中,必须努力处理好思想政治教育内容稳定性和连续性的关系。既要把握好政治方向,又要与时俱进。

第三节 高职院校大学生思想政治教育方法创新

一、以校园网络建设为平台,加强大学生思想政治教育

新世纪是一个高度信息化的时代,网络正在成为影响人类社会生活的主体。正如美国未来学家托夫勒所说:"谁掌握了信息、控制了网络,谁就拥有这个世界。"即高校由于在信息资源和人才培养中的重要地位,成为中国"网络社会"发展的前沿。因此,要增强思想政治教育的实效性,必须创新多层次的网络教育法。网络教育法是教育主体利用网络有目的、有计划、有组织地对大学生施加思想观念、政治观点、道德规范和信息素养教育方面的影响,然而,大学生们并未感到有任何的强制性。因此,能取得很好的教育效果。

(一)构建与互联网相适应的高职院校"两课"教育机制

构建与网络时代相适应的高职院校"两课"教学工作机制是"两课"教学改革的重要方面。网络技术的发展,信息渠道的扩大,客观上要求调整"两课"教育机构和人员的传统工作职能,即由单向传授向研究指导咨询和顾问的方向转化。就是逐步削弱它作为行政机构的指令性职能,转变为学生社会活动和社团活动的指导和顾问机构。这些机构的主要工作在于搜集分析思想教育的有关信息,研究设计可供选择的教育方案和资料,以有效组织和指导各类教育活动,这种变化不是减弱而是强化了"两课"教学机构和人员职能,是适应网络信息时代要求的明智选择。网络时代,应当改变过去单一的集中教育模式,实行宜统则统、宜分则分、统分结合、形式多样的"两课"教育机制。

(二)加强"两课"教学的网络载体建设

载体是"两课"教学工作的基础,高职院校"两课"教学工作能否落实,很大程度上取决于是否建立了与"两课"教学工作相适应的载体。载体建设对于"两课"教学工作的重要性就在于把一定的思想观念物质化为直接现实,对教育者进行广泛的、自发的、偶然的、潜移默化的陶冶,从而实现"两课"教学的目标。"两课"教学工作的载体按类型可以粗略地分为工具类(如书籍、

广电设施、互联网等）、设施类（如影剧院、博物馆纪念馆等）、活动类（如各种群众性精神文明创建活动、校园文化活动等）。

加强网络"两课"教育载体建设，要注意抓好以下三个方面。

1.加强"两课"教育网络基本设施建设

"两课"教育校园网的建设要着眼未来发展、立足长远。主要设施和基本布线要一次性到位，并尽可能多地预留平滑接口，与域外网（如全国其他思想教育网）有效对接，本着适时方便原则，网络终端要尽可能普及校园内各个角落，学校"两课"教育主管部门和"两课"教育工作者，如党群机关、社科部、政治理论教研室、党群班干部和政治理论教员要在网上建立具有各自特色的主页，当好网上"两课"教育的主人翁。

2.加强网上"两课"教育信息资源建设

建立政治理论信息资料库，让马克思主义理论进入网络，并占领网络思想理论的主要阵地。建设一批富有各校特色的"两课"教育网站如政治理论学习网站、校园BBS和各种专门的聊天室、心理咨询室等。除此之外还要深入研究网络信息时代"两课"教育的特殊规律，组织专家制作一批思想性强、教育性强、趣味性好、适应性广的信息资源用于"两课"教育，这样思想教育由"平面"转向"立体"，从"单色"转向"多色"，使"两课"教育更加生动活泼。

3.加强网上"两课"教育制度建设

建立完善网上信息传播监控机制，严格实行两网制，在校外网（因特网）和校园网（思想文化信息网、校园网）之间实行"物理隔离"，避免"直通车"，以堵塞不良信息向学校传输的通道。

二、以课堂教学为平台，加强大学生思想政治教育

高职院校的主要职责是培养人才，课堂是教师向学生传道、授业、解惑的主要场所，是师生沟通和交流最重要的所在。因此，加强和改进大学生思想政治教育必须牢固抓住教书育人这条主线，立足课堂教学，建设好这个主渠道，充分发挥各类课程的育人合力，形成以思想政治理论课和哲学社会科学课为基础，各专业课程相互配合、共同起作用的全方位思想政治教育体系。

（一）优化课堂教学内容，增加现实性和针对性

教学内容是否深刻丰富，是否能够反映时代的变化、特点和要求，是否能够释疑解惑，对教育效果的影响是至关重要的，并直接影响到理论说服力和可信度。需要明确的是，如果没有理论的深刻性，就没有理论的说服力、

震撼力和思想穿透力。马克思在《黑格尔法哲学批判导言》中指出："理论只要说服人，就能掌握群众；而理论只要彻底，就能说服人。所谓彻底，就是抓住事物的本质。"如果仅仅限于一般的经验之谈和照本宣科，内容缺乏深刻性，那肯定会被学生认为是毫无意义的重复。如果教学内容缺乏针对性和现实性，理论的可信度自然会降低，教学也就缺乏吸引力。因此，优化教学内容是思想政治理论课内容创新的核心。

1. 贴近学生，让思想政治理论课深入人心

增强思想政治理论课的吸引力和说服力，关键是贴近学生，从学生的实际出发，从学生关心的社会热点问题出发，激发学生的创造力和想象力。在教师与学生的互动中进行渗透式的思想政治教育。像中国科技大学的刘仲林老师，他在每节课的开始都有一个"创造5分钟"的开场白。所谓"创造5分钟"就是让学生在每节课开始的前五分钟就社会热点问题和自己关心的问题进行阐述和辩论。一次简短的"圆明园防渗工程利弊辩"就曾经引发了200多名学生的现场大讨论。"创造5分钟"成了展现学生创造力的舞台。

这种用启发式、引导式、互动式的教学模式，取代传统灌输式、单向式的授课方式，既贴近了大学生的思想特点和思维习惯，也使教学相长、引人入胜的场面成为思想政治理论课的常态。

2. 转变思想政治理论课教学的侧重点，使其与中学思想政治课教学衔接起来

中学思想政治课教学的侧重点放在介绍和传授知识上，着重解决"是什么"的问题。高职院校的思想政治理论课教学的侧重点应放在深化学生理解问题和解决问题的能力上，重点解决"为什么"的问题，回答和帮助学生解决思想上的疑难点，消除学生理论上的困惑。同时，积极引导大学生运用马克思主义的立场、观点、方法分析问题、解决问题，提高思想认识水平和科学思维能力。这就教学的方向上与中学衔接起来，层次上的递进，理论深度的加大，增强了理论的说服力，促进教学内容内化于"心"，外化于"行"。

（二）建立一支专兼职相结合的高素质的教师队伍

思想政治教育理论课教师队伍建设是确保思想政治教育理论课良性发展和创新的基础，忽视了这个基础性建设，思想政治理论课的发展与改革就会落空。

1. 以建立专兼职的教师队伍为基础

建立专兼职相结合的思想政治理论课师资队伍是高等学校教育工作的需要。社会主义大学共同担负着培养"四有"人才的任务。从某种程度上来说，

凡是以马克思主义为指导的人文社会科学都应当具有培养学生马克思主义理论素养的功能，都应当不同程度地承担这方面的教育任务。现代课程呈综合性发展，这又使得很多课程都具有德育功能，也同样应不同程度地承担德育的任务，也就是说，"高等学校各门课程都具有育人功能，所有教师都负有育人职责。"

加强这支队伍建设，首先，实行严格准入制度，提高思想政治理论课教师的学历起点。思想政治理论课教师原则上应该是该学科相关学科硕士以上学历的毕业生，且是获得教师资格证者，才能上岗，从事教学工作。要逐步实现一般高职院校思想政治理论教师硕士化，重点院校的思想政治理论课教师博士化。与此同时，应选留相关专业的优秀博士生特别是那些思想政治素质较高者，充实思想政治理论课教师队伍。

其次，实行考核淘汰制度，形成与准入制度相匹配的准出制度。以中国科技大学为例，该校每年在毕业生离校前，都会围绕各学科的教学特点在毕业生中进行调查，凡思想素质差、教学水平不过关、学生评价过低者，坚决分流出去，将其调离教师岗位。

最后，为了给教师"上好课"创造一种宽松的环境，要制定相应的评价机制。要让思想政治理论课教师专心致志地把教学工作搞好，就不能完全实行同专业课教师相同的量化评价方式。单纯用论文、课题、专著的多少作为思想政治理论课教师评奖、评优、晋级、晋职的依据，不能体现和反映思想政治理论课教学的特点，只会引导教师将关注点从教学中游移开去，最终影响教育效果。

因此对思想政治理论课教师的要求要适度，不宜给太多的心理压力，不能要求他们既要在教学上承担很多任务，又要在学术成果的产出方面同教学任务轻的专业课教师等同，建立能够反映思想政治理论课教学特点的评价机制，是十分重要的。

2. 以提高教师素质特别是思想政治素质和业务素质为重点

知识、能力和思想道德是构成教师素质的"三要素"。实践证明，一支思想好、道德高、作风好、业务精的教师队伍，能取得好的教育效果。因此，建设一支高素质、高水平的教师队伍具有重要意义。

三、以加强校园文化建设为平台，加强大学生思想政治教育

文化的发展和繁荣是和谐社会的一个重要特征，对于促进和谐社会的形成具有不可替代的作用。这就启发我们加强校园先进文化建设，发挥校园文化的育人功能。从校园文化概念本身来看，它属于文化建设的一部分，但校

园文化不是脱离大学生生活的，而是大学生学习、工作和生活和谐相融的重要组成部分。这一特点，就决定了它是促进大学生全面和谐发展的一个重要载体。这个载体，由于文化本身的特性，蕴藏着潜移默化、点滴渗透的重要育人功能。近年来，积极、健康、向上的校园文化已经成为高职院校一道绚丽的校园风景线，但是各学校校园文化建设缺乏和谐性。建设和谐的校园文化，应成为创新大学生思想政治教育的一个重要努力方向。

（一）以校园环境为载体，加强校园物质文化建设

校园物质文化建设包括学校的教育、活动、生活设施及校园环境的美化等。校园环境应典雅卫生，舒适怡人，要从美的角度配置校园物质文化景观，校园的设施、布局应体现"以人为本"的理念，突出育人功能。首先，对于具有较高知识含量和艺术水准的教学楼、图书馆、实验楼等校园建筑，应突出建筑景观的个性美、结构美，表达意境的抽象美。其次，学校要重视校园的合理布局、建筑物的装饰，寝、教室环境的美化等文化景观的建设，通过自然山水、花草树木、名人塑像、橱窗、宣传栏、张贴名人画像、名言警句等，让学生耳濡目染，受到陶冶。再次，校门、旗台、雕塑等建筑，其造型应新颖独特、醒目迷人，突出高品位的工艺美、曲线美。在优美的校园环境里，大学生们将获得美的感受，起到陶冶情操，启迪思想，规范行为的作用，激励其积极上进。

（二）以校训为核心，加强校园精神文化建设

一般而言，校训体现着一种追求，而这种追求与人类、国家、民族及社会的发展方向是一致的，因而，以校训为灵魂与核心的校园精神对大学生的思想政治教育有着重大的作用。首先，要对大学生特别是大学的新生进行校训的教育，这包括对新生进行校情校史的教育，组织新生参观校史展览，学唱校歌，对学生进行爱校爱国的教育。其次，与时俱进地围绕校训核心价值观念组建价值观念群落，渗透于校风、教风、学风的建设之中，让学生沐浴在校园精神的阳光之下。再次，结合高职院校自身的性质与特点，以点促面全面提高学生的思想政治素质。

（三）以社团为支撑，让学生参与校园文化建设

社团是高职院校第二课堂不可缺少的组成部分，是校园文化的有效载体，也是素质教育拓展的重要舞台。社团这一由学生自发组织并自主开展活动，立足于共同追求和共同兴趣爱好的新型学生团体，正在成为校园文化中越来越靓丽的风景线。大学生说"社团是梦想开始的地方"。学生社团是具有共同

追求者的精神乐园，她从原来自己创造、自己管理发展到有组织、有纪律、有生气的一个团体，正以她独特的魅力吸引着越来越多的同学加入其中、参与其中，使之成为自我展示的舞台。在团委等有关部门的关心和支持下，学生社团应当成为校园文化建设的主力军。

四、以社会实践为平台，加强大学生思想政治

实践教育法是一种让青年大学生在亲身体验和亲自做的过程中获得正确认识、深刻体验和正确行为习惯的方法。俗话说"纸上得来终觉浅，绝知此事要躬行"，但是，目前由于多种因素的影响，高等教育只重视书本知识的传授，而忽视社会实践的教育，以致教育与实践严重脱节。社会实践对于促进大学生了解社会、了解国情，增长才干、奉献社会，锻炼毅力、培养品格，增强社会责任感具有不可替代的作用。

（一）以学术研究为基础，开展大学生的社会实践教育

当代大学生的学术实践是指在专业知识的指导下，有计划地组织大学生参与社会活动或是由大学生自发在社会中运用专业知识了解、认识并服务于社会的一切操作性的活动与行动，旨在培养和锻炼大学生综合能力，提高其综合素质，增强其社会责任感。

以"挑战杯"竞赛为例。"挑战杯"以"崇尚科学，追求真知，勤奋学习，锐意创新，迎接挑战"为宗旨，是由团中央、中国科协、全国学联主办，在教育部支持下组织开展的一项具有导向性、示范性和群众性的全国性竞赛活动。目前，"挑战杯"旗帜下有两项重要赛事，分别是"课外学术科技作品竞赛"和"创业设计大赛"，为不同的大学生学术作品提供展示的舞台。毫无疑问，"挑战杯"是大学生实践活动的一面标志性的旗帜，但是这些实践赛事不应成为学生动手实践的终极目标，更多时候它们应是一种去实践的动力，其所要营造的是一种独立、完整地去做一件事情并学到一些知识的氛围。参与这些实践赛事对学生的影响力远远超过赛期，这种自主的实践知识对以后参加工作和做其他任何事情都有莫大帮助。

（二）以社会活动为基础开展大学生的社会实践教育

社会活动教育强调学生的主体性和参与性。他的特别之处就是融思想性、科学性和趣味性、娱乐性为一体，对于现在的大学生来说具有很强的吸引力和针对性。开展丰富多彩的大学生社会活动，提高思想政治教育工作的趣味性和参与性，吸引大学生的广泛参与，对于开展大学生思想政治教育工作具有十分重要的意义。

（三）重视三区联动的实践方式

所谓三区是指大学校区、在学校周围建立的科技园区和以学校为中心建立的公共社区。在"三区联动"中，大学校区承担知识创新、人才培养的职能，为区域经济、社会发展提供人才贡献和智力支持科技园区承担技术创新和产品生产的职能，成为产学研相结合的重要场所、大学师生创新创业的基地和区域经济发展的增长点公共社区承担为大学校区、科技园区提供公共服务的职能，创造一个适宜居住、交流、休闲的生态、社会环境。"三区联动"模式主要以大学校区为核心，以科技产业园区为基地，以城市公共服务为依托，以资源的聚集、共享、融合、转换为特征，以促进教育发展和科技创新为宗旨，推动高职院校与城区经济、社会的和谐发展。像上海吴径镇经济开发区与上海交通大学、华东师范大学签订共建协议，使大学里的优秀学生可以到村里传授知识，进行定点的理论辅导，而村里优秀的党员也可以到学校进行学习。

校区、厂区的宣传思想政治工作者和文艺积极分子纷纷参与农村和居委会的创建工作，起到了很好的人才资源共享的作用。华东师范大学、交通大学的师生和吴径化工厂等单位的宣传思想政治工作者和文艺人才，在农村、居委会的基层创建活动中，宣传社会主义荣辱观和开展文艺活动，积极参加志愿者活动，成为吴径创建活动的一大亮点。这既有利于高职院校思想政治教育工作的开展也可以提高大学生学习的热情。

第四节 高职院校大学生思想政治教育载体创新

载体创新，就是要充分利用、创设和构建积极有效的思想政治教育新载体以增强大学生思想政治教育工作的时效性和吸引力。有效开发和整合现有思想政治教育中的文化载体、活动载体、管理载体和传媒载体等载体资源，形成大学生思想政治教育的合力。

一、文化载体创新

思想政治教育的文化载体，指的就是能够有效承载社会文化的一切事物。它将思想政治教育的内容置于当代先进文化建设之中，通过增长知识与提高素质的发展途径来稳步提高人们的思想认识和觉悟水平。我国高职院校的思想政治教育蕴含着极为丰富的文化资源，更是肩负着神圣的文化使命。我们知道，文化是大学生思想政治教育的非常必要和最为重要的发展载体。

　　加强和改进大学生思想政治教育，有力推动大学生思想政治教育的科学发展，一方面要最为充分地利用校外文化事业载体的一切丰富资源，创造性地运用各种大学生都比较喜闻乐见而且处处精彩纷呈的大众文化艺术形式来真正实现寓教于乐、寓教于文，并且要能使大学生在这样的文化活动中不断增长见识，逐步提高素养，陶冶其情操、净化其心灵。我们应该更为广泛地遍邀社会知名人士、前沿学科的专家学者、多元文化演出团体等等给高职院校大学生作讲座，做报告，进行文艺表演，使广大的高职院校大学生受到艺术熏陶和文化教育。并且我们要在文化熏陶中优先体现高雅的艺术和高尚的道德，通过科学合理地选择和融合各式各样的文化艺术表现形式，使其充分发挥出知识性、趣味性、教育性、娱乐性等等，尽量使其比较完美地结合起来，不断满足当代大学生对真善美的强烈追求。我们还要引导高职院校大学生自觉地参与社区文化、企业文化乃至军营文化等等其他文化的创建活动中去，引申其发展的路径，使大学生能够不断增强文化的使命感、自豪感和自信心。在此之外，我们还要广泛组织大学生到传统的历史文化遗址、军事革命博物馆、艺术展览馆或者文化展览馆等等参观学习，使每个大学生在深入系统地了解祖国传统文化和老一辈军事革命文化的同时能够最大限度地广泛接受爱国主义教育。

　　另一方面，我们当然要努力构建极具特色的和谐校园文化，为大学生创造最为良好的育人环境和学习、生活环境。要建设体现社会主义特点、时代特征和学校特色的校园文化。通过记校训、唱校歌、戴校徽等具体活动，努力培养和逐步形成崇尚科学、严谨求实的优良校风以及奋发向上、诚实守信的优良学风。并且要使大学生牢固树立校兴我荣、校衰我耻的爱校敬校意识。要下大力气建设高雅的校园人文景观，使优美的校园景观成为激发和陶冶大学生美好情操的驱动力。通过广泛开展积极向上、丰富多彩的教育、学术、科技、艺术、体育和娱乐活动，将德育、智育、体育、美育有机地结合起来。在大学和谐而又健康的校园美好文化环境中，有效促进大学生综合素质的显著增强。

二、活动载体创新

　　活动载体指的是思想政治教育工作者通过有意识地开展各种各样的具体活动，将思想政治教育的传输信息寓于每次活动之中，使大学生在享受活动的过程当中受到思想政治教育，并稳步提高他们的思想政治素质和道德素质。党的思想政治教育的一个优良传统就是要把活动作为思想政治教育的重要载体，这也成为当前我国思想政治教育的内在要求。活动载体的形式多种多样，在高职院校，主要有社会实践活动，党组织活动、团组织活动、文艺体育活动、社团活动、学习竞赛活动以及大学校园精神文明创建活动等等。学生党团组织活动具有鲜明的政治性、规范性、教育性，是引导大学生进行自我教育的途径。通过组织马克思主义研究会、党的基本知识学习小组、党课团课教育、时事政策讲座、参观访问、社会调查、社会公益劳动、知识竞赛，以及丰富多彩的文艺、体育活动等形式对大学生进行日常的思想政治教育。学生社团活动是高职院校校园文化的重要载体，是第二课堂的重要组成部分，是开展学生思想政治工作的重要渠道。

三、管理载体创新

管理载体，指的是通过将思想政治教育内容置于高职院校的管理活动之中，并与高职院校的管理手段有效配合，从而达到不断提高大学生的思想政治素质和道德素质的目的，并以此来逐步规范大学生的行为，充分调动广大大学生的生产、工作和学习积极性。思想政治教育要想实现以管理为载体，就必然要将思想政治教育与管理有机地结合起来，真正能够实现在思想政治教育之中有管理，在管理之中有思想政治教育。

思想政治教育者应该积极支持各级管理人员大胆管理，并主动参与管理过程，包括参与制定、宣传、督促执行规章制度，协调各种关系，努力促进管理水平的提高。我们要更为广泛地充分运用大学生思想政治教育的管理载体，将大学生思想政治教育置于高职院校的各项管理工作之中，系统理顺大学生的思想情绪，使高职院校的管理普遍得到管理对象也即大学生的理解与支持。

同时，大学生思想政治教育应该以管理作为重要的手段，确保思想政治教育目的和管理目标的双重实现，更为有效地切实解决大学生思想政治教育工程中的思想政治教育和管理工作"两张皮"现象，努力使大学生思想政治教育从"虚"处落到"实"处。以管理为载体充分实施大学生思想政治教育，就是要求我们通过建立、健全和规范各项规章制度来协调引导、约束规范当前我国高职院校之中大学生的思想和行为，并通过此项工作来促使大学生逐步养成良好的行为习惯。在高职院校的日常生活管理之中，着力培养大学生的集体精神，帮助大学生切实解决他们在生活中遇到的各种困难和问题。在高职院校日常的教学管理之中，通过对大学生进行专业思想、学习目的和学习态度的专业系统教育，努力引导大学生牢固树立勤奋刻苦、努力上进的拼搏精神。

四、传媒载体创新

传媒载体指的是大众传媒向广大受众大力传播思想政治教育的内容，使人们在接受广泛信息的同时，接受思想政治教育。这些载体具体包括报纸、杂志、书籍等印刷类载体；广播载体；电影、电视载体；网络载体。在当代中国的社会文化结构中，由大众传媒生产和传播的大众文化逐渐构成一股强大的文化力量影响着受众的思想观念和行为方式。在信息开放的现代环境中，青年大学生在对信息的接受心理方面具有渴求度高，对新颖、快捷信息异常敏感等特点，不仅最愿意接受大众传媒的影响，而且也最依赖大众传媒的作用。现代大众传媒通过对大学生学习、生活和成长的全方位渗透，已成为大学生成长和成才的最重要的影响因素之一。在中国的教育改革和开放过程中，现代大众传媒及时介入学校，在为高职院校的教学提供现代化设备和手段的同时，也传递着更多市场文化的价值观念和生活方式，使得学校德育的影响在降低，而大众媒介对大学生思想政治品德形成和发展的影响却在提升。

第五节 高职院校大学生思想政治教育机制创新

思想政治教育的育人目标能否实现、育人功能能否发挥，关键是要建立一个行之有效的运行管理机制。反思我国大学生思想政治教育活动的历程，我们深刻地认识到我们最为缺乏的就是这种机制。因此，在新形势下，必须创新领导机制、沟通机制、保障机制、激励机制、评价机制，这样才能保证实现大学生思想政治教育的目的。

一、强化大学生思想政治教育领导机制

领导机制是大学生思想政治教育运行的"龙头"，其是否得到完善和加强，直接影响着大学生思想政治教育工作的落实与否。领导重视是做好一切工作的前提和保证，领导机制创新的核心就是要建立"党政领导共同负责制"。落实党委负总责，校长及行政系统组织负责为主的思想政治教育工作领导管理体制，把思想政治教育工作纳入学校工作的总体规划，真正做到把思想政治教育贯穿在教育的全过程，落实在教学、管理、后勤服务的各个环节。努力形成"党委领导、党政结合、强化行政、齐抓共管"的大学生思想政治教育工作一体化运行机制，切实为提高大学生思想政治教育工作有效性提供组织保障。与此同时，还要建立健全学校内部各职能部门联合协调机制，分工负责、各司其职，协调配合，从不同角度、以不同方式开展工作，努力形成思

想政治教育工作的强大合力。

二、构筑大学生思想政治教育沟通机制

沟通是大学生思想政治教育管理活动和管理行为中重要的组成部分。大学生思想政治教育工作中的沟通包含了教育主体与大学生之间的沟通、高职院校与大学生家长之间的沟通、家长与学生之间的沟通、学生与学生之间的沟通、社会与学生之间沟通等多个方面。良好的思想政治教育沟通表现为：认识上产生认同，情感上产生共鸣，观念上发生质的飞跃。通过良好的沟通实现增进理解，深化认识，力求达到塑造品质、健康心理的结果。通过沟通，架起相互理解、信任的桥梁，推动感情心理交汇，从而做到相互启发、明辨是非、团结统一、凝聚人心，进而达到思想政治教育的目的。努力构建学校与社会、学校与家庭以及社会与家庭相互间协同运作的沟通协调机制，充分释放出三者的叠加效应，以期达到 1+1+1 ＞ 3 的目的，取得最佳的教育效果。

（1）建立高职院校领导和校内职能部门学生接待日制度，校领导和职能部门领导与大学生实现零距离接触；

（2）建立家长观察员制度，每月请家长代表到学校与学校领导、教师、管理人员面对面交流，与学生面对面交流；

（3）建立学生学习成绩、学校建设发展向家长定期告知制度，学校定期向学生家长寄去学生的成绩单和致家长一封信；

（4）尝试建立学生辅导员 24 小时住校值班制度，学生辅导员可与学生吃住在一起，实现零距离交流和管理；

（5）建立兼职班主任制度和本科生导师制度，通过建设一大批本科生兼职班主任和本科生导师，加大了与学生的沟通面。

通过沟通制度的建立和不断完善，增强思想政治教育的针对性和实效性。

三、建立大学生思想政治教育保障机制

思想政治教育保障机制是思想政治教育的"安全阀"。它是保证思想政治教育活动得以正常、有序进行的必要的内外部条件。思想政治教育系统的有效运行，必须以一定的保障条件作为基础。

（一）制度保障

要抓紧制定和健全思想政治教育的法律法规和制度，依法加强对社会生活各个方面的管理，把我们倡导的思想道德原则融入科学有效的社会管理之

中，形成良好的社会环境。实现思想政治教育工作的规范化、制度化，保证思想政治教育体系中的各责任单元都能很好地履行自己的职责，完成自己的任务。

（二）队伍保障

要按照素质提高、结构优化、可靠稳定的培养要求大力加强思想政治工作队伍建设。高标准选聘专兼职辅导员充实到思想政治教育工作队伍中来，通过建立日常培训与专题培训相结合的分层次、多形式培训体系来加强政工干部的培养。建立政工干部激励机制，切实解决其评聘教师职称或行政职务问题，改善他们的工作环境和条件，为辅导员、班主任工作和发展建立政策保障，努力加强思想政治工作的组织建设。

（三）物质保障

高职院校应高度重视思想政治教育的"硬件"建设，加大经费投入，不断改善条件，优化教育手段。而且高职院校要更加充分地运用多媒体和网络传媒等等高新科技手段尽快实现大学生思想政治教育手段的现代化发展。

四、完善大学生思想政治教育评估机制

思想政治教育必须讲究效益。对思想政治教育工作效益进行科学评估，既有助于正确评判思想政治教育工作的现状与效果，也有助于人们树立起正确的思想政治教育工作价值观。大学生思想政治教育评估既是大学生思想政治教育过程的一个基本环节，又是大学生思想政治教育信息反馈的基本方式之一。建立效益评估机制以推进思想政治教育，势在必行。一方面，各级思想政治工作的领导部门要建立和完善思想政治教育评估制度，各级党政领导机关还要按照制度规定定期或者不定期地对所主管单位进行检查、评估、督导和验收。另一方面，要确立科学合理评估标准，制定科学、可行、实用的大学生思想政治教育评价指标体系。我们应该始终坚持精神成果与物质成果相统一，近期效益与长期效益相统一，个体效益与群体效益相统一，静态效益与动态效益相统一的原则，综合运用测算分析评估方法，充分利用先进的测量与评定技术，通过定性与定量分析，对思想政治教育工作的实践结果进行多形式、多角度、多层次、多方面的综合性评估。并在此科学评估的基础之上实行奖惩政策，以有效杜绝思想政治教育工作领域经常出现的干好干坏一个样、干与不干一个样的不良现象的发生。

第六节 高职院校大学生思想政治教育价值创新

一、个人价值的创新

（一）进行大学生思想政治要肯定学生的个人价值

这就意味着思想政治教育一方面要坚持正确的政治方向，同时要积极主动地理解当代大学生的心理、生理和社会发展情况，理解大学生的文化，把大学生作为一个独特的群体或个体，信任、接受和尊重大学生的特点，有利于大学生在安全、温暖、宽松的环境中，探讨自我，剖析自我，并肯定自己的主体性和实现人生价值的信心。

（二）进行大学生思想政治教育要信任学生的个人价值

真诚信任指的是教育工作者保持一种真挚、诚实的态度，表里如一，开放自信，信任对方，不必戴假面具，不以势压人，不装腔作势，要以真实的感情、真实的想法、真实的言行开展工作，真情流露，以情感人，以理服人，达到双方的良性互动。真诚也并不等于信口开河，没有节制。

（三）大学生思想政治要求维护学生的个人价值

大学生思想政治教育在保持基本原则和指导思想的前提下，要充分尊重学生的主体能动性，在具体的内容、方法、时间、方式上尊重学生的自我选择权，防止替学生做决定、大包大揽、全权代理的行为。同时维护学生的自决权并不等于袖手旁观、不闻不问，而是要满怀信心，关注希望，及时反馈，积极鼓励。

二、管理价值的创新

（一）管理价值的分类

高职院校思想政治教育是一项处理人与人、人与社会之间关系的、解决人的思想问题和政治问题的具体实践活动。这种实践活动具有重要的管理价值。根据价值主体的社会层次划分原则，思想政治教育的管理价值表现为社会管理价值、集体管理价值和个人管理价值。在高职院校管理中，能否调动管理对象的积极性、主动性，对管理的成败至关重要。集体管理价值，还深刻影响着思想政治教育个体管理价值。因此，思想政治教育的集体管理价值理应成为思想政治教育价值层次中不可或缺的重要方面。

（二）管理价值的特点

思想政治教育的管理价值具有教育手段结合于管理手段、潜在价值伴生于现实价值、管理艺术渗透于管理科学等三个特点，正确地把握思想政治教育在管理活动中发挥其价值的特点，这对于在管理实践中更好地实现其价值具有重要意义。要增强思想政治教育管理价值实现的主动性和创造性，要对思想政治教育管理功能有一个科学和深入的认识。而要确立这种科学和深入的认识，又必须注意克服和纠正对思想政治教育与管理关系的几种片面认识。

（三）管理价值创新的实现

通过对管理价值的分类及特点的分析，就能正确把握现代管理以人为核心的深刻内涵。要把人真正置于管理活动的核心，立足于人的主体性和能动性，通过对人的工作，达到对事、对物的管理，实现社会和组织目标。以人为核心，进一步要求对人的管理的出发点和落脚点要从以人为手段转换到以人为目的上来，真正着眼于经济社会和人的全面发展；以人为核心，还意味管理不仅仅是消极地控制、约束人，而且要更加注重培育人、开发人；以人为核心，要坚决改变管理简单化、表面化和低层次的倾向，充分实现思想政治教育的管理价值。作为现代管理的重要组成部分，思想政治教育以其作为实现人本管理的基本手段、方式，具有独特的管理价值，处于重要地位。由此，必须用整体观念、动态观念、开放观念和层次观念来把握和提升思想政治教育具体管理功能。

三、社会价值的创新

和谐社会理念要求重视大学生的价值观建设。价值信仰是物质利益在意识形态领域里的反映，共同的价值信仰是共同的物质利益的反映。另一方面，价值信仰一旦形成之后，就会成为强大的精神力量，对社会团结、社会和谐产生巨大的能动作用。历史经验表明，无论任何时候，共同的价值信仰都是全社会共同的精神支柱，为社会的发展指示前进的正确方向，提供源源不断的精神激励和智力支撑。社会主义和谐社会是一个有着共同价值信仰和道德行为规范的社会。在这样一个基于民主法治、公平正义、诚实信用而构建起来的社会里，共同的价值观尤其具有重要的作用，它将成为社会主义和谐社会得以不断发展的道德基础。价值观建设在大学思想政治教育中历来占有重要的位置。以马克思主义为指导，以树立祖国的观念、人民的观念、社会主义的观念、集体的观念为核心，以强调爱国主义、集体主义和为人民服务为重点，以提倡为国家的建设、为民族的复兴、为中国特色社会主义事业奋斗和献身为目标的价值观教育，在培养合格的社会主义建设人才方面发挥了重要的作用。在构建和谐社会的今天，应当加倍重视大学生的价值观建设，营造有利的环境，以具有凝聚力的社会主义文化中的核心价值来引导大学生的发展，帮助他们塑造蕴含着社会共同价值观念的品质，在培养大学生的劳动能力的同时，注重其社会能力的提高，促进大学生的全面发展。

第七节 高职院校大学生思想政治教育管理创新

一、教育与管理一体化是高校思想政治教育的发展趋势

教育与管理是思想政治教育中的一对重要范畴，它反映了现代思想政治教育中二者的本质联系以及各自的重要地位，从一个侧面揭示了思想政治教育的原则和规律。二者犹如车之两轮、鸟之双翼，功能互补，缺一不可。管理是思想政治教育有效进行的制度保证，管理所凭借的各种行为规范、规章制度，是社会发展进步对人们的要求的制度化和规范化，"无规矩不成方圆"。所以，思想政治教育离不开管理。思想政治教育提高人们的认识和觉悟，为执行各项规章制度奠定了思想基础，为完成各项任务提供精神动力和方向保证。所以，管理也离不开教育。现代管理是通过对人的工作而实现对事、对物、对社会的管理；在现代管理中通过对严格执行各项规章制度，训练人们良好的遵纪守法、文明操作的行为习惯，本身就是绝好的养成教育。教育与管理，二者虽然性质、功能各异，但却紧密联系、相辅相成。

思想政治教育与管理的一体化，是指思想政治教育将科学管理作为自己最基本、最主要的载体，通过融合到管理的各个环节中去，和经济管理及各项社会管理在较高层次上实现一体化。从社会的宏观上讲，思想政治教育与管理的一体化就是要实现思想政治教育手段与经济手段、法律手段、行政手段的有机结合。思想政治教育与管理的一体化遵循了人的思想与行为的内在统一规律，将有力地克服思想政治教育与业务工作"两张皮"的弊端，使现代思想政治教育走向科学化。美国教育部官员自认为他们的思想道德教育较之中国的思想政治教育而言，最大的特点在于间接性和渗透性。这当然不是说他们没有相对独立的实体性的思想道德教育。比如，公民教育、价值观教

育、国旗意识教育、道德教育、社会生态教育等等，很多都有相对独立的实体性课程和活动，但是大量的却是渗透到各业务领域和社会生活领域中进行的。不少企业成立了道德委员会，但道德教育也是结合企业管理进行的。企业文化理论、学习型组织理论等，都是他们企业管理的先进理论，企业文化建设又是渗透思想道德教育的良好载体。许多高职院校在创新大学生思想政治教育的实践中，寓教于乐、寓教于管、教管结合，也形成了很多融教育于管理，将教育与制度法规建设结合起来的新方法、新经验，如以学生寝室为单位开展思想政治教育、帮助学生创建自己的寝室文化、吸收学生参与宿舍管理等等。这些做法和经验表明，把思想政治教育与管理紧密结合，不仅有利于实现教育人与管理人的双重目标，能够加强对教育对象思想和行为的引导和规范，促进思想政治教育者教育和管理素质的全面提高，而且有利于拓展思想政治教育的实践渠道，推动思想政治教育的创新与发展。

二、建立统一领导、分工明确、责任到人的领导机制

1994 年，中央指出："不管学校实行何种领导体制，各级各类学校的校长都要对学生的德智体全面发展负责；在党委（总支、支部）的统一部署下，学校要建立和完善校长及行政系统为主实施的德育管理体制。"这是对中华人民共和国成立以来学校思想政治教育领导体制建设经验的总结，为社会主义市场经济条件下学校思想政治教育领导体制的改革明确了方向。

党的十四大以后，我国改革开放和社会主义现代化建设事业进入了一个新的发展阶段，社会政治、经济、文化等领域都发生了巨大的变化，这对思想政治教育的领导管理提出了更高的要求，只有建立与社会主义市场经济相适应的领导体制，思想政治教育才能显示出旺盛的生命力。在市场经济条件下，高职院校要建立起统一领导、分工明确、责任到人的思想政治教育领导机制，即由校党委统一领导，校党委和行政共同决策，校行政全面负责组织实施与管理大学生思想政治教育。这样一种领导机制，确立了党领导思想政治教育的重要地位，有利于加强党对思想政治教育的领导；强调了党政领导同心协力共担思想政治教育的重担，适应了社会主义市场经济条件下基层单位领导体制改革的新情况，有利于保证行政负责人履行思想政治教育责任，把思想政治教育与行政、业务有机地结合起来，使思想政治教育更好地服从和服务于"育人"这个首要任务。

具体来说，建立统一领导、分工明确、责任到人的领导机制，首先要把大学生思想政治教育摆在学校各项工作的首位。大量的实践证明，把大学生思想政治教育放在什么位置上，与高职院校党政主要领导同志的认识和态度

直接相关。长期以来，由于社会上存在淡化政治、淡化意识形态思潮的冲击和影响，对于高职院校的思想政治教育，一些高职院校的党政主要领导确实存在着"说起来重要，做起来次要，忙起来不要"的现象，这与建立有效的高职院校思想政治教育领导体制是格格不入的，应当加以改正。其次，高职院校党委要统一领导大学生思想政治教育工作。党委要经常研究分析大学生的思想状况和思想政治工作的状况。在新的社会环境和条件下，当代大学生的思想到底发生了哪些变化，我们的思想政治工作到底有多少实际效果，这些都是必须弄清楚的问题。一个高职院校的校长应该是马克思主义的教育家，是献身党的事业的专家。为了大学生的全面发展，校长要对大学生德智体美全面发展负责，把思想政治教育与教学、科研、社会服务结合起来。只有这样，学校的各项工作才能在党委领导下形成一个统一的体系。各级行政部门是学校决策的执行单位，行政首长是各部门思想政治工作的第一负责人，要把思想政治工作同行政业务工作结合起来，全面落实校党委对思想政治工作的决策，认真组织与实施管理，在领导中育人、管理中育人、服务中育人，切实担负起大学生思想政治工作的责任。

三、建立家庭、学校、社会联动的全方位工作机制

家庭是人出生后的第一所学校，是个人成长的摇篮。家庭教育担负着传授文化知识、培养道德品质、指导行为规范、帮助营生自主等责任。思想政治教育的家庭环境，主要指家长的思想素质和行为规范对家庭成员尤其是对子女思想品德的形成、发展的影响氛围。父母的世界观、人生观以及他们待人接物的态度，往往给子女留下深刻的印象。家庭的长期影响、教育，从某种意义上说，将决定一个人的性格、品行。亲切和睦、充满爱心、奋发向上的家庭环境有利于青少年健康人格的培养。反之，则会给青少年成长造成障碍。大量数字表明，青少年犯罪，最初往往源于有严重缺陷的家庭环境。大学生是一个特殊的群体，对他们的家庭教育有其自身的独特性。从上大学的那天起，很多学生就离开父母，寄宿在学校，有的甚至离家很远，不再像中小学阶段那样与父母长期共同生活，衣食住行都依赖父母照料。父母不能随时了解子女的生活学习情况，甚至不知道子女真实的思想和心理状况，这种距离感给家庭教育带来了难度。另一方面，大学生已经不再有升学考试的压力和负担，思想上心理上也更加独立、成熟，他们能够更平等地与父母进行交流，也更能体会父母无微不至的关怀和爱护，产生对父母的认同和感激，这又增加了父母对子女教育的号召力和感染力。而且，大学生在成长期，经济上大部分还是要靠父母供给，这种依赖关系又决定了父母对大学生子女的

权威性。大学生思想政治教育要正确分析和认识大学生家庭教育的特殊性，最大限度地发挥其积极因素的作用，减低和避免其消极因素的影响，加强父母与子女的沟通和交流，以父母的人格魅力，用健康向上的家庭环境，引导和教育大学生形成完整健全的人格。

学校是有目的、有计划、有组织地向受教育者传播社会规范、道德观、价值观以及历代积累的知识、技能，使之符合一定社会需要的人才的场所。学校对学生思想品德的影响具有阶级性、全面性和渗透性的特点。学校除了向学生系统地传授科学知识外，还要按社会和阶级的需要对教育对象进行世界观、人生观方面的教育，帮助学生走向社会，懂得正确的自我成长道路和超越自我的标准。通过学校教育，受教育者一方面学习各种知识和技能，掌握谋生的基本本领；另一方面全面塑造自己的人格，为将来进入更广阔、更复杂的社会环境做好精神上和物质上的准备。大学是通过传承、发展和创新具有真理性的知识，培养具有创造性、追求真理的人才的高等学府。蔡元培先生说："大学者，研究高深学问者也。"大学的职能是培养人才、发展科学和服务社会。其中培养人才是最主要的职能。德国哲学家雅斯贝尔斯认为："大学是一种特殊的学校，学生在大学不仅要学习知识，而且要从教师的教学中学习研究事物的态度，培养影响其一生的科学思维方式。大学生要具备自我负责的观念，带着批判精神从事学习。"大学生进入高职院校开始新的生活以后，学校是他们主要的学习和生活场所，学校的教育教学是他们学习的主要内容，学校的教师、同学和教职员工是他们接触最多的人，大学生受到他们的影响也最直接。大学生思想政治教育教育应当充分体现对人的价值与意义的理解和尊崇，使置身于期间的每个人感受到充满内心的庄严感和被净化了的自我超越感，使大学真正成为探索真理和自由成长的最佳处所。

人的思想品德是社会存在的反映，是社会的产物。人们认识事物，一般都经过从感性认识到理性认识的过程，也就是说在一定的社会环境中，通过看、听、想、做多次反复作用，经过自己的感觉器官和大脑，最后形成某种思想、品德、信念、行为和习惯。当社会良性运行，社会的各方面呈现有序状态，社会风气良好时，思想政治教育就容易为人们所接受；相反，当社会恶性运行、社会生活混乱、社会风气不好时，思想政治教育就不易为人们所接受。由此可见，社会环境对大学生思想政治教育的开展同样具有重要的作用。

以往的大学生思想政治教育对家庭教育、学校教育和社会教育的作用也有一定的认识，但在具体的实施过程中却很难将三者结合起来，往往是顾此而失彼。学校教育一向是处于首位的，部分家长认为将孩子交给学校就万事大吉了，一旦孩子在学校出了问题，就找学校解决，但学校却认为自己只负责学生的教育和管理，至于日常生活中的问题或其他心理方面的问题，不是学校负责的范围，要么是家长疏于管理，要么是学生受到学校以外因素的不良影响，于是双方互相推诿争执不下。这种情况在很多学校都曾发生过，原因就在于家庭和学校对双方的职责不明，事前没有协调好，事后又找不到管理监督的机构，没有合理客观的解决方法，以至于僵持不下。因此，加强和改进大学生思想政治教育需要协调家庭、学校和社会三方面的力量，建立起三方联动的机制。父母应利用家庭教育的特点，对子女采取正确的民主的教育方式，选择正确的教育内容，在和睦温暖、积极进取的家庭氛围中进行教育，解答子女成长过程中的疑惑，引导他们的人生路程。不仅要关心他们的专业学习和身体健康，还要重视子女的思想道德修养和心理健康素质，教育子女学会做人，学会做事，促使其健康成长，全面发展。学校应以良好的教风、学风和体现时代特征的校园文化，陶冶学生的情操，锻炼学生的意志，塑造学生的人格，使学生不知不觉但又自觉自愿地接受思想品德教育，收到春风化雨、润物无声的效果。社会各界包括党政机关、社会团体、企事业单位以及街道、社区、村镇等要主动配合做好大学生思想政治教育工作，鼓励和支持面向大学生的公益性文化活动：要动员社会各方力量，完善资助困难大学生的机制，帮助大学生解决实际困难。宣传、理论、教育、新闻、出版、文艺等部门必须坚持"育人首位"的原则，将社会效益放在第一位，坚持团结稳定鼓劲、正面宣传为主，大力宣传党的教育方针，大力宣传正确的人才观、成才观和教育思想，大力宣传爱国主义、集体主义和社会主义思想，积极创作、出版和播放更多更好地、有益于青少年学生健康成长的文学艺术和影视作品，反映高等学校思想政治教育工作的先进典型和优秀大学生的先进事迹。

四、加强大学生思想政治教育队伍的管理，培养高素质管理人才

思想政治工作队伍建设是党的思想政治工作建设的关键，也是做好党的思想政治工作的根本条件。2004 年，10 月中共中央、国务院颁发的《关于进一步加强和改进大学生思想政治教育的若干意见》指出，思想政治教育工作队伍是加强和改进大学生思想政治教育的组织保证。

大学生思想政治教育工作队伍主体是学校党政干部和共青团干部，思想政治理论课和哲学社会科学课教师、辅导员和班主任。要采取切实措施，培养一批坚持以马克思主义为指导、理论功底扎实、勇于开拓创新、善于联系实际、老中青相结合的哲学社会科学学科带头人和教学骨干队伍，使他们在大学生思想政治教育中发挥更大的作用。高职院校的思想政治教育工作者是

学生增长知识和思想进步的导师，肩负着教书育人、培养一代社会主义新人的重任。高职院校思想政治教育工作者都应以高度负责的态度，在对学生进行专业知识教育的同时，把思想政治教育融入大学生专业学习的各个方面。要当好学生健康成长的指导者和引路人，为学生树立学习的榜样；要在思想政治上、道德品质上、学识学风上全面以身作则，自觉率先示范；要为人师表，成为热爱祖国、热爱人民、热爱社会主义的模范，努力成为学生的良师益友。

思想政治教育是培养人、塑造人的工作，教育对象是有思想、有感情、有能动性的人。高职院校思想政治教育面对的是思想敏锐、思维活跃、独立性强的大学生，他们对适应社会主义市场经济的新观念、新思想的渴求更加迫切，对精神文化生活的需求更多，对社会思想道德信息的选择性更大，对学校思想政治教育的内容、方式、方法也会提出更高的要求。思想政治教育要真正说服人，一靠真理的力量，二靠人格的力量。这里所谓人格的力量，就是思想政治教育者的形象和素质的综合体现。当前，在高职院校要保证思想政治教育的经常化、制度化、科学化，把思想政治教育落到实处、取得实效，就必须建设好一支以学校党政干部和共青团干部、思想政治理论课和哲学社会科学课教师、辅导员和班主任为骨干，包括大量兼职人员的思想政治教育队伍，注重加强教育者的政治素质、思想素质、道德素质、法律素质、知识素质、能力素质、创新素质、心理素质和身体素质，准确定位，积极思考，勇于实践，不断优化队伍结构，最大限度地发挥整体效应。

第四章 不同背景下的大学生思想政治教育创新研究

第一节 多元文化背景下的大学生思想政治教育创新

一、坚持"以人为本"创新大学生主体地位

思想政治工作是关于人的工作，多元文化对学校思想政治教育培养目标定位在人的全面发展，注重人文关怀。思政教育始终围绕贯彻以人为本，服务于学生，探索一条以大学生为创新主体的理念新思路。

把尊重大学生的主体地位作为思政教育创新的出发点，要有针对性开展思政教育工作。大学生自我意识、独立意识强，他们不喜欢"我说你听"，喜欢发表自己的不同见解。思想政治教育工作要准确把握当代大学生的思想特征，在思想政治工作中切实认真贯彻以人为本的发展理念，促进大学生全面发展应努力做好几项工作。

（一）激发和培养大学生的主体积极参与意识

学生的主体性在思政教育中起着十分关键的作用。因此，要激发和培养学生的主体参与意识，教育的过程不能总是教师自说自演，学生错误地把自己放在"观众"的位置上。学生努力培养自身要具备积极的创造力和热情的参与意识，促成学生成为自我教育的主体，并成为能动的、有创造力的主体。在教育的过程必须赋予学生应有的权利，在享有他们权利过程中，他们的"主人翁"的意识不断增强，同时他们更乐于去承担他们在教学过程中的义务。

（二）学生工作者由"教育者"转变为"引导者"，学会积极引导，而不是试图束缚学生的思想和行为

大学生心理日渐趋向成熟的时期，他们对任何活动都有很强的好奇心和积极参与愿望，但主体意识在行为层面的表达能力还不成熟，在参与实践的

行为中缺乏科学有效的引导行为。这就更需要教育者科学地指导大学生，使他们内在的参与愿望转化为外在的参与实践行为，将大学生主体意识积极能动性转化为自我教育、自我管理、自我提升的强大动力，在参与实践中实现自我全面发展。

改进工作方法作为思政教育创新的切入点，把是否有利于提高大学生综合素质、是否有利于促进大学生思政教育工作全面发展作为检验教育方法成效的标准和依据。

多元文化的新形势下，大学生的思想活动和行为方式呈现出一些新的特点，意识上混乱和多样，行为上的独立和多变，教育工作者应该具体问题具体分析，把当代大学生新特点作为创新工作方法的突破口。

（1）应正视并尊重教育对象的思想和行为上变化，正是因为不同对象间各个方面的差异大，教育工作者要做到抓重点的同时重全面，教育达到分行别类教育。

（2）在多元文化影响下，一部分大学生呈现出不同程度地存在理想信仰的迷失，思想意识观念混乱、价值取向偏离社会主义方向、明礼诚信缺失、社会责任感的空位、奢侈浪费行为严重、集体主义观念淡化、实践能力较差等问题，教育工作者要坚持贴近实际、贴近生活、贴近学生基本原则，积极开展调查，真正深入思想政治教育对象中，及时了解大学生的物质、文化需求，工作方法把握好五个"新"趋向，即在管理上更加趋向平等，在对象上更加趋向引导，在教育上更加趋向实践，在时间上更加趋向长效，在范围上更加趋向全面。通过切实可行的方法，实现思想政治工作"三个转变"，转变管理说教向服务、转变封闭教学环境向开放、转变狭隘工作方法，最终形成服务为先，文明互通，合理科学的开放式教育教学。

（3）把做好思想政治教育工作和注重人文关怀相结合。在思想政治教育中坚持"一切为了学生，为了学生的一切"的原则，那么思想政治工作就不能只停留在书本层面或是只停留在意识领域问题上，说到底，教育工作者要深入实际、深入学生，既要关心学生的思想上实际问题和关注思想上疑惑，努力引导、教育、解惑；又要关怀和关爱学生的生活现实问题，努力倾听学生最真实的呼声，努力使思想政治工作体现深厚的人文关怀最终从情感上赢得学生信任，在日常生活的点点滴滴中做到春风化雨、润物无声。

二、把营造互动沟通教育环境作为思政教育创新的突破点

思想政治教育的环境不单只是局限于在思想政治理论教学的课堂上，多元文化为思想政治教育工作提供了更广的传播媒介，营造良好的教育环境更

有利于师生间沟通交流，相互促进，共同提高。要做到课堂上平等互动，网络中文明互动，心理上情感互动。

（一）课堂上的互动

传统的思政理论课教学主要以教师的单向灌输式的教学为主，整个教学过程成了教师的一言堂，学生处于被动的地位，只能单方面接受教师的"灌输"，思想政治教育由此也就由人格培养演变为科学文化知识的传授。不仅不能培养学生的创新能力，反而会禁锢学生的思维，扼杀学生的想象力。良好的教学环境是由师生共同努力下形成的。在课堂上，教师采取生动活泼教学方式，抽象和具体相结合，概念和实例相配合，课堂教学和课外活动相促进、教师导向和学生互动共发展的教学方式，学生在愉快的心情下学习，师生相互合作、平等和谐。加强用先进的科学文化知识武装大学生的头脑，弘扬中华民族优良传统美德，坚定爱国主义情怀和建设社会主义事业的愿望，在主旋律的教育的基础上开展"平等讨论课堂"教学方式，最大限度地发挥学生主观能动性。在互动的课堂上，正确处理老师和学生的关系，畅通师生交流渠道，使学生感受到他们是学习的主人。疏导学生与社会的关系，为学生提供一个锻炼创新能力的舞台。

（二）网络中的互动

网络媒体提供给大学生多元化信息，拓宽了大学生知识视野同时拓宽了思想政治教育传播渠道，丰富了学生的文化头脑，网络生活已成为大学生活的重要组成部分。在网络文化蓬勃发展今天，传统的思想教育方式出现"效果弱化"现象，教育者总以单一正面灌输的形象示人很难吸引大学生的"思想走向"。只有占领网络思想教育阵地，利用网络平台信息量大、内容丰富、方便快捷、普及范围广等优势进行网络对话，互动交流，分析与概述，才能在多元文化的世界中找到主旋律，这是加强思想政治教育自身建设的一种有效途径。从实践情况来看，思想政治教育网络平台建设，加强弘扬社会主义核心价值观，充分发挥在网络思想政治教育科学性价值，最大限度激发大学生的主体能动性，主导性价值观渗透到教育的方方面面。网络互动教育模式使思想政治教育由"固定"转向"可变"，由"一维"变成"多维"，由"单调"换作"多彩"。

（三）心理上的互动

面对日益严峻的社会挑战和竞争激烈的就业压力，大学生很容易产生悲观厌世的情绪。针对大学生棘手的心理问题，教育者要通过互动交流的形式在思想政治教育过程中强化心理健康教育，进行耐心细致的心理慰藉和辅导，帮助学生学会适当有效地调节自身心理情绪，学会协调学生与教师之间、学生与学生之间和学生与社会的关系；在互动中学生积极建设自我心理疏导机制，保持良好乐观的心态，提高自我抵抗压力能力和心理预警能力。激起学生奋发进取，自强不息的宝贵精神。

三、大学生思想政治教育以培养复合型人才为落脚点

进入 21 世纪以来，随着经济和社会的快速发展，我国已进入了高等教育大众化多元化阶段。为适应经济与社会发展对人才的需求和人性全面自由发展的需要，创新大学生应用复合型人才思想政治教育工作，对于提高大学生应用型人才的整体素质，保证应用型人才培养质量，更好地完成人才培养目标具有十分重要的意义。

大学生思想政教育不是离开素质教育另起炉灶，另走一路，而是与素质教育一样都要以培养复合人才为目标，高素质复合型人才至少具备以下几方面的能力，即道德素质、创新素质、审美素质、技能素质和身体素质。其中，创新素质是核心，道德素质是根本。知识经济时代下复合型人才必须具有创新意识、创新情感和创新意志和创新实践能力。教育要以培养学生的创新精神和实践能力为重点，全方位地开展工作。培养高素质复合型的人才，思想政治教育工作提出了更高的要求。在知识方面，复合型人才要具有深厚专业理论和可供广泛迁移的知识平台，具备较强的终身学习能力和专业转换的适应能力；在能力方面，除了具备某种岗位所需的基本的操作技能、技巧外，还要具备探索能力、乐于钻研，把发现、发明、创造转化为具体实践或接近实践。在思想素质方面，应具有正确的人生观、世界观、价值观。

社会主义教育培养的人才还要有坚定正确的政治方向，坚持建设中国特色社会主义的共同理想，坚持和高举邓小平理论的旗帜。我们必须看到，坚定正确的政治方向并不是与生俱来的，是通过思想政治教育过程和社会实践过程不断确立的。忽视人才培养过程中的思想政治教育是不能培养出社会主义建设所需要的合格人才的，也是不符合党的教育方针，背离社会主义人才方向的。

思想政治教育是培养复合型人才创新能力的一个重要手段。首先，它有助于激发大学生的创新意识。思想政治教育可以帮助学生全面把握当今时代的特点，增强社会责任感、使命感，并深刻认识到 21 世纪是需要创新的时代，同时能进一步激励人们进行更高层次的创新追求。其次，还有助于发展大学生的创新思维。创新思维要求在思维过程中，破除习以为常、司空见惯的思

维定式，积极采取发散性思维、逆向思维、求异思维、联想思维等思维方法。思想政治教育是以马克思主义理论为指导的，马克思主义哲学是批判的、开放的、发展的学说，通过对唯物辩证法的学习，培养学生的科学怀疑态度和问题意识，绝不盲从权威、迷信书本，敢于怀疑，从而不断发现新问题，进行新思考，提出新观点，给出新答案。

思想政治教育把素质教育推向了一个新的台阶，素质教育是思想政治教育的灵魂。思想政治教育深化素质教育，实现做人与成才的统一，如果忽视了对学生的思想政治素质的培养，一味追求所谓的"才智"，从而忽视了学生"三观"的教育，那最终培养出来的只能是"蠢材""歪材"。思想政治教育是培养德才兼备复合型人才一个"强抓手"。

第二节 新媒体背景下的大学生思想政治教育创新

新媒体的快速发展，使思想政治工作在内容、形式、方式方法、手段等诸多方面发生了很大的变化，我们要适应时代发展的新特点和人们生活的新变化，在坚持传统有效手段的基础之上，不断拓展思想政治工作的渠道和空间。利用新的载体，积极探索新的工作手段，进一步增强思想政治工作的说服力、影响力、感染力、吸引力、凝聚力和战斗力。

一、依托新媒体创新大学生思想政治教育主体

（一）努力提高大众传媒从业人员的综合素质

根据传播学原理，大众传播效果的形成受到多种因素和条件的制约，但在这一过程中居于最优越地位的无疑是作为传播主体的传播者。传播者不但掌握着传播工具和手段，而且决定着传播信息内容的取舍选择，作为传播过程的控制者发挥着主动的作用。

当代社会，人们的生活越来越离不开大众传播，大众传播在为人们的生活带来积极影响的同时也不可避免地产生了一些负面影响。例如一些怀疑党的领导、怀疑社会主义前途、否认改革开放成就的反动言论对人们的思想造成干扰，而某些传媒片面追求市场效益，将低级、庸俗包括色情、暴力、凶杀等的不健康信息带入传播内容中，更是对人们尤其是青少年的心智造成腐蚀。因此，要解决这些问题，把握大众传播媒介的正确舆论导向，使其在思想政治教育工作中充分发挥正面宣传和传播效果，传播者——广大传媒从业人员就成为至关重要的角色，只有进一步提高大众传媒人员的综合素质，才

能真正建立起高效、畅通的思想政治教育信息传播渠道。

1.进一步提高大众传媒从业人员的政治素质

大众传媒从业人员是大众传播活动的"把关人",大众传播要始终沿着正确的社会主义方向发展,首先要提高从业人员的政治素质。一方面,要积极引导广大传媒从业人员提高理论水平、政治水平、政策水平和思想政治教育意识,引导他们树立正确的世界观、价值观、人生观和传播观,充分发挥他们在大众传播中的把关作用;另一方面,要努力提高他们的文化素质和道德素质,培养他们的道德责任感和道德自律性,使他们成为知识丰富、人格高尚的传播者,从而把健康、积极、上进的信息传播给广大受众。

2.进一步建立健全传媒从业人员的自律机制

自律是媒体社会责任意识的重要体现,传播者只有始终恪守职业道德和职业操守,诚实、客观、公正地反映新闻事实,才能使新闻报道具有权威性、可信性,才能在受众中产生积极广泛的影响。媒体要真正发挥监督作用,揭露社会阴暗面,宣传英雄先进事迹,才能在社会中形成良好的社会舆论氛围,也只有利用这种良好的社会舆论环境,思想政治教育工作才能起到事半功倍的良好效果。

(二)培养"专家型"的思想政治教育工作者

充分发挥大众传播载体的思想政治教育功能,除了不断提高广大传媒从业人员的综合素质之外,加强对思想政治教育者进行培训和学习也很重要。通过学习传播学的基本原理、掌握传播学的传播技巧等,进一步提高思想政治教育工作者的综合素质,培养一支"专家型"的思想政治教育工作者队伍,从而更加游刃有余、积极灵活地利用大众传播载体做好思想政治教育工作。

1.更新观念

观念是行动的先导,要培养一支"专家型"的思想政治教育队伍,首先要以思想政治教育观念的现代化作为先导,切实转变思想政治教育者的观念。

一方面,广大思想政治教育工作者要充分认识到大众传播是思想政治教育的有效载体形式,它在思想政治教育工作中发挥着重要的作用,思想政治教育活动要能够有效利用大众传播引起人们观念、要求、愿望、思维方式和生活方式等的现代化转变。

另一方面,广大教育者也要意识到传媒时代为教育者带来紧迫感,必须培养一支既具有较高的政治理论水平、熟悉思想政治工作规律,又能掌握基础大众传播知识和技术、熟悉大众传媒特点的思想政治教育工作者队伍才能从容面对大众传播带来的各项挑战。因此,思想政治工作者要带着新观念和新认识进入传媒时代，认识大众传播。

2. 学习传播学知识，掌握传播学技巧，掌握信息优势

所谓传播技巧，是指在说服性传播活动中为有效达到预期目的而采用的策略方法，是灵活运用一般传播原理、规律和方法所表现出来的具体而又特殊的传播方法，它是为传播内容、传播谋略服务的。传播技巧是传播理论的集中表现，是传播者高度政治素养和足够的经验知识的综合反映，通过运用相应的传播技巧可以将要传播的信息意图传给受众，对于政治倾向性、社会性较强的思想政治教育工作，灵活运用传播技巧、方法来组织思想政治教育信息的传播，更是十分重要。作为信息时代的思想政治教育者要充分利用大众传播载体，就应该有意识合理地把传播技巧运用到思想政治教育活动中来，巧妙增强思想政治教育的传播效果。要迅速建立一支"专家型"思想政治教育队伍，要求广大的思想政治教育工作者认真、全面学习传播学知识，掌握传播学技巧，利用扎实的大众传播技术知识，结合实际特点开展生动形象、具有强烈的吸引力和感染力的思想教育，多渠道地开展思想政治教育工作。

（三）发挥多种传媒优势互补的综合效应

大众传播的不同媒体具有各自不同的技术特点和优势，如何有效使不同传媒形成优势互补，在思想政治教育中发挥多种传媒的综合效应，也是我们对大众传播思想政治教育载体进行创新时应该深入思考的问题。

1. 熟悉和掌握各类传媒特点，有针对性地开展思想政治教育工作

不同的大众传媒具有自己不同的特点，不同的受众对大众传媒的接受程度也不尽相同。例如传统传媒中，报纸、书籍等具有印刷信息量大、内容丰富深刻等特点，对受众的文化程度有一定要求，因此可以广泛适用于具有一定文化程度的受众，理论色彩可以稍浓；广播、电视等内容更新速度快，受众面比起书籍等更加广泛，对受众的文化程度也没有一定要求，因此运用广播、电视进行思想政治教育时应该避免使用晦涩、难懂的词语，尽量运用间接、明快、通俗的语言。所以，在思想政治教育工作中，应当根据不同受众的需求和实际情况，采用符合其接受特征的传媒方式，通过大众传播更好地为不同类型、不同层次的教育对象进行理论教育，真正发挥其作用。

2. 运用多种传媒进行优势互补，全方位开展思想政治教育

众所周知，大众传媒的一个突出优势就是形式多样，报纸、电视、广播、网络都可以独立作为思想政治教育的有益载体，并且灵活地发挥教育作用。因此，思想政治教育工作者应当充分利用各种传媒手段，加强各种媒体的思想、政治、道德导向，注意在大众传播的多种形式中渗透思想政治教育内容，

使人们在不知不觉中受到思想政治教育的影响，从而在潜移默化中提高自己的思想道德素质和精神品位。另外，思想政治教育工作者也要进一步加强利用各种传媒方式之间相互协调、相互补充的关系，发挥优势互补，提高综合影响力。

3.尊重教育客体的主体性并与之进行有效互动

"互动"是指运用各种方法在传播过程中体现受众的利益，吸引受众参与大众传播之中。而充分尊重和调动受众的主体性，是增强大众传播中受众主体意识的必然要求，是大众传播的重要特征，也是运用好大众传播思想政治教育载体的需要。调动群众参与传播过程，不但能够使大众传播更好地满足广大群众的精神文化需求，更好地为群众利益服务；还能使受传者发挥主体性和创造性，在一定程度上扮演传播者（教育者）的角色，从而更好地接受大众应借助大众传媒互动性的交流平台，把单向灌输的教育方式转变为"灌"和"引"相结合的教育方式，在平等、和谐的氛围中激发教育对象的主体意识，使教育对象主动接受教育内容，并且外化为自觉的行为。另一方面，也应当充分尊重教育对象的个体价值和全面发展的需要，在教育目标、内容、方式、评价上把主导性和多样化、先进性和广泛性结合起来，既要向教育对象传递先进的思想观念、道德规范，又要根据教育对象的个性特征和思想水平差异选择有针对性的教育内容，激发教育对象的创造性，从而通过大众传播载体切实有效地做好思想政治教育工作。

二、依托新媒体创新大学生思想政治教育途径

（一）主动拓展高职院校思想政治理论课教育教学主渠道

思想政治理论课是大学生的必修课，是帮助大学生树立正确世界观、人生观、价值观的重要途径，在新媒体环境下，高职院校思想政治理论课教学要积极主动利用网络载体创新高职院校思想政治教育教学，进一步加强思想政治理论课教育教学实效性。

1.努力实现思想政治理论课课堂互动

高职院校应广泛利用多媒体网络技术，促进思想政治理论课教育教学通过网络实现对多媒体课件的广播、点播和直播，实现思想政治理论课教育教学双向交流。积极开发超文本结构的高职院校思想政治教育理论课多媒体控制系统，充分利用新媒体技术，将文字、声音、图像等媒体元素融于一体，大力应用在思想政治理论课课堂教育实践中，不断增强理论教学的吸引力和感染力，提升高职院校思想政治教育实效性。

2.努力实现思想政治理论课课下互动

高职院校思想政治理论课教育教学要主动利用多媒体视频广播将思想政治理论课的教学直播、视频课堂、答疑解惑、课题研究等教育内容通过校园网进行传输和覆盖，努力实现任何一台学生联网终端都可以在课下随时观看播出的思想政治理论课教育教学内容，不断增大教育教学内容的覆盖面和辐射面，不断增强教育教学效果的影响力和吸引力。

（二）主动巩固校园网 BBS 大学生思想政治教育新阵地

大学生在校园 BBS 上发布信息，发表看法，宣泄情绪，畅所欲言，大胆直率，真实具体，为高职院校增强大学生思想政治教育针对性、实效性提供了有力的素材和依据。

1.依托校园网 BBS 建立一种为我所用的网络舆情疏导机制

高职院校思想政治教育工作者要把工作阵地转移到网络上来，采取"疏堵结合，交流沟通"的办法，积极参与学生的讨论，通过校园网 BBS 密切关注大学校园中的出现焦点、难点和疑点问题，及时做出判断、给予答复、澄清事实，及时发现、处理突发性事件和重大问题，并迅速将处理结果通报给学生，建立网络舆情疏导机制，与学生之间进行良性互动，避免引发不必要的误会和正面冲突，用正确、积极、健康的思想文化占领网络阵地，切实帮助大学生树立正确的世界观、人生观和价值观。

2.依托校园网 BBS 建立一支为我所用的"红客网络队伍"

高职院校要积极建立一支由学生工作部门教师、宣传部门教师、辅导员、学生网络管理员、校园网 BBS 版主、学生党员、学生骨干等组成的"红客网络队伍"，队伍成员要积极活跃在校园网 BBS 各个论坛版块中，对于违反国家方针政策和学校规章制度的错误信息，要及时予以屏蔽或删除。对一些苗头不好的帖子，"红客网络队伍"要迅速分析文章涉及事件的性质、内容和真相，不应简单地删去帖子，应该以全面、准确的事实为依据在网上直接与学生对话，必要时予以解释、说明、反驳，迅速形成正确的舆论导向，以免造成事态扩大和激化。

（三）主动探索大学生思想政治教育好抓手

高职院校应主动适应新媒体环境下大学生喜闻乐见的通信交流工具，用心打造"QQ 群""博客群""短信群"三个主要交流沟通信息平台，下大力气探索和实践大学生思想政治教育新办法、好抓手。

1.打造学生班级"QQ 群"

高职院校思想政治教育工作者尤其是辅导员要积极建立班级"QQ 群"，

主动将大学生思想政治教育功能扩展到网络中，渗透到班级"QQ群"交流中，使班级在网络中也能呈现出交互性信息活动场所，克服课堂教学的时间限制，打破传统意义上的班级概念，通过传递信息、交流思想、聊天谈心等方式有效推动大学生思想政治教育。同时，思想政治教育工作者也要对班级"QQ群"给予正确的引导，对于负面的、消极的信息、容易使大学生思想产生波动的不良信息要及时过滤。

2. 打造学生班级"博客群"与辅导员"博客群"

班级博客就是以班级为范围的博客，是一个集学生思想交流、资源共享和互助互进的平台。大学生们在班级博客群中既可以自由言论，交流学习心得体会，分享生活感受感想，也可以就同学之间、学校和社会领域发生的事件和热点问题交换自己的意见和看法。利用班级博客群进行思想政治教育，可以避免在传统思想政治教育中容易出现的学生对正统说教的抵制情绪，起到润物细无声的良好效果。思想政治教育工作还可以在班级中挑选专业知识好、组织能力强、思想觉悟高的学生干部在班级博客群中发挥好的引导作用，引导大家在相互交流的过程中，自觉接受正确的观点，摒弃错误的观点。此外，高职院校还应该积极推进和鼓励辅导员开设个人工作博客和辅导员"博客群"，在博客中辅导员既可以相互交流工作经验和体会感想，也可以针对学生关注的问题撰写博客文章引导学生形成正确积极的观点和看法，还可以在博客上展示"8小时之外"辅导员个人魅力，不断拉近与学生之间的生活距离，使辅导员的形象变得更加亲和丰富，从而进一步促进辅导员思想政治教育工作更加有效深入。

三、依托新媒体创新大学生思想政治教育策略

（一）指导和防控相结合的政府策略

随着网络媒体的普及，政府对信息的控制较传统媒体难度越来越大，通过简单的行政手段与高压办法去阻止甚至禁止上网几乎变得不可能，必须是通过开办讲座、举办演示会、网上讨论等疏导形式，教会网民怎样从网上获取需要的信息，如何识别虚假、错误、反动的言论，如何树立正确的上网动机，如何培养正确的网络人格，在网络虚拟社会有效地自律和自我管理，树立网络安全意识，提高免疫力。当然，对有害信息的堵防也是不可少的。运用技术手段在国家内部网和外部网的界面上构筑信息"海关"，使所有内外连接都要接受检查过滤，从而屏蔽危害国家安全和社会治安的信息传入，达到净化网络空间的目的。加强法制管理，依法管理信息内容的传播交流。一方面，国家要通过抢占网络制高点来控制信息通道，保证符合我国主导价值观

念的信息传播的优势地位；另一方面，设立思想政治教育信息网络专门通道，制定法规保护其权威性、完整性，不允许网络爱好者随意删改、添加信息等。

（二）以"红色网站"建设为中心的主体策略

新媒体时代的思想政治教育主体构成发生了变化。现在除了思想政治教育者本身以外，各种网站、网页通过网络新媒体的互动已在客观上成了信息的重要传输者和思想行为的重要影响力量。因此要积极开发和共享信息资源，尽快建设一批群众喜欢的具有鲜明社会主义先进文化特征的红色网站，整体规划，稳步推进，进而构建起区域性乃至全国性、全球性的思想政治教育网络体系，扩大社会主义先进文化在网络上的阵地。

（三）以网络内外联动为中心的技术策略

思想政治教育工作者还必须是现实生活里做思想政治教育工作的行家里手。占领网络思想政治教育工作阵地，应不失时机地找准切入点，做好网下大文章，构筑网上网下联动、全时关注、全程覆盖的立体交叉网络。传统媒体中，报纸是一种群体的自白形式，它提供群体参与的机会。广播直接地、面对面地影响着多数人，给人们展示一种不通过言语交流的世界。电视能给人们提供各种生动的素材，满足视听刺激的需要。因此，我们要加强网络媒体与其他传统媒体的合作，如在网络上传递传统媒体的教育信息，或利用传统媒体的优势介绍网络媒体的丰富多彩的资讯。针对网民思想上存在的疑惑和问题，思想政治教育工作者仅仅靠提供正面信息去影响他们是远远不够的，还需要利用网络的交互性、匿名性和平等性等优势，组织网络受众在网络中进行讨论，或直接利用 BBS、E-mail、QQ 等与网络受众进行在线双向或多向交流和心灵沟通，发挥网络媒体的辐射力、吸引力、感召力、渗透力。

第三节 构建和谐社会背景下的大学生思想政治教育创新

构建和谐校园是高职院校思想政治教育创新的实现途径，构建和谐校园是构建和谐社会的重要组成部分，是构建和谐社会的示范区。构建和谐校园应从五个方面寻求突破口。

（一）创建和谐的人际关系，是构建和谐校园的重要内容

和谐的人际关系应该是民主平等、团结协作。高职院校党员应该用党内民主带动校内民主，应该以同志情怀促进人格平等；尊重学生的创造性，尊

重学生及每个人的人格尊严，应该做团结的模范，民主的先锋。

（二）建立良好的师生关系，是构建和谐校园的保证

和谐的师生关系应该热爱学生、甘为人梯。高职院校教师党员应该把热爱学生作为热爱人民的体现，应该把甘为人梯作为为人民服务的实现形式。

（三）形成良好的工作氛围，是创建和谐校园的根本途径

这种工作氛围应该是尊重人才、尊重创造。高职院校党员应该做尊重人才的中坚、尊重创造的先锋。高职院校党员首先应该成为一个创造性的人才，创造是和谐的源泉。

（四）创建良好的育人环境，是创建和谐校园的根本目标

和谐校园的育人环境应该是管理有序、运转协调、安全稳定。高职院校党员应该在有序管理中发挥核心作用、在运转协调中发挥传导作用、在安全稳定中发挥骨干作用。

（五）要充分体现大学的文化精神

和谐校园的文化精神应该是以人为本，充满生机活力，富有科学理性，又体现人文精神的大学文化精神。

一、采取有效的措施构建和谐校园

（一）构建和谐校园的含义及其特点

和谐校园是一种以和衷共济、内和外顺、协调发展为核心的素质教育模式，是以校园为纽带的各种教育要素的全面、自由、协调，整体优化的育人氛围，是学校教育各子系统及各要素间的协调运转，是学校教育与社会教育、家庭教育和谐发展的教育合力，是以学生发展、教师发展、学校发展为宗旨的整体效应。

创建和谐校园具有以下几方面的特点。

1. 构建和谐校园是必须与时俱进

江泽民早在《关于教育问题的谈话》中就指出"要切实保证学生有一个安静、和谐、健康的学习环境。"党的十六届四中全会提出"和谐社会"这个新概念，构建和谐校园是构建和谐社会的重要组成部分，同时也是教育规律的体现。长期以来，在应试教育的影响下，基础教育存在着"五育"之间、师生之间和学校教育与社会教育、家庭教育之间不和谐的现象，损害了学生的身心健康，产生了教育的"畸形儿"，严重影响国家教育方针的贯彻。因此，

构建和谐校园是大势所趋，人心所向。

2.构建和谐校园必须坚持科学发展观

科学发展观的本质和核心是以人为本，就是要以人为中心，突出人的发展。一人是教育的中心，也是教育的目的；人是教育的出发点，也是教育的归宿；人是教育的基础，也是教育的根本。一切教育都必须以人为本，这是现代教育的基本价值。

3.创建和谐校园是和谐社会的基本组成部分。

4.创建和谐校园要求学校要有新的、科学的教育理念。

5.创建和谐校园要处理好四个关系：干群和谐、师生和谐、家校和谐、四育和谐。

干群和谐是学校发展的关键，要相互尊重、主动合作。师生和谐是学校发展的条件。家校和谐是学校发展的保障，学校和教师要努力做到加强沟通、体现尊重、密切配合、共同育人、遇事研究、达成共识。智育与德育、美育、体育和谐发展。

（二）构建和谐校园的有效措施

社会是一个有机整体，校园是社会这个有机整体的组成部分。整体是由部分构成，部分之和大于整体。部分具有相对的独立性而相对地成为另一整体，但归根结底要和它所构成的整体密切联系。高职院校相对于社会是一个部分，同时又是一个独立整体。因此我们必须全方位分析校园，才能更好地构建和谐校园。

1.处理好内部和谐与外部和谐的关系

所谓内部和谐是指校园内各个有机组成部分要和谐发展。也就是指高职院校自身的发展。它的自身发展存在不协调的地方。一是高等教育区域发展不平衡。二是高等教育城乡差距突出，出现受教育机会不协调。为此我们必须借助于校园的外部力量即社会的力量来解决，即外部和谐。所谓外部和谐即校园与社会有机体这一外部环境要协调发展。从外部环境看，高等教育与经济发展不相适应。不少学校的发展规划严重脱离学校和所在地发展实际，超越经济和社会发展阶段，出现过分超前的倾向；也有部分学校的发展和规划明显滞后于社会经济的发展步伐，教学活动不能适应社会发展的需要。为此，针对院校的超前和滞后的弊端方面，我们必须从实际出发，制定切实可行的规划，促进校园与社会协调发展。

2.整体把握高职院校的发展，确保高职院校的各方面的发展与时俱进

我们不仅要把握好校园内部和外部协调发展，更重要的是要整体把握校

园这一个整体要与时俱进地发展。高等教育的发展是全方位的发展，它包括校园文化、校园制度、校园群体等各方面的发展，也包括校际的发展，国际交流与合作等。我要促进校际国际间高职院校互通有无，以便更好地创建和谐校园。

3. 构建和谐校园必须认真贯彻理论与实践相结合的科学发展观

我们提倡科学发展观，构建和谐校园，不能只停留于口头，而要付诸实施。要用科学发展观引领高等教育事业振兴，就必须制订切实可行的计划并且付诸行动。要对整个高等教育进行统筹规划，实现协调发展。社会对人才的需求是多种多样的，是不同层次的，所以要求建设不同类型、不同层次、不同特色的各种高职院校，树立科学的人才观，树立科学质量观，最终真正落实以人为本、协调发展的科学发展观，构建和谐校园。在构建和谐校园、构建和谐社会背景下促进高职院校思想政治教育创新，培养合格的人才。

二、注重学生始终是构建和谐校园的重要因素

在以人为本全面协调发展的科学发展观指导下，构建和谐社会、和谐社团、和谐校园是我们建设小康社会的近期目标。构建和谐校园是教育规律的体现。学校教育、社会教育、家庭教育之间的不和谐现象损害了学生的身心健康，与此同时，学生教育的诸多因素也严重影响了和谐校园的构建，学生始终是构建和谐校园的重要影响因素，我们必须把培养学生的一切工作放在校园建设的首位。

三、正确处理和谐社会与和谐校园的关系

科学发展观是以人为本，全面协调可持续发展观，是促进经济、社会和人的全面发展的发展观。在科学发展观指导下，构建一个和谐社会是必然的趋势，与之相呼应，为了协调社会与学校的发展，应该构建这样一个和谐校园，即师生们生活的家园，精神的乐园，人才的摇篮。只有这样才能培养身心和谐，健康成长的合格人才，为建设和谐的社会主义贡献一分力量，才能真正做到落实科学发展观，全面辩证谋发展。

"以人为本，树立和落实全面、协调、可持续的发展观，构建和谐社会。"这是中国未来发展的必然选择。新的发展观强调发展是全面的发展。我们的发展应该是经济、政治和文化全面发展的过程，应该是社会的全面发展和人的自由全面发展的过程。同时，发展应当是均衡协调发展包括经济领域与社会领域的协调发展，物质文明、政治文明、精神文明的协调发展，协调是保证全面发展的条件。胡锦涛指出："我们所要建设的社会主义和谐社会，应该

是民主政治、公平正义、诚信友爱，充满活力，安定有序，人与自然和谐相处的社会。"我们所构建的和谐校园是和谐社会的有机组成部分，那么和谐校园也应该是一个民主法治、公平正义、诚信友爱、充满活力、安定有序，和谐发展的文明校园。构建和谐校园，就是把学校建设成最适宜学生成长发展的生态系统，具备民主、科学、人文开放的育人环境，就是要使学校教育与社会教育、家庭教育和谐发展。因此，我们必须采取有效措施处理好学校与社会的和谐关系，尤其是人才培养与服务社会的关系，最终达到培养合格人才的目的。

第四节 影视文化影响背景下的大学生思想政治教育创新

影视文化影响背景下大学生思想政治教育的创新，就是要在社会主义核心价值体系的引导下，坚持正确的创作服务方向，增强精品意识，为大学生提供更多优秀的精神食粮，在丰富作品种类与数量的同时，还要从实践入手，对其进行适当的引导，促进影视文化对大学生思想政治教育载体作用的有效发挥。

一、以社会主义核心价值体系引领当代影视文化建设

影视文化作为当今社会覆盖面最广、受众范围最大的传播媒介之一，必须紧跟时代步伐，紧扣当前中国社会的政治大背景，坚持以马克思主义为指导思想，坚定当代影视文化对大学生传播思想内容的正确方向，树立中国特色社会主义共同理想，把握影视文化对大学生思想政治教育影响的主流趋势，弘扬以爱国主义为核心的民族精神和以改革创新为核心的时代精神，明确影视文化对大学生思想政治教育过程中承担的重要任务，为影视文化在大学生思想政治教育中传播正能量奠定基础。综合以上各方面因素，在正确思想的引导下释放影视文化的正能量。

（一）坚持以马克思主义为指导思想，坚定当代影视文化对大学生传播思想内容的正确方向

马克思主义指导思想，是社会主义核心价值体系的灵魂。是我们立党立国的根本指导思想，是社会主义意识形态的旗帜，它为我们提供了科学的世界观和方法论，决定着社会主义核心价值体系的性质和方向。当前的社会主义中国坚持马克思主义指导思想，就是要求我们坚持以马克思主义为主流意

识形态，要求我们坚持用马克思主义特别是中国化的马克思主义指导社会实践，也要求我们坚定不移地用马克思主义理来论武装全党和教育全体人民。

（二）树立中国特色社会主义共同理想，把握影视文化对大学生思想政治教育影响的主流趋势

中国特色社会主义共同理想，是社会主义核心价值体系的主题。是在中国共产党的领导下，走中国特色社会主义道路，实现中华民族的伟大复兴。它反映了我国最广大人民的根本利益、共同愿望和普遍追求，既具体实在又鼓舞人心，它将国家的发展、民族的振兴与个人的幸福紧密联系在一起，把各个阶层、各个群体的共同愿望有机结合在一起，具有强大的感召力、亲和力和凝聚力。它是当代中国发展进步的旗帜，是动员、激励全国各族人民团结奋斗的旗帜。

中国特色社会主义共同理想是具体实在的理想，是亲民利己的理想，影视文化作品是能跨越时间与空间的文化艺术，是能将故事生动、形象地完整呈现的文化艺术。两者的契合点就在于通过影视文化作品能生动、形象地再现历史与现实中伟大的共产党人领导人民执着追求"中国特色社会主义共同理想"的感人事迹，从而激发当代大学生的爱国热情，引导他们树立走中国特色社会主义道路，实现中华民族的伟大复兴的共同理想。

（三）弘扬以爱国主义为核心的民族精神和以改革创新为核心的时代精神，明确影视文化对大学生思想政治教育过程中承担的重要任务

以爱国主义为核心的民族精神和以改革创新为核心的时代精神，是社会主义核心价值体系的精髓。是中华民族赖以生存和发展的精神支撑。在五千年的历史演进中，中华民族形成了以爱国主义为核心的团结统一、爱好和平、勤劳勇敢、自强不息的伟大民族精神；在改革开放时期，中华民族形成了以改革创新为核心的解放思想、实事求是、与时俱进、勇于创新的时代精神。民族精神与时代精神二者相辅相成、相互交融，早已深深熔铸在中华民族的生命力、创造力和凝聚力之中，共同构成了中华民族自立自强的精神品格，成为推动中华民族伟大复兴的精神动力。

影视文化是一种通过鲜活的人物形象、优美的情景画面以及超前的时尚元素等相结合来展现角色人物生活经历的艺术文化。其作品不仅要给观众带来欢愉，还要承担弘扬民族精神与时代精神的重要任务，以实现当代影视文化对大学生思想政治教育的影响。影视文化这一任务的实现需要从国内与国外两个方面出发，将国内弘扬与国外引进双方面相结合来推进。

一方面，国内影视作品要从再现历史与创造现实出发，弘扬爱国主义民

族精神。影视作品要将真实的历史故事用生动的画面"讲述"给观众，也要通过将现实需求与艺术特色相结合的方式创作符合当前国情的影视作品，将其完整地呈现给观众，这样才能使观众将自己置身于过去与现实的"情境"中，感受当时人民的疾苦与信念的力量，从而达到弘扬团结统一、自强不息的爱国主义民族精神的目的。

另一方面，从我国的基本国情出发，在肯定自身改革成果的基础上，有选择地引进西方发达国家以呈现重大技术创新成果为主题的影视作品。大学生可以通过观看以展现我国改革开放优秀成果为题材的影视文化作品，来了解本国的发展现状与提升发展自我的信心。也可以通过观看国外大制作的影视作品来明确我国技术发展水平在国际社会中的地位，并从中吸取经验，激发他们的创新灵感，取其精华，去其糟粕。影视文化只有经过内外双方通力合作，才能更好地完成其担负的时代任务。

二、以主流影视文化为载体加强大学生思想政治教育

电影、电视作为当今时代的新兴的大众传播媒介相继诞生，使影视文化迅速成为能够最大范围、最大限度地满足人们精神需求的重要方式，影视文化在当今社会发展过程中占有举足轻重的地位。因此，社会及高职院校应积极发挥影视文化的载体作用，尤其是当前社会中的主流影视文化，充分发挥其导向作用，促进大学生思想政治教育工作的顺利进行，实现其利用价值的最大化。

（一）增强精品意识，提供更多更好地影视文化精神食粮

进入 21 世纪以来，随着人们生活水平的逐步提高和科学技术的飞速发展，人类传统的生活方式发生了翻天覆地的变化。社会传媒成为构建社会主义和谐社会的重要组成部分，拥有社会赋予其协调物质文明和精神文明平衡发展的重大使命，而影视传媒则是当代发展最为迅速、影响范围最为广泛、大学生接触最为频繁的大众传媒之一，它对帮助大学生树立正确的、积极向上的世界观、人生观和价值观有着不容小觑的良好效用。因此，影视工作者要严格遵守相关法律法规与职业道德，增强自身的精品意识，为观众创作更多优秀的影视文化精神食粮。

当前影视文化在国外影视文化的入侵和追求经济利益最大化的双重冲击的大背景下发展，影视媒体的创办宗旨也逐渐由宣传社会主流意识形态向追求高收视率转变，最终导致以低俗、媚俗、炒作、色情、暴力为内容的影视作品纷纷涌现。因此，影视工作者要增强自身的社会责任感，严格遵守影视

艺术行业相关的职业道德与法律规范，以严格的行业自律精神，坚守职业操守和艺术良知，努力提升影视作品的文化艺术品位。"以正确的舆论引导人、以优秀的作品鼓舞人、以高尚的情操塑造人"，综合指导当代社会传媒的具体工作，增强影视文化的精品意识，督促文人学者创作拥有较高艺术品位的优秀作品，努力实现影视文化教育价值、娱乐价值和审美价值的完美结合，从而为当代大学生实现其自身的全面发展创造健康良好的影视文化环境。

（二）坚持正确的服务方向，为大学生创作更多的优秀作品

影视文化是一种建立在音乐、美术、摄影及音效等多种艺术门类交汇点上，同时又兼容了多门学科思想内涵的综合性艺术文化。它以情景故事、人物形象、语言文字作为其创作和传播的手段，向观众传播当前社会的主流意识形态和价值观，影响他们的价值观念和言谈举止。它也以其独特的传播方式与梦幻的视觉冲击效果，吸引大学生的目光，赢得他们的青睐，成为大学生思想政治教育的新型载体。因此，当代影视文化更应该坚持正确的服务方向，为大学生创作更多的优秀作品。

影视文化是一种将书面化的文字故事经过影视编剧的精心创作和明星的精彩演绎，最终以宣扬某种思想为主题而亮相银屏的文化艺术形式。创作剧本是影视作品产生的最重要提前。在以知识和科技为国家竞争力标志的当今社会，大学生是时代的宠儿，是国家社会发展的中坚力量，也是影视文化作品的最大的受众群体之一。因此，当前社会影视作品的创作者应高度重视大学生这一观众群体，要坚持以正确的教育态度与服务方向，为大学生创作更多的优秀影视文化作品，为他们的成长提供更多的学习资源，丰富高职院校的教育教学素材，有效促进大学生思想政治教育工作的顺利进行，也为大学生的健康成长创造良好的影视文化氛围。

三、以加强校园影视文化建设为抓手，推进大学生思想政治教育

大学校园生活是莘莘学子从学生群体到社会人士角色转换的过渡时期，是学子踏入社会的最后一站，但不是学习的终点，相反却是一个全新的起点。大学时期各种各样的教育都将会对他们日后的发展产生非常重要的影响，对于这样的状况，学校作为学生教育中的重要角色之一，就应该跟紧时代的步伐，不断地对自身各方面进行改革创新。随着以电影、电视为代表的大众传播媒介的迅速发展，加强校园影视文化建设就理所应当地成为推进大学生思想政治教育的重要内容，其具体措施分别是从学校课堂、网络、社团、影视实践活动和学生个人等方面进行思考。

第五章 新媒体时代给大学生思想政治教育带来的机遇与挑战

第一节 大学生思想政治教育在新媒体时代迎来新机遇

一、拓展了教育的形式

长期以来，高职院校开展大学生思想政治教育的基本形式是以课堂教学为主，辅助以座谈、讨论、谈心、社会实践等，这在时空上存在着很大的局限性与限制性。在新媒体时代，思想政治教育可以不受以往的那些局限性和限制性，而是突破了这些不足，通过专门的网络资源，如网站、网页、视频或信息报道等链接，受教育者可以方便快捷地上网浏览、阅读大量的信息。为了帮助大学生形成正确的思想意识，可以在网上尽量多地发布正面信息，感染和鼓励大学生，进而达到引导的目的。通过网络便捷的交流，还能及时掌握大学生的思想状况。手机媒体、BBS 等方式的开通，使交流打破了时空的限制，即时的学习交流和讨论时事，丰富了学习和生活的内容，也更有利于情感的建立。信息的集成性和双向性，信息的可选择性和便捷性是网络所特有的。高职院校思想政治教育工作与之相结合，就为大学生的思想政治教育提供了一个极具特色的环境。手机通信的及时快捷也为教育提供了更多的形式和方法，从而让传统的教育形式变得更为多样化，更具合理性，更为快捷性。因此，借助新媒体技术，必将有力地丰富大学生思想政治教育的形式，增强大学生思想政治教育的实效性。

二、丰富了教育的内容

以网络为代表的新媒体是当代大学生思想政治教育的一种新的载体形式，丰富了思想政治教育的内容，拓宽了思想政治教育的途径，使传统的大学生思想政治教育内容的定义发生了改变。首先，网络是信息量大、覆盖面广的新媒体，使思想政治教育的内容更丰富多彩，也使教育者和被教育者都有了很好的选择性。通过一根网线，一个电脑终端，就能达到不出门而知天下事的理想效果，更能通过形象的、直观的、生动的动态信息调动并激发学生的好奇心和强烈的求知欲，达到更好地信息收集、传达、接收和吸收的效果。其次，新媒体也提升了教育者的学识。教育者也是互联网、手机、多媒体技术等的受益者，便于他们以丰富而全面的知识来承载内在的思想政治教育内容。思想政治教育网站能够提供全新的、更具有针对性的关于大学生思想政治教育方面的信息，对思想政治教育者和受教育者均具有十分强烈的吸引力。不论从内容上，或者是形式上，新媒体都能使传统的思想政治教育内容更加丰富。

三、促进了教育的互动

在网络交往中，交往对象的社会角色往往都是虚拟的，交往对象之间不存在什么心理上的负担。角色虚拟使交往者能够保持相对平等的心态，无直接利害关系冲突的交往位置，有利于交流的双方建立宽松的人际关系。因此，在思想感情的传达上，交往者可以直抒胸臆，容易达到思想上的共鸣，并触及交流的较深层次。同时，网络上的角色也是可以变换的。在浏览网页、选择以及吸收各种思想政治教育信息时，参与者是以受教育者的身份出现的，而在参与网络上的各种信息的制作、发布等网络实践活动中，交流者将自己的思想、观点、看法以及信息传播出去的同时，参与者就又成了教育者。因此，依托以网络为主的新媒体在实施思想政治教育时，教育者与受教育者双方都能较好地发挥其主体性。这样便十分有利于教育的互动。

四、提高了教育的效率

传统的媒体信息传递的速度较慢，思想政治教育的内容不能及时有效地传送给受教育者，导致教育的效率不高。而互联网、手机短信、手机网络等新媒体形式在信息传播方面就显得十分迅速。使用者可以在任何时间甚至任何地点浏览和查看任何关于思想政治教育的有益信息，而教育者同样可以以此方式及时地把思想政治教育的内容传送到每一位受教育者的手中。例如，可以把大学生思想政治教育理论课的课件、讲义、案例分析、讨论题等发布到校园网上、班级 QQ 群里、校园 BBS 上等，让教师与学生们展开讨论，从而使思想政治教育课程的思想、内容从课堂上延伸到网络内，从课内延伸到课外，充分调动大学生学习思想政治理论的积极性，增强教学效果。此外，大学生思想政治教育的专门网站还能够实现信息内容在组织上的超文本链接功能，在阅读电子化的理论著作中，任何一个概念、一个事件、一个人物、一部著作等都可以通过超文本链接而及时找到与之相对的非常详细的资料，供学生参考，满足学生在学习过程中查阅资料的需要。这不仅极大地提高了大学生思想政治教育理论学习的效率，而且还增强了思想政治教育理论学习的全面性、综合性以及现代性。

第二节 大学生思想政治教育在新媒体时代面临的新挑战

在新媒体飞速发展的崭新时代，当代高职院校大学生思想政治教育面临的机遇与挑战并重，以信息技术为依托，新媒体的进步全面推动了政治、经济、社会、文化等领域的纵向发展，但同时也为当代高职院校大学生思想政治教育带来了一系列严峻挑战。作为新媒体强有力代表的互联网，是 20 世纪人类最伟大的科技发明之一。在我们享受方便快捷的同时，也引发了诸多社会问题。

一、新媒体环境增加了大学生思想政治教育的难度

新媒体技术就像一把"双刃剑"。它推动了社会的发展，为大学生思想政治教育带来新的机遇，但作为一种新生事物，其本身仍存在着很多失范的地方。比如艳照门、网络暴力和不当的人肉搜索、恶搞等，使新媒体表现出"很黄很暴力"的特征。不良短信、手机色情网站大行其道，对大学生造成不良影响，严重影响了大学生思想政治教育的大环境，增加了大学生思想政治教育的难度。

网络媒体方面，互联网的飞速发展在带来传播自由与便利的同时，也导致了大量虚假信息、不良信息和非法内容在网上的传播，侵犯公民名誉和知识产权、诈骗公民财产、传播病毒和淫秽图像、发表反动言论等网络犯罪行为屡见不鲜。此外，网络文化霸权主义也越来越活跃泛滥。互联网的开放性和全球化为知识霸权、文化帝国主义的蔓延提供了土壤。相对于传统媒体环境下的文化样式，网络文化与计算机相连，以数字化为技术载体，由于脱离了疆域的阻隔和时间的羁绊，加之贴上了"自由、民主、人权"的标签，使其有了更大的隐蔽性、强制性和工具性。霸权主义者通过互联网在思想和文化方面向其他国进行渗透，将本国的意识形态和价值观念强加给其他国家，进行文化侵略。近年来，我国一旦有负面新闻事件发生，就有一些外国媒体通过网络打着捍卫"人权"的旗号大肆渲染，散播不实言论，歪曲了部分民

众及大学生群体中的小部分人对事实真相的认识，更有甚者，还拍摄了所谓的纪实片，用电影手法煽情渲染。可以想象，如果这种电影一旦透过网络流入中国，被部分缺乏判断力、价值观尚未成型的大学生所接触，则必将造成他们认知上的混淆，极大冲击大学生思想政治教育工作。

手机媒体在彰显自身有别于传统媒体的独特魅力时，也不可避免地会冲击到大学生思想政治教育，其中以不良手机短信的散播最为典型。由于手机短信可强制传播的特点，一些有害信息找到了方便之门，各种违法犯罪、不良内容的传播也找到了畅通无阻的渠道，信息往往不加控制地被到处传播，导致手机短信内容良莠不齐。反党反社会、迷信、色情、暴力等五花八门的不良信息成为手机媒体的"病毒"，让人们防不胜防。特别值得注意的是，手机短信文化作为受年轻人尤其是大学生欢迎的一种新潮文化，更能影响到他们，冲击他们的价值取向、道德观念。

大学生思想政治教育的内容包括世界观、人生观、价值观以及政治、道德与法制观念的教育。中共中央、国务院《关于进一步加强和改进大学生思想政治教育的意见》提出，当前大学生思想政治教育的主要任务之一便是"以理想信念教育为核心，深入进行树立正确的世界观、人生观和价值观教育"。而新媒体时代下，校园信息传播失去了时间空间的屏障，信息发布的自由化程度加深，这便给了诸多腐朽落后的非主流思想文化以可乘之机。这些思想文化打着反马列主义、反社会主义的旗号，利用新媒体的平台疯狂传播，妄图扭曲大学生三观，给当前大学生思想政治教育带来了许多严峻的新挑战。透过新媒体传播的消极信息复杂多变，可控性较弱，极易对大学生的道德认知及理想观念形成渗透，并由此令高职院校思想政治教育的许多前期工作变得劳而无功。从火星文到脑残体，从非主流到恶搞风潮，消极的新媒体信息一次又一次地冲击着大学生的道德与心灵，一次又一次地将大学生推向虚拟王国的狂欢毒池。新媒体传播的负面信息，不仅增加了思想政治教育引导工作的难度，同时也抵消了传统思想政治教育的部分效果，从而给高职院校思想政治教育者鸣响了警笛。

二、新媒体环境使大学生的舆论、独立思考能力等受到了影响

毋庸置疑，作为知识水平较高、接受能力强的年轻群体，大学生享受到新媒体所带来的种种方便、好处，但这是否意味着大学生已完全拥有驾驭新媒体、能够使用而规避其不良影响的能力呢？答案是否定的，由于新媒体本身传播特征和所承载的海量信息，新媒体对大学生至少产生以下三个方面的潜在负面影响。

首先，舆论被同化。新媒体技术所带来的是传播内容全球化，意识形态全球化，但是，这种全球化并非双向，而是单向的。在新媒体舆论格局中，中心与边缘是非对称的，当面对海量信息特别是面临重大问题，如国际相关事务问题时，学生们所持意见和价值取向日趋相似，甚至出现舆论同化的迹象。这是因为在新媒体传播环境下，大学生的日常生活及其学习活动处处与媒介尤其新媒体有关，有意无意地受到垄断媒介制造的舆论所控制。从大的方面来讲，目前全球每个国家的新闻媒介都可以算作全球新闻体系的一部分，但大部分国家的媒体只能是地方性或全国性媒体，不能成为真正意义上的全球新闻媒体。那么，控制舆论并促使舆论同化的只能是西方国家跨国垄断媒体，而这些西方国家跨国垄断媒体凭借其技术优势和市场威力，将触角伸向全球各个角落，试图使全球舆论传播摆脱主权国家的烙印，使其"具有全球化视野"，但事实上只是将文化霸权和意识形态强制输出披上美丽的外套。

其次，独立思考能力被削弱。新媒体给人类带来前所未有的信息爆炸，竞争激烈的新闻门户，形形色色的主题论坛，功能强大的搜索引擎。生存在这种环境中的大学生已经被淹没在信息海洋中，不断频繁地接受新思想、新观点，此刻冲击内心的想法下一刻马上被另一种新奇事物所替代，总是在接受信息过程中应接不暇、走马观花，阅读习惯越来越浅化。此外，海量信息也为"拿来主义"的滋生创造了条件，海量信息逐渐改变着学生的知识结构，改变着学生观察的方法和思考过程，逐渐削弱学生的理性分析和判断能力，挤压了学生独立思考的时间和空间。

最后，娱乐主义大行其道。新媒体的市场化、产业化和全球化趋势使媒介将受众作为消费者来捕获。而在媒介世界中，消费主义被追捧为圣经，为了实现利润最大化，占领最大限度地市场，获取最大的消费群体，一切目标于受众，受众需要什么就提供什么。在这种情况下，新媒体的传播内容出现良莠不齐的现象，如黄、赌、毒等有害信息严重危害广大青少年以及大学生群体。各种形式新颖的游戏使得大学生沉溺于其中从而荒废学业，各种低俗的新媒体流行用语充斥于大学生日常交往。媒介商业模式作为现代新媒体的新兴模式，正给大学生带来被捕获、被俘虏而不能自拔的陷阱。

三、新媒体容易引发大学生人际信任危机及人格障碍

手机短信、互联网、移动电视、数字广播等新媒体形式都带有很强的互动性与虚拟性，在新媒体的平台上，大学生们以"隐姓埋名"的方式进行交流，角色的虚拟性与交流的间接性使他们卸下责任感的负担，因而他们的言论也就无所禁忌，也无须为自己言论的真实性负责，更有甚者还不知所谓地

对虚假言论给予了充分认可。虚拟世界的这种人际信任危机可能直接导致大学生在现实生活中的人际交往偏差，忽视自身真诚性，对他人真诚性产生质疑，从而阻滞其社会人际关系的良性发展。最后，一旦大学生在新媒体平台上的异于现实的表现得到固化，虚拟人格与现实人格频频更替，就可能引致心理危机，甚至引发双重或多重人格障碍。

四、新媒体发展凸显现有思想政治教育滞后性

当代大学生思想政治教育面临着崭新的新媒体时代背景，新媒体信息技术的迅猛发展，模糊了真实社会与虚拟社会的界限，过于直接的认知方式从根本上改变了人们的认知体系，青年大学生的独立性认知在不知不觉中被剥夺，他们被动地接受了"虚拟时空"形式的存在，并渐渐迷失了自我理性。然而，面对新媒体的这种挑战，现有大学生思想政治教育的发展速度却远远跟不上新媒体时代的步伐，由于相关理论实践研究缺乏前瞻性，当代大学生思想政治教育的教育环境、教育制度、教育理念、教育形式等维度已严重滞后，从而导致当代高职院校现有的思想政治教育形式已经受到严峻的挑战。

五、新媒体环境使教师的主体地位等受到了影响

首先，新媒体在某种程度上致使少部分教育者对马克思主义、社会主义、共产主义的理想信念和集体主义价值观有所淡化。新媒体传播中所夹杂的大量的西方国家政治观、利益观、思维模式、生活方式等对部分教育者尤其是年轻一代教育者影响较大，少部分人对马克思主义、社会主义、共产主义的理想信念和集体主义价值观有所淡化。这种负面思想、情绪一旦被带入日常工作，则无疑会影响大学生思想政治教育。

其次，新媒体对教育者的业务水平提出了更高的要求。新媒体对思想政治工作者来说，既是机遇，也是挑战。新媒体环境下的大学生思想政治教育必然会遇到前所未有的新矛盾、新困难，教育者在提升业务水平方面面临着更大的压力。

此外，新媒体使教育者的主体地位有所动摇。在新媒体环境下，信息传播的开放性和信息主体的多样性使得信息掌握的权利越来越均等，教育者的信息和技术优势不再明显。通过新媒体，学生可以收看大师学术讲座、名家论坛，通过数据库检索，学生可以查询关注各学科领域最新学术动态和下载种类齐全的电子书，甚至，英语好的同学还可以通过高校 IPV6 网络高速下载收看哈佛、耶鲁、伯克利、剑桥等世界一流名校诸多课程视频；各学科课程的教学备案、PPT 课件也是一应俱全；教育者不再是提供教育信息的主导者，

主体地位受到一定冲击。

六、新媒体对大学生思想政治教育者的媒体素养提出时代要求

新媒体是大学校园的信息化平台，大学生思想政治教育者不仅应对新媒体熟练掌握，还需懂得如何创新运用，因为这将直接关系到大学生在接受思想政治教育过程中对新媒体的了解、使用和发展。新媒体时代的大学生对新生事物往往有着强烈的好奇心和天然的认同感，这使他们成了新媒体首批接受者、使用者及推广者，而思想政治教育者则相对处于信息天平的另一端。在过去较封闭的条件下，他们活动的范围有限，视野、思维难免局限于比较狭隘的时空。就当前的情况而言，他们对新鲜事物的敏锐性不够，缺乏新媒体技术意识，网络技术水平不足，观念更新略滞后于学生发展的需要，甚至部分教师对网络等的熟悉程度还不如学生。因此，高职院校迫切需要努力建设一支思想水平高、网络业务水平强、熟悉学生特点的网络教育者专业队伍。换言之，新媒体时代对思想政治教育者的媒体素养提出了全新要求，提高新媒体素养将是提升大学生思想政治教育水平的关键要义。

综上所述，在新媒体时代，互联网已经成为思想文化信息的集散地及社会舆论的放大器。新媒体对大学生思想政治教育的影响是一把"双刃剑"：一方面在丰富资源、增强自主性、提高效率和增强效果方面，为大学生思想政治教育创造了良好的机遇；另一方面给大学生思想政治教育的控制力、辨别力、引导力和主导力提出了新的挑战。为此，全面分析新媒体时代对大学生思想政治教育的影响，积极探讨大学生思想政治教育的对策创新，将有助于提升当代大学生思想政治教育的整体水平，增强大学生思想政治教育的实效性。

第三节 新媒体环境下加强和改进大学生思想政治教育的重大意义

如上所述，新媒体给大学生思想政治教育带来了新的挑战，因此，加强和改进新环境下的大学生思想政治教育则显得意义重大。它既是实现大学生思想政治教育创新的迫切需要，也是增强大学生思想政治教育时效的根本保障，同时还是完善大学生思想政治教育内容的重要举措。

一、新媒体环境下加强和改进大学生思想政治教育，是实现思想政治教育创新的迫切需要

"网络技术等现代传媒技术的发展，给大学生的生活、学习和思维方式带

来了深刻的影响。这既给高职院校思想政治教育工作带来了机遇，也带来了挑战。要根据大学生接受信息途径发生的新变化，全面加强校园网建设，善于运用互联网等现代传媒，把思想政治教育的内容有机融入其中，开展生动活泼的网络思想政治教育活动，增强网络思想政治教育的吸引力和感染力，形成网络思想政治教育体系，牢牢把握思想政治教育的主动权。"这段讲话为以网络为主要代表的新媒体环境下的大学生思想政治教育指明了方向，也提出了新的要求。如何从传播学的角度，运用传播学原理对新媒体环境下的大学生思想政治教育进行分析和研究，这是一次新的尝试和探索，通过与不同学科的相互渗透交叉、相互借鉴启发，从而有利于大学生思想政治教育的不断发展和创新。

二、新媒体环境下加强和改进大学生思想政治教育，是增强大学生思想政治教育实效的有力保障

习近平同志曾经指出，面对新形势新情况，思想政治工作在继承和发扬优良传统的基础上，必须在内容、形式、方法、手段、机制等方面努力进行创新和改进，特别要在增强时代感，加强针对性、时效性、主动性上下功夫。这将成为今后加强和改进思想政治教育工作的重点。从某种意义上来讲，人类的教育过程可以看作是一种广义上的信息传播和通信过程，而思想政治教育也是一种信息获取、选择和传播的过程。由于新媒体也有输入、存储、传播和教化的功能特性，与思想政治教育传播信息、接受信息、内化信息和外化信息的过程具有一致性。另外，新媒体可以把思想政治教育的教育者和受教育者连接起来，使教育者和受教育者通过新媒体进行双向互动，其信息传播过程同样是"教育者—交流沟通—教育对象—信息反馈—教育者"这个思想政治教育的基本环节。同时，新媒体本身开放性、平等性、交互性、及时性和多媒体性等优势特点有利于思想政治教育的信息传播和教育者、受教育者双方的交流沟通。因此，通过研究如何充分利用新媒体的优势传播特性来开展思想政治教育，有利于提高大学生思想政治教育的时效性。

三、新媒体环境下加强和改进大学生思想政治教育，是完善大学生思想政治教育内容的重大举措

习近平总书记强调，做好网上舆论工作是一项长期任务，要创新改进网上宣传，运用网络传播规律，弘扬主旋律，激发正能量，大力培育和践行社会主义核心价值观，把握好网上舆论引导的时、度、效，使网络空间清朗起来。新媒体环境下的大学生思想政治教育除了应包含思想教育、政治教育、

道德教育等传统内容外，最大的特点是还应囊括媒介素养教育。所谓媒介素养，是指"人们获取、分析、评判和传播各种媒介信息的能力以及使用各种媒介信息服务于个人的工作和生活的能力""人们对各种媒介信息的解读和批判能力以及使用媒介信息为个人生活、社会发展所用的能力"。这是信息化社会中教育对象必须具备的一项基本技能，也是大学生综合素质的一个重要体现。在新媒体环境下，信息或知识已经成为社会生产力的重要组成部分，给处在经济尚不发达地区或条件尚不优越的单位和个人的教育带来了福音。新媒体信息技术的本质越来越明确地告诉我们：成功的关键在于有效组织和利用信息，而不是在形式上拥有、收集或储藏信息。只要着力抓住信息教育的关键，不断促进思想政治教育信息化的发展和完善，就一定能更好地发挥新媒体在思想政治教育中的作用。因此，对大学生开展必要的媒介素养教育必然将成为新媒体环境下大学生思想政治教育的一个重要任务，这也是新媒体环境下大学生思想政治教育区别于传统思想政治教育的一个重要方面。

第六章 新媒体环境下加强和改进大学生思想政治教育的对策思考

第一节 结合新媒体特点，坚持思想政治教育科学性原则

新媒体环境下加强和改进大学生思想政治教育的基本原则是思想政治教育者在思想政治教育原理和规律的指导下，为实现思想政治教育目的，开展思想政治教育活动过程中所要遵循的准则。它贯穿于整个教育全过程，是指导新媒体环境下思想政治教育各种对策的理论依据。为了使大学生思想政治教育在新的环境下取得良好效果，主要应把握以下几方面的原则。

一、渗透原则

新媒体作为一种现代化的信息平台，具有巨大吸引力。在自由开放的媒介文化空间中，大学生可以自主进行判断、选择，自由获取信息、传播信息，他们的现代社会意识、法制道德意识、民主意识日益增强。相关心理学研究也表明：当信息传递的诱导性过于明显，强度过大时，受众就会感到选择自由被限制，进而引发对该类信息的抵触和排斥。因此，单纯采取传统填鸭式的单向灌输方法很容易引起教育对象的反感和厌倦，使教育对象产生逆反心理和对抗情绪，直接影响思想政治教育的效果。所以，在显性教育课程之余的日常大学生思想政治教育工作中，教育者必须坚持渗透性原则，充分利用新媒体的隐蔽性、虚拟性、互动性特点，尽量隐匿自身的教育者身份和教育目的，淡化教育色彩，消除教育对象的逆反心理和抵触情绪，采取疏导的方法，诱导其敞开心扉，自由表达自己见解，坦诚抒发自己的思想与情感，从而在潜移默化的过程中帮助教育对象明辨是非，树立科学的世界观、人生观和价值观。

二、开放原则

由于新媒体信息传播具有开放性特点，新时期的大学生思想政治教育理应顺应时代发展的要求，主动更新自身思想观念，努力摆脱陈旧思维方式的束缚，以开放的心态开展教育工作。开放原则应包含有两层含义：首先是新媒体资源的开放。新媒体给人们提供了可以共享的、丰富的信息资源，极大方便了大学生的学习生活；但新媒体信息传播过程中也夹杂了大量的虚假信息、垃圾信息以及很多色情、犯罪信息，这些负面信息对大学生的身心和思想产生了巨大的冲击，极大腐化了部分大学生的思想。面对这种情况，大学生思想政治教育工作不能因为信息的复杂而封闭保守，而应该扩大教育资源的开放程度，通过提供吸引力强的、积极的教育资源，为大学生提供分析、判断各种信息的资料，坚定社会主义信念和共产主义理想，促使思想政治教育工作的有效开展；第二是新媒体环境的开放。新环境下的大学生思想政治教育活动中，由于教育主客体具有交互性，这就要求思想政治教育环境的开放，使得教育主客体能够自由平等地进行交流。因此，教育者要创造开放的教育环境，营造民主平等的氛围，通过自由平等的对话，加强与学生之间的思想交流和情感交流，提高思想政治教育的实效性。

三、法制原则

随着新媒体的迅速发展，各种利用新媒体的新型犯罪行为日益增多。这既反映了我国相关方面立法滞后，也说明我国民众相关方面法律意识的淡薄。这就要求在对大学生进行思想政治教育过程中，坚持法制性原则，不断加强对大学生的相关法制教育，提高大学生的新媒体使用法制意识。将新媒体法律法规纳入教学计划中，综合运用新媒体法律知识竞赛、法律知识演讲比赛、法律知识社会调查等形式，加强对大学生的新媒体法律法规教育，促进大学生新媒体法制意识的形成，加强对大学生的管理，如可以建立网络信息反馈渠道和信息监控系统，若发现有违反网上道德与法规的现象，及时教育和处理，以规范大学生在新媒体空间里的言行。

四、正面引导性原则

坚持正面引导就是要使符合社会发展要求的正向言论充分累积与共鸣，用正向舆论压制负面舆论的噪声，用科学的精神、理性的探讨指引大学生群体。坚持正面引导的原则是实现新媒体信息舆论控制的重要内容。譬如，在广受大学生欢迎的博客传播中，虽然从整体的外在形式上看信息传递的自由性加强，把关理论受到强大冲击，但实际上博客的微观把关机制仍然存在，当前中国的博客使用者仍然主要通过博客网站进入和浏览博客内容，这样教育者就可以通过根据社会热点设计引导议题、培养博客用户群中的意见领袖等做法，达到对博客网站的微观把关和议程设置优化的目的。

五、方向性原则

所谓方向型原则，是指在思想政治教育过程中，坚持以马列主义、毛泽东思想、邓小平理论、"三个代表"重要思想、科学发展观和习近平新时代中国特色社会主义思想为指导，按照完善人、发展人的总目标，在思想道德修养上为教育对象指明方向，使社会主义思想道德成为激励他们进行道德活动的精神力量。思想政治教育的方向性是由教育的阶级性所决定的。任何一个阶级社会都要求教育者按照本阶级的利益原则和价值取向确定自己的思想政治教育目标。我国思想政治教育的目标是：培养学生遵守社会公德、公民道德和良好的社会主义思想道德品质，塑造社会主义理想人格，引导正确的道德实践活动，树立以国家、人民和集体利益为重的集体主义精神，提倡大公无私、毫不利己、专门利人的共产主义思想道德品质。

思想政治教育是一个非常复杂的教育系统，具有系统的一般特点。系统论认为，系统的一个重要特征就是它的目的性（也称为终极性或方向性）。钱学森指出："所谓目的，就是在给定的环境中，系统只有在目的点或目的环上才是稳定的，离开了就不稳定，系统自己要拖到点或环上才能罢休。"一般来说，个体最初"落在"哪个目的点或目的环上，它就会按照这样的点或环的要求生长，沿着它所设定的目标发展。所以，在思想政治教育过程中，谁先抢先把思想政治教育对象拉入自己的道德轨道，谁就拥有对该对象教育的主动权，也就获得了开展思想政治教育工作的优势条件。当代大学生从小就以社会主义思想道德要求发展自己的思想道德观念，这为我们做好思想政治教育工作提供了良好的初始条件。

第二节 开展媒介素养教育，增强大学生媒介免疫力

新媒体互动性、移动性强和自主个性化的信息服务特点深刻影响了大学生的成长和发展，影响了他们的生活、学习、交往方式和思想政治观念的形成，成为大学生认识社会、认识世界的重要渠道。但同时新媒体环境下衍生的信息污染、信息爆炸和信息侵略所导致的大学生舆论逐渐被同化、独立思考判断能力不断下降、沉浸于低俗娱乐文化给大学生思想政治教育带来严峻

的挑战。适应信息环境的变化，归根到底需要加强对大学生媒介素养能力的培养。

媒介素养包括人们对各式各样的媒介信息的解读能力。除了基本的听说读写能力之外，还有批判性地观看、收听并解读影视、广播、网络、报纸、杂志、广告等媒介所传播的各种信息的能力，以及使用宽泛的信息技术来制作各种信息的能力。媒介素养是一个素质概念，它的宗旨是使大众成为积极善用媒体、制造媒体产品、对无所不在的信息有主体意识和独立思考的优质公民。提高大学生的媒介素养，建立起积极有效的、对信息批判接收的反应模式，使大学生在汹涌而来的各种新媒介信息面前不迷航，提高对各种负面信息的免疫能力，学会有效利用新媒体帮助自己成长进步，是大学生媒介素养教育的根本目的。实现这个目的，可尝试采取以下举措。

一、帮助大学生增强对传播媒介影响的认识

只有正确认识传播媒介对大学生的影响，深刻认识媒介影响的根本原因和途径，才能更加有针对性地实施教育。研究调查表明，许多人对传播媒介的作用、性质、影响有不同程度的错误认识。他们往往容易走两个极端，就是夸大或忽视传播媒介的影响。在很多情况下，媒介的影响是与个人原有的认知结构、态度、个性、价值观和生活环境密切相关的。也就是说，原有的生活经验决定了他们的媒介兴趣和媒介选择，在社会环境的影响下，接受或改变了一些原先的知识、社会规范和行为规范。媒介影响其实是媒介传播和个人因素共同作用的结果。它的影响不是直接的、即时的，而是间接的、长期的、潜移默化的。如果能充分估计到各种因素的作用，就会在一定程度上解除对媒介的戒备状态。同时，大学生在接触媒介时，不是被动的接受者，他们登录各类网站或查阅各类信息常常处于某种"媒介需要"。接触媒介主要是为了满足交往需要，忘记烦恼并摆脱生活压力的需要，消磨时间的需要，刺激情绪的娱乐需要以及学习需要等。譬如，跟不上网的人比，上网的人在下列媒介需求表现出更强烈的倾向：发现自己需要的信息、认识自己崇拜的人并与他们通信联络、扮演与现实不同的新角色、课外学习或研究感兴趣的问题、感受新鲜刺激等。这些需要都是在个人所处生活环境影响下，在与媒介交互作用中产生的。生活在不同环境下，有了不同的媒介需要和接触经验，就会选择不同的媒介以及不同的媒介内容来满足自己，进而产生了不同的媒介影响。

二、引导大学生提高对媒介的批判与鉴赏能力以及创造与传播信息能力

首先，引导大学生掌握一些媒介知识。这些知识应包括两个方面，一是应该了解媒介信息不都是客观事实，它是经过对现实加工制作出来的，是基于现实生活的，但绝对不等同于现实生活；另外，应该了解自己的现实生活才是最重要的，媒介所营造出来的生活可以作为一种参考，也可以作为将来发展的可能性之一，但绝对不能代替自己的生活。

其次，引导大学生对现有的媒介内容进行解构分析。譬如，随着互联网媒体使用的增多，网站正逐渐成为受欢迎的教育资源，然而并非每个站点的资源都是好的，那么如何决定一个站点是否值得使用呢？我们可以从网站的技术、目的、内容、发起者、实用功能、设计等方面去评价一个网站的权威性和可靠性，看该站点是否提供了解决问题所需要的信息。建构主义认为，知识是学习者在一定的情境即社会文化背景下，利用必要的学习资料和他人的帮助，通过意义建构的方式获得的。学习者要成为意义的主动建构者，就要主动搜集、分析相关资料和信息，对所学习的问题提出各种假设，并努力加以验证。

三、发挥课堂教育在媒介素养教育中的主渠道作用

学校是大学生最主要的活动场所，在学校教育中发展系列媒介素养教育课程，对大学生进行系统的媒介素养教育，是提高大学生媒介素养的主要途径。

首先，应当确立大学生媒介素养的教学目标与大纲。目前学界认为媒介素养主要应包含对媒体认知、情绪、美学、道德四方面的知识与能力，简单地说，认知是一切与媒体有关议题的基本认识与了解。大学生媒介素养教育应当将这几个方面有机融合在一起。

其次，注意教育方式方法。媒介素养教育所传递的知识观念与一般学科有所不同，它需要以活泼的教学方式来吸引学生亲自参与，这就需要教育者跳出传统教学授课模式，在教学方法上不断创新。通过游戏或者实际制作的过程促进学生的思考、自省；通过典型示范的做法推动学生的自律；通过交流、对话实现与学生进行深层次的沟通。最后，积极借鉴国外成功经验。媒介素养教育在国外开展得较早，已形成了一定的模式，取得了令人瞩目的成绩，教育者在开展媒介素养教育的过程中要注意在各个环节中借鉴外国媒介素养教育的成功经验，并将之与我国目前媒介素养教育所面临的实际现状结合起来，以开创有我国特色的媒介素养教育模式。

第三节 运用现代技术，促使教育手段新媒体化

思想政治教育手段，是在教育过程中教育者和受教育者相互传递、接受思想政治教育信息的工具以及使用的方法。思想政治教育手段需要与时俱进，需要不断地用现代科学技术武装、改造教育信息的传播媒体，从而实现教育手段的最优化。思想政治教育手段的不断更新，是推进整个思想政治教育向前发展的巨大动力。传统意义上的大学生思想政治教育已经形成了一定的模式，也取得过辉煌的成就，但其仍存在着一定缺点，如方法较单调，手段较单一，尤其是储存、加工、传播的信息量少，强度弱。这种状况显得与现代新媒体在校园传播中的广泛影响，与大量思想政治信息的选择、加工、储存的需要有些格格不入。因此，运用新媒体技术创新教育手段是加强和改进大学生思想政治教育的重要途径。

一、重视校园 BBS 的应用

校园 BBS 是当代高职院校不可或缺的重要组成部分，也是当代大学生日常学习生活经常光顾的"魅力地带"。

当今环境下我国高职院校面临着各种严峻和复杂的挑战。很多不稳定因素、社会思潮、师生舆论动向等都会首先在 BBS 上反映出来、扩散开来。毫不夸张地说，当前新媒体环境下大学生思想政治教育的核心问题之一就是BBS 的管理。抛开 BBS 谈新媒体条件下的大学生思想政治教育无异于隔靴搔痒。因此，大学生思想政治教育必须关注 BBS，积极发挥其思想政治教育正面功能，同时不断增强对 BBS 的管理和引导。

高职院校可以通过 BBS 及时了解和把握学生的思想状况，提高思想政治教育的针对性和有效性。关注学生群体中的热点话题，通过网络与学生交流思想，听取不同意见反馈，使 BBS 成为服务学生、改善工作的重要途径，成为服务思想政治教育中心工作的有力工具。

高职院校应尽快建设一支 BBS 快速反应队伍。负责学生工作的相关教师、辅导员、学生网络管理员、BBS 站务管理员和学生党员干部都要活跃在学校BBS 的各个板块，及时处理突发事件，化解矛盾，以客观公正的看法占领意见领袖地位。学校有必要拨出专门经费配置，占领 BBS 思想政治教育所必须

的资源，如专门的工作电脑和专业化的 BBS 评论员，将 BBS 思想政治工作开展情况作为一项日常考核指标。同时，制定应对 BBS 快速反应的预案也是非常必要的。可将 BBS 信息管理划分为"常态管理"和"敏感时期管理"等不同级别状态，分别制定预案，明确不同状态下工作重点及要求、启动措施、工作流程、工作人员等，在管理控制、技术制约等方面制定可操作的方法，从而做到及时处理突发事件的发生，最大限度地遏止有害信息在 BBS 上的传播和扩散。高职院校应该积极宣传 BBS 中的理性声音。很多情况下，BBS 上非理性的声音总比理性声音显得更为积极。理性声音尽管在实际学生群体中占多数，但很多人不愿意或很少在 BBS 上发表言论，使得 BBS 上的非理性声音力量越来越大，成为主流声音。为了避免这种情况，教育者应采取各种方式鼓励理性声音，有意识地在 BBS 中树立意见领袖，从而达到以理性声音自然压制非理性声音的目标。

二、重视 SNS 的应用

SNS，即社会性网络服务，专指旨在帮助人们建立社会性网络的互联网应用服务。SNs 的另一种最常用的解释为社交网站或社交网。SNS 作为新媒体中的新生军势力发展异常迅猛，其创始者美国 FACEBOOK 网站仅用 5 年左右的时间就在全球拥有了 5 亿用户，其品牌影响力也于 2010 年超越老牌名企微软公司和苹果公司，跃居全美第一。我国最早的 SNS 网站人人网前身——校内网创建于 2005 年，主要定位于大学生群体，获得了巨大的成功。

以人人网为主要代表的 SNS 时代的到来，对大学生思想政治教育也带来了新的机遇和挑战，思想政治教育者必须要充分重视起来。实名制注册是 SNS 区别于传统形式公共网络讨论的最大特点，正如人人网宣传语所称：在这里，你可以展示自己，结识新朋友，找到老同学；用日志和相册记录生活点滴；和朋友们分享照片；和朋友们分享喜欢的群组、音乐、电影、书籍；第一时间了解身边好友的最新动态；分享喜欢的音乐、电影、书籍，结识兴趣相投的朋友……SNS 更强调私域的表现和人际交往中少数意见的保护。除了更强调互动和人际间的传播带来的交往效率的提高和信息阻塞的消除，SNS 可以说在某种程度上实现了虚拟社会与现实世界的互动，实现了人际关系的网络化和扁平化。一方面 SNS 有利于满足大学生的社交需求，有利于降低网络社交的风险，有利于大学生自我完整人格的形成；另一方面，有可能导致大学生沉醉于网络社交而忽视现实世界中的人际交往，由于缺乏对交往对象的充分认识而导致"交际泛滥"，以及大量不良信息缺乏过滤和引导。了解了 SNS 的这些特点后，这种新兴媒体完全可以为思想政治教育者所用，而且当前校园 SNS 信息繁杂、缺乏引导的现状也急需思想政治教育者的加入。首先，思想政治教育者应构建起自己的 SNS 空间，以与学生平等的姿态参与 SNS 互动，通过搜索功能寻找添加各自所负责的受教育者群体，一方面可以上传自己日常真实生活照片、工作日志、人生感悟体会等，向学生展现自己的生活轨迹与心路历程；另一方面，通过好友关注切实关心学生学习、生活、感情中所遇到的问题并发自真心地给予问候和帮助；通过这样的做法逐渐拉近与受教育者的距离，减少学生对直接思想政治教育的抵触情绪和防范心理，增加自己在受教育者群体中的"人气"，博得受教育者的信任。

其次，在建立起稳定 SNS 社交圈后，可进一步分享教育信息，将思想政治理论课的作用延伸到社交网络平台，精心筛选优秀、进步、向上、易贴近学生群体的思想政治教育内容如时事评论、书籍报刊选读、优秀影视作品上传到 SNS 空间，通过此类做法与学生进行一对多的网络交流，使得思想政治教育工作的辐射面更广、更大，从而持续有效地增强思想政治教育的效果。

三、重视手机报的应用

手机报是依托手机媒介，将纸质媒体的内容进行整合编辑，由网络通信商用无线通信技术以彩信方式发送到用户手机，或者用户通过访问手机报的 WAP 网站浏览信息的一种传播模式。区别于传统报纸，手机报实现了从纸质向电子介质的飞跃，其传播速度、传播交互性大大强于传统报纸，其传播内容也更具多媒体性。

在 21 世纪，手机报已经取得巨大成功，那么是否可以尝试将其引入校园，成为大学生思想政治教育的有效工具呢？依照当前技术发展愈来愈成熟的趋势和大学生频繁的手机阅读使用来看，这是完全有可能而且有必要的。而且少数富有创新远见的高职院校已经开始了相关的实践摸索，通过网络电信平台发送至每个学生手机，其内容编辑由相关教师指导，学生团队参与筛选创作，极富传统校园刊物特色，其中既有学习信息如选课指导、学术讲座预告，又有校园特色生活小贴士，生活实用小窍门，还有深受学生喜好的流行网络语言……这些目标于学生受众群体的校园手机报用贴近学生生活环境的内容、轻松诙谐的语言风格、换位思考的平等立场很好地服务了青年学生，受到了在校大学生的热烈欢迎。更为重要的是，为实现思想政治教育，更好地提高学生思想政治素养，一些高职院校的手机报中，每期都包含有相关的思想政治教育内容，如以重大节庆日的主题教育活动，以期末考试为契机的诚信道德教育，以毕业典礼为契机的感恩励志教育等。利用手机报开展大学生思想政治教育已经初步收到良好反响，这也将成为未来大学生思想政治教育的一个重要新手段。高职院校思政工作者们应予以研究重视，高职院校方面也应投入资金建设相关工作部门和队伍，结合各自校园特点，重视学生需要，在关于如何将手机报成功融入本校学生思想政治教育工作问题上作出深远思考和有效实践。

第四节 紧跟新媒体发展步伐，加强师资队伍建设

大学生思想政治教育师资队伍，是保证新媒体环境下的大学生思想政治教育工作成功开展的关键因素。做好这项工作首先需要高职院校党委和行政领导层的高度重视，克服一直以来存在的重学校改革和事业发展、轻思想政治工作的问题，处理好教学、科研与思想政治工作的关系，重视起大学生思想政治教育工作者队伍建设，重视起学生思想政治素质的提高。根据以往经验和对新媒体环境形势来看，加强大学生思想政治工作者队伍建设应当注意从以下几方面着手。

一、加强教师的理论学习

这是做好新媒体环境下大学生思想政治教育工作者队伍建设的首要条件和重要途径。这里所说的知识，既包含马列主义、毛泽东思想和中国特色社会主义理论，也包括各种社会科学和基础自然科学知识。加强理论知识学习，最根本的就是学习马列主义、毛泽东思想，尤其是要学习关于中国特色社会主义理论体系的重要论述。只有这样，在贯彻执行党的路线、方针、政策时才能做到更加自觉和全面，才能排除各种错误倾向的干扰，从而避免和减少在工作中出现片面性、绝对化和左右摇摆。做好新媒体环境下的大学生思想政治教育不但不能放松对理论的学习，相反，由于信息环境更为复杂、各种思想意识形态的冲击更为猛烈，对教育者的理论知识要求更高。在学习马克思主义理论的同时，还要努力钻研业务，认真学习法律知识、历史知识、社会主义市场经济知识等，特别要注意学习接触现代信息科学技术，努力掌握各项新媒体技术。教育者要克服"技术恐惧症"，不畏艰难，充分认识运用新媒体技术在思想政治教育过程中的重大意义，主动加强有关知识的学习。

二、注重教师的实践锻炼

这是建设新媒体环境下大学生思想政治教育工作者队伍的一条基本途径。提升思想政治教育者素质，不仅需要勤于学习和善于学习，更重要的是要勇于实践。实践在我国历来被视为提升素质的重要环节，从我国领导人毛

泽东同志到习近平同志，他们都特别重视在实践中提高人的素质。毛泽东就曾指出："读书是学习，使用也是学习，而且是更重要的学习。从战争学习战争——这是我们的主要方法。"习近平也曾强调要在改革的实践中提高领导改革的本领。思想政治教育工作者无论哪一方面素质的提高都离不开实践，对于新媒体技术的掌握也是同样的道理，对马克思主义比较熟悉的高职院校思想政治教育工作者怎样才能尽快熟悉这些新事物，一个最有效的办法就是"在战争中学习战争"。就像中国有句老话：要想知道梨子的味道，你就必须亲口尝一尝梨子。高职院校思想政治教育工作者尽快使用各种新媒体，亲口去尝尝梨子，亲身去体验一下"战争"，这是在新媒体环境下迅速成熟起来的最有效的不二法门。

三、开展对教师的技术培训

这是加强新媒体环境下大学生思想政治工作师资队伍建设的一条必要途径。考虑到大学生思想政治教育工作者大多在思想素质和文化素质方面已有较高造诣，故应将培训重点放在信息素质方面的提升，主要通过培训使他们熟悉各种新媒体和掌握其应用技能。

针对思想政治教育工作者的工作素质和工作中的具体要求，结合目前大多数思想政治教育工作者对新媒体技术的掌握现状，对其进行相应的技能应用培训，在设置内容时要把握几个原则。

（一）实用原则

思想政治教育工作者掌握的新媒体技术应以实用性为主导，以使用频率高、能直接在工作中运用且具有明显效益的技能为主。着重学习博客、网络教务系统等基本知识以及搜索引擎的使用、飞信短信群发、网络资源共享和下载等基本操作技术，以求在较短的时间内收到最佳的实际效用。

（二）简明原则

新媒体技术只是给思想政治教育工作者配备的一种新科技武器，说到底，它还是一种工具。因此，在强调对思想政治教育工作者进行技能培训时，不必花费过多时间去研究其中的技术理论和传播原理，而是应当以简明概括为原则，力求起到事半功倍的效果。

（三）层次原则

对于一般思想政治教育者和学校各级党政干部而言，新媒体技术可以在不同层次上发挥作用。在培训时也应该根据参与培训人员的年龄层次、知识水平、职位职务、业务能力的具体情况，因人授课，授其所需，补其所短，切不可千篇一律。

同时，还要科学选定具体的培训内容。根据高职院校教师目前的情况，对他们进行新媒体技术培训主要内容有：首先，了解当前主要新媒体如网络媒体中微博、贴吧、论坛以及手机媒体中的手机上网、手机搜索、手机下载的基本应用。最终紧紧围绕如何通过新媒体获取更为多样、广阔，更贴近学生群体的信息渠道这一主题。其次，还要注重培训形式的灵活性，加强管理和考核。高职院校可以根据不同的工作要求，针对每个教师新媒体使用技术水平的差异，采用灵活多样的形式开展培训，比如开办短期培训班、举办知识讲座、组织专题研讨会等。高职院校还要按照政治意识强、业务素质高、熟悉网络新媒体技术、有一定外语水平的要求，把网络等新媒体培训作为思想政治教育工作者上岗前必须接受的入职培训的内容之一。通过以上这些做法促使广大思想政治教育工作者更新观念，将对新技术的掌握变成内在需求，这样有利于大学生思想政治教育工作者队伍整体素质的提高。

第五节　新媒体时代大学生思想政治教育的方法创新

加强和改进大学生思想政治教育，是事关国家前途和民族命运的战略工程。在信息化条件和市场经济环境中，新传媒的发展和扩张深刻影响和改变着当代大学生的思想观念、价值取向和行为方式等，制约着大学生思想政治工作的实效。推进大学生思想政治教育新传媒载体优化创新，发展与新传媒载体相适应的教育方法，积极应对新媒体发展变化带来的新机遇、新挑战，是推进思想政治建设创新发展的重要措施。

一、新媒体在大学生思想政治教育中的优势

（一）为大学生的思想政治工作提供了新的载体和平台

新媒体技术信息容量大、资源丰富、传输快捷、交互性强、覆盖面广，与传统媒体技术相比有着根本性的跨越。新媒体技术尤其是网络已经成为现在大学生生活和学习方式的一部分，这就意味着它自然而然地成为大学生思想政治工作的重要方法和途径。有调查表明，现今有超过87%的大学生遇到生活难题的第一求助对象是搜索引擎——百度。目前很多高职院校通过新媒体技术对学生进行思想政治教育，已卓有成效。

（二）增强思想政治教育方式方法的灵活性

传统的大学生思想政治教育模式具有较强的单向性特征，而新媒体条件下的大学生思想政治教育工作是双向、交互、开放的。这有利于发挥教与学两方面的积极性，吸引大学生积极参与，使得大学生思想政治工作者在工作中能突破时空的局限，调动大学生思想政治教育的客体即受教育者的主动性、自主性与参与性，实现由教育客体向教育主体的转变，由此可以提高大学生接受思想政治教育的主动性和自觉性。在全面服务于受教育者的学习、工作、生活、情感等需求的同时，把正确的人生观、价值观渗透其中，对受教育者进行潜移默化的教育，可以收到更好地教育效果。

（三）增强思想政治工作亲和力、感染力和吸引力

传统方式的思想政治工作亲和力欠佳，难以融入大学生的日常生活，在很大程度上影响着大学生思想政治教育的效果和质量。新媒体传播方式多样生动，符合大学生希望平等交流的心理特征和接受习惯，有利于增强大学生思想政治教育工作的针对性和吸引力。在新媒体技术背景下，开放虚拟的网络环境，拉近彼此的心理距离，消除大学生的心理戒备和隔阂，思想政治教育主客体双方可以进行互动，发表自己的意见，畅所欲言。这无疑会增强思想政治工作的针对性和亲和力，增强大学生思想政治教育主体与客体之间的信任度。

二、新媒体时代背景下大学生思想政治教育面临的挑战

（一）信息传播的开放性增强了大学生思想政治教育的难度

随着信息网络时代的到来和新媒体技术传媒的迅猛发展，教育者和受教育者在信息的接收上越来越趋于同步。这种信息的开放与快捷带来的变化及大学生从新媒体中获得信息的不确定性和难以控制性，给大学生思想观念和道德认知带来负面影响，从而抵消高职院校思想政治教育的部分效果。

（二）对思想政治工作者的媒体素养提出新要求

新媒体技术背景下信息的庞杂性和传播途径的多元化对思想政治工作提出新的挑战。面对纷繁复杂和良莠不齐的新媒体信息环境，要求思政工作者能对新媒体信息作出客观、公正、科学的判定与分析，具备对新媒体信息传播价值取向的判断、驾驭网络传媒、抢占网络制高点、把握网上教育主动权的能力，是高职院校思想政治工作者新媒体素养的核心。

（三）对大学生价值取向和个性发展带来挑战

新媒体技术的发展给大学生的生活、学习带来了许多便利，也使大学生思想政治教育陷入困境。一方面大学生思想还不成熟，很容易受到新媒体意识形态的影响，在价值判断上简单化，在价值倾向上产生倾斜和偏差。另一方面，新媒体技术具有隐蔽性、自由性、开放性、交互性等功能，同时近年来，"网络水军"已经渗透了互联网的很多地方，他们逐利性和隐匿性强，影响、扭曲甚至有时操纵着网络舆论的走向，学生容易将网络内容同现实划等号，因而出现非理性行为，给大学生价值取向和心理发展带来新的挑战。

三、对大学生思想政治教育工作的创新及思考

（一）构建大学生思想政治教育网络阵营

在新媒体背景下，构建新媒体多元平台，畅通信息传送渠道。一是建立微博平台，信息及时联动，促进学校与学生、学生与学生之间通过电脑或手机多层次、平等性交流，及时把握学生动态，广泛开展网络舆情收集，使思想政治工作和维稳工作更具主动性和前瞻性。二是采取"现实"与"虚拟"相结合的战略，做到网上引导和网下教育相结合，把新媒体的教育引导功能正确纳入大学生思想政治教育系统，完善大学生思想政治教育信息化、数字化、网络化的建设，促进思想政治教育与新媒体在教育引导上相辅相成、相互协调、交叉覆盖。

（二）解决思想政治教育者与新传媒载体相适应的观念和素质问题

在新媒体不断发展的今天，必须解决思想政治教育者的观念和素质问题，着眼增强传媒思维观念，提高媒体素质；着眼增强信息优势观念，提高信息素质；着眼增强开放互动观念，提高交往素质；着眼增强审美观念，提高人文素质。首先要树立正确的观念，改变心态，重新定位，平等交流是新媒体思想政治工作者必须树立的观念。其次是要掌握方法，摸清规律，一旦出现思想政治突发事件，不能一味地堵删封，而应该正面应对消极声音。这也是新媒体时代透明公正决定公信力的特征。

（三）提高大学生的新媒体素养，加强大学生新媒体自律教育

在新形势下，高等院校应将新媒体素养教育纳入大学生素质教育范畴中，开展网络道德教育，培养大学生自律意识，自觉遵守网络规范，培养学生自觉的网络责任意识、政治意识、自律意识和安全意识，培养学生的健全人格和优良的网络道德。新媒体时代的大学生不可能时刻处于思想政治工作者的

视野之内，培养当代大学生的新媒体素养是根本因素。高职院校思想政治工作者要根据新媒体的发展以及大学生在新媒体技术下所暴露出的问题，有针对性地开展思想政治教育，提高学生分析问题的能力，增强大学生明辨是非的能力和道德自律能力，让大学生能按照正确价值观和道德观来处理发生的问题，增强大学生的社会责任意识，确实帮助他们提高新媒体的自律能力，增强大学生的网络免疫能力和网络文化的辨别能力。让大学生运用新媒体的同时，明了新媒体遵循的基本法律法规和行为规范，具备理性对待和分析新媒体信息的能力，形成独立思考和批判意识。

（四）利用校园网教育资源，开展丰富多彩的校园文化活动

高职院校思想教育工作者积极组织大学生开展丰富多彩的校园新媒体文化活动，营造健康积极向上的校园文化氛围，分析研究大学生的网络表达方式和接受习惯，构建丰富的校园网络文化体系，用积极健康的校园网络文化影响他们。只有在思想政治教育中实行由"堵"向"导"的转变，坚持疏堵结合，监控和引导并重，才能占有主动地位。利用新媒体尤其是在互联网上高唱高职院校德育工作的主旋律，在网上大力开展大学生思想政治教育，使新媒体成为对大学生进行思想政治教育的有效渠道。在潜移默化中影响和教育大学生，抢占网络思想教育的制高点，实现社会主义大学特有的思想教育优势。利用新媒体开展学习，提高做好大学生思想政治教育工作的能力。新媒体的蓬勃发展不仅对大学生思想政治教育工作的方式方法产生了重大影响，而且对高职院校思想政治教育工作者的业务水平提出了更高要求。面对新形势新挑战，高职院校思想政治教育工作者既应不断提高政治素质和思想道德素质，确保大学生思想政治教育工作的正确方向；又应不断提高个人运用新媒体的能力，树立正确的观念，确保有效利用新媒体做好大学生思想政治教育工作。在日常管理中，应注重利用新媒体开展相关调研和测评，了解和掌握大学生的思想动态、心理状况、精神需求，使思想政治教育更贴近大学生的学习生活实际，取得更好效果。

第七章 高职院校构建"浸润式"思想政治教育模式的探索与实践

第一节 高职院校构建"浸润式"思想政治教育模式的有效探索

高职院校应把握好人才培养模式特征,增强思政教育的亲和力和影响力,努力提升学生的综合素养,将思政教育的诸多要素整合起来,积极探索浸润式思想政治教育模式。

一、高职院校传统思想政治教育面临的困境

思想政治教育是高职院校德育工作的重要内容,也是培养高职学生创新精神和综合素养的重要途径。从实际情况来看,高职院校的传统思想政治教育正面临着"孤岛"困境,在教育模式上也存在一些急需改进的地方,如在课程内容、教学方法、教育形式等方面已凸显弊端,很多学生不重视思政课程学习,传统的教学方式难以激发学生的学习兴趣,单一的课堂教学对学生的思想教育效果也并不理想。

（一）专业课程与思政课程存在"两张皮"现象

高职院校要为社会培养高素质技能型人才,普遍注重培养学生的专业技能和动手能力,而忽视提高学生的职业素养和创新能力。思政教育是一个潜移默化的过程,难以见到立竿见影的学习效果,以致经常出现思政课程被专业课程、实训课程压缩、挤占等现象。

（二）传统思政教育依赖思政教师和学生管理工作人员

传统思政教育分为思政理论课程和课外社会实践两部分,一般由专任思政教师和学生管理工作人员负责。因学生对思政理论学习兴趣不高,且参与

课外实践活动的积极性较低，导致思政教育只能停留在表面，难以实现教学目标。

（三）传统思政教育不适应高职学生的特征

近几年，高校招生规模迅猛扩张，高职院校的生源结构也发生了较大变化，"3+2"学生、单考单招学生比重日益增大。学生普遍存在基础薄弱、学习能力不足、缺乏政治理论知识储备等问题，对乏味、枯燥的传统思政教育容易产生厌学心理，以致学习兴趣不浓，参与课堂互动或课外活动的积极性大大降低。因此，高职院校应积极构建浸润式思想政治教育模式，让学生完成"要我学"到"我要学"的转变，以有效提升思想政治教育成效。

二、浸润式思政教育模式的主要内容

（一）文化浸润

校园文化环境直接关系着学生的学习与成长。只有积极创建校园文明，开展各种形式多样、健康向上、格调高雅的校园文化活动，才能让学生在文化中成长、成才，在社会中立德、立人。因此，高职院校应依托地方、行业来打造多种校园文化，引导学生在文化活动浸润中，将感知、内化、践行社会主义核心价值观作为己任。

第一，大学精神。每所学校都有自身的发展历史和人文特色，可以形成独特的大学精神。它是大学文化的灵魂，可以起到浸润、熏陶和耳濡目染的效果，从而潜移默化地塑造大学生的品格、气质和素养。例如，苏州健雄职业技术学院以吴健雄精神为主导，打造地方特色校园文化，开设新生入学教育必修课程"走进健雄"，将吴健雄精神渗透到人才培养的各环节，以有效提高学生的道德素养水平。

第二，校园环境。在校园文化中，最直接的就是校园环境，一草一木、一楼一景、一人一物都和校园本身的气质有所联系。许多高职院校都有各种各样、富有特色的建筑或环境装饰物，如历史名人雕塑、优秀校友墙和校史馆等。校园环境时刻发挥着润物细无声的作用，也影响并规范着学生的日常行为习惯，有利于学生摆正学习心态，提高学习效率。

第三，团学文化。高职院校应结合学校的办学特色，充分发挥自身优势和资源，为学生的团学活动提供有力的保障。例如，嘉兴学院团委以"南湖人"为主线，开展"南湖启航"新生始业教育、"南湖一家"寝室文化节、"情系南湖"毕业生季、"南湖有约"师生联谊会、"南湖嘉年华"社团文化节等校园活动，让学生深刻地感受革命前辈的光荣传统，从而在南湖文化的感染下，端正一言一行，提升道德素养。

第四，网络文化。高职院校应充分运用新媒体技术贴近学生的生活与学习，并将思政教育融入学生的日常生活，以实现全方位育人。例如，利用微信公众平台传递校园文化与特色、建立微信群及时了解学生所想所需，将乏味枯燥的思政知识制作成微电影、漫画等。

（二）课程浸润

浸润式思政教育是一个循环往复、持之以恒的过程。课程浸润的总体目标是将思想政治教育的内容，通过特定性质、类型或形态浸润到专业课、通识课、公共基础课等所有课程中，达到"课程思政化"的教学效果，以实现立德树人、润物细无声的教学目标。

课程浸润可分为显性课程和隐性课程两大模块。显性课程以思政理论课（四门必修课＋形势政策课）为核心，积极开展大学生社会主义核心价值观教育；隐性课程以专业课、通识课、公共基础课等非思政课程为主，将思政教育内容浸润其中，以充分发挥其深化和拓展作用。

第一，在通识课、公共基础课程的浸润过程中，可将思想政治教育内容与课堂教学环节相融合，以促进学生知识与素养的均衡提升。一是高职院校要为课程提供一定的资源保障，如在课程中书记、校长亲自走上讲台授课，可以激发学生的学习兴趣。二是将高职院校的办学优势根植其中，使课程内容与人才培养目标、优势专业、特色学科相结合，如上海高校推出"中国系列"课程，复旦大学的"治国理政"、上海交通大学的"读懂中国"、同济大学的"中国道路"等，这些课程紧扣时代发展并包含学生关心的热点问题，可以帮助学生树立社会主义核心价值观与理想信念，提升其人文素养。三是高职院校要开拓创新教育方式，努力实现教师与学生的双向互动，增强教育的吸引力和亲和力，并充分利用网络媒体、现场问答、案例引导等教育方式，将知识的道理、精神、思想、价值等转化成问题或故事，与学生进行讨论和互动，从而完成"润物细无声"的教育过程。例如，天津交通职业学院建立"交院思与行"微信公众平台，向学生传达榜样故事、时事热点、学院成长等内容，实现了学生与教师的实时互动。

第二，在专业课程的浸润过程中，高职院校要把握好专业知识与技能的主要载体，增强专业知识对学生的吸引力和感染力，并找准时机与目标，将思政教育内容贯穿其中。高职院校应重点开展职业素养教育，充分发挥专业课程立德树人的优势作用。专业课程浸润思政教育，可以按照试点课程—挖掘课程中专业知识背后的德育价值—找出切入点—收集资料并编制课程指南—选取课程实施方式—建立反馈机制—开展下一轮试点的教育流程进行。专业课程思政浸润模式可以促进每一位专业教师树立德育意识，进而实现全员育人的教育目标。

（三）活动浸润

高职院校浸润式思政教育模式要充分利用第二、第三课堂开展各种丰富多彩的活动，引导学生在校园活动浸润中，观微知著、内化认知、外化行为，树立良好的素质观和价值观。从活动的具体实施可分为校园内和校园外两大区域；从活动的载体可分为团委、学生会、学生社团和班级等；从活动的内容可划分为校园文化、学生活动、学科实践活动和社会实践等。在活动开展过程中，指导教师要进行全程监督与指导，以保证活动开展的有效性与教育性。

（四）管理浸润

在大学生活中，学生要与学校各职能部门的管理人员进行接触与交流，管理人员的一举一动也影响着学生的道德行为。浸润式思政教育模式强调"以人为本"，因此，高职院校在管理理念、内涵、服务方式等方面都要创新工作模式和运行机制，以提供更加人性化、思政化、便捷化的服务。

第一，日常管理工作与思政教育紧密结合。高职院校应将各系部学生的共性业务进行集中归口处理，实施规范化管理，为学生提供优质的专业化服务。在寝室管理、党团学管理、后勤服务等日常工作中，教师要将思想政治教育渗透其中，让学生耳濡目染形成良好的道德行为规范，促进其养成良好的生活习惯和行为素养。例如，浙江旅游职业学院将清洁校园、文明寝室建设工作纳入学生综合素质考核，学生只有修满综合素质学分，才能顺利毕业。

第二，管理人员与思政教育紧密结合。学生不仅在课堂上严格遵守要求，在食堂、寝室、图书馆、课外活动场所也要保持良好的道德行为。管理人员若在工作中发现有学生存在思想道德问题，要及时纠正其错误，帮助其调整不良言行，从而实现全员育人目标。

第三，学生自主管理与思政教育紧密结合。高职院校应充分发挥学生的实践能力，为家庭经济困难学生、学生干部、党员先锋模范等提供自主管理机会，以锻炼其处理事务、人际交流、职业素养等综合能力，进而实现自主管理、自我提升、自我服务，更好地适应未来的工作岗位。

三、浸润式思政教育模式的实施步骤

高职院校思想政治教育要想走出当前困境，应将学生关心的问题作为思政教育的立足点和出发点，以"渗透"为教育方式，"渐近"为基本内涵，"条件"为关键因素,积极构建高职思想政治浸润式教育模式,从而在学生思想教育的每一个环节,形成有竞争力、高实效性的教育范式。

（一）创设情境

学生在校要经历不同的环境,如课堂、食堂、寝室、社团和课外实践等,这些环境可以直接反映学生的思想品德状况。学校可以根据不同时期、地点来使用不同的教学模式。例如,在食堂贴出通知,只要学生就餐时使用"您好""请""谢谢""您辛苦了"等文明用语,就可以享受特价菜肴。

（二）确立方式

思政教育的宽基础性决定其教育方式要多样化,高职院校应根据情境特征来选取不同的浸润方式,如活动浸润、语言浸润、情感浸润、网络浸润等。浙江省高校文明寝室创建过程中,许多学校都采用了活动浸润方式,让学生充分利用寝室小空间,参与全校优秀寝室评比活动,从而影响身边人、带动身边人,实现创建文明寝室的示范效果。

（三）合理引导

由于浸润式思政教育模式的广泛性和基础性,学生会出现许多无法避免的问题,需要教师及时进行引导与督促。因此,高职院校要逐步确立以学生为主体的教育模式,教师要和学生一起学习、共同成长,并充分利用不同手段和方式增强与学生之间的互动,及时了解学生的需求和想法,进行有针对性的引导。

（四）适时评价

合理的评价可以激励学生更努力地学习,且树立榜样可以起到示范、带头作用。高职院校在文明修身版块中,可针对文明课堂、文明寝室和文明礼仪等活动进行评奖评优,以鼓励学生良好的道德行为;在社会实践版块中,可纳入推优入党评奖指标,激发学生参与课外活动的主动性与积极性;在实习实训过程中,可将学生的职业素养纳入毕业审核指标,使学生更重视综合素养的养成。

浸润式思政教育是一项系统工程,只有高职院校全体部门、教师和工作人员共同努力,才能实现思政教育"润物细无声"的效果。因此,高职院校要牢固树立浸润式思政教育理念,形成协同效应,努力开创全程育人、全员育人和全方位育人的工作格局,使思政教育由专人转向人人,进而形成强大合力,帮助学生树立良好的道德行为规范,提高其职业素养水平。

第二节　高职院校思想政治理论课"浸润式"
教学及其呈现

思想政治理论课是高职院校思想政治工作的主渠道，在改进中加强、在创新中提升是高职院校办好思想政治理论课的基本要求。当前，高职院校思想政治理论课应加大教学改革力度，着力在教学理念、教学方式、教学质量等方面实现突破与提升。思想政治理论课"浸润式"教学强调教学理念的人本导向、教学题旨的全程浸沁、教学情境的精心创设、教学主体的深度体悟和教学成效的稳定持续。高职院校应在完善培养方案、转变师生角色、创新方式方法以及优化条件保障等方面着力推进思想政治理论课"浸润式"教学，切实提升教学的亲和力和有效性。

一、高职院校思想政治理论课教学改进的现实紧迫性

依托思想政治理论课集中、系统地开展马克思主义理论教育、思想品德教育、世情国情教育，是我国高职院校培养大学生正确的世界观、人生观和价值观的重要抓手。随着外部形势、培养要求、受众特征、教学手段等呈现新变化，传统的思想政治理论课教学理念与模式受到了极大挑战，迫切要求高职院校做好思想政治理论课教学的供给侧改革，精准回应学生期待，有效引领学生成长。

教学标准的贯透力有待提升。教育部颁布的《高等学校思想政治理论课建设标准》（简称《标准》）明确了高校在思想政治理论课建设方面的职责、任务与标准，对高职院校在规范组织管理、加强学科建设、优化教学管理、完善队伍管理方面进行了宏观指导。在实际执行过程中，部分高职院校、教师将办好思想政治理论课片面地理解为贯彻落实《标准》明确的量化要求即可，而忽视了思想政治理论课教学质量、教学成效等本质要求。事实上，《标准》主要从宏观指导角度对高职院校办好思想政治理论课划定了刚性要求，为切实提高思想政治理论课教学质量提供必要的学科、人员、经费、氛围等支撑条件，而这些需要高职院校"达标"的指标都是为了向课堂要质量。因此，严格执行《标准》与切实提高教学质量之间既有紧密联系，又有一定区别。高职院校严格对照《标准》加强建设仅仅是办好思想政治理论课的基本

目标,不能用"达标"来替代教学质量本身。这就要求高职院校将教学内容的"入脑入心"作为思想政治理论课建设的更高标准,做到刚性要求与柔性要求相统一,瞄准大学生"真心喜爱""终身受益""毕生难忘"这个出发点与落脚点来想办法、改方式、出成效。

教学关系的互动性需要强化。教师与学生的充分互动是教学过程富有张力的重要基础,也是教学关系和谐有效的重要体现。思想政治理论课是知识传授与价值引导高度一致的教学活动,教师与学生在其中不仅构成了一个知识共同体,更构成了一个价值共同体,师生之间的面对面交流、心交心沟通是思想政治理论课具有亲和力与感染力的不可或缺维度。当前,高职院校思想政治理论课教师在努力讲清讲透课本知识的同时,往往忽略了自身与学生之间的情感传递与心灵对话。受此制约,部分思想政治理论课教师往往以说教者的角色出现在教学环节中,满足于做好书本知识的"传声筒""搬运工",难以将自身置于教学内容所涉及的话语环境与现实情境中,以身立教、言传身教的作用发挥不明显。

多维化教学评价体系亟待建立。科学、精准、合理的教学评价能够对高职院校思想政治理论课建设起到正向激励作用。目前,绝大多数高职院校能按照公共必修课教学的一般要求对思想政治理论课进行教学评价,如日常听课、教学检查的实时反馈,结课考试(查)与成绩分析,学生评教评课等。这些评价方式往往以学生出勤、课堂秩序、卷(书)面得分等为评判尺度,不易反映学生对教学内容的领悟、认同与践行。目前的教学评价往往局限于学生、教务管理部门等对某一门课程的评价,缺乏思想政治理论课教学实施与教学成效的整体性或综合性评价。同时,思想政治理论课教学内容的内化与实践需要经过必要的实践体验环节,因而其教学成效的显现也具有相应的滞后性。除了思想政治理论课教学体系的内部质量控制外,围绕学生"学而信、学而思、学而行"进行的多维化教学评价体系尚未形成,存在"三多三少"现象。即在评价主体上,思想政治理论课教师自评、学生评教、管理部门评价等校本评价比较多,教育主管部门评价、用人单位评价、家庭评价等社会评价则比较少;在评价周期上,思想政治理论课教学周期内评价比较多,但必要的毕业前评价、就业创业后评价等后续评价比较少;在评价重点上,学生对教师教学能力、教学手段等评教比较多,对教师思想境界、人格魅力等评价比较少。

二、高职院校思想政治理论课"浸润式"教学的主要特征

作为一种正日益兴起的教学理念与方式,"浸润式"教学的主要特征包

括：一是教学目标的人本性，强调教与学离不开人的参与，教与学的成效也要以提升学生的获得感与认同感为核心；二是教学过程的渐进性，强调学生对知识与价值的接受是一个由量变到质变的渐进过程；三是教学方式的渗透性，强调"润物无声"，为学生创造良好的知识获得与体验感悟环境。高职院校思想政治理论课"浸润式"教学除了应当具备一般课程"浸润式"教学的共性特征外，还应符合课程客观要求与自身特点。具体而言，高职院校思想政治理论课"浸润式"教学的主要特征表现为：

第一，教学理念的人本导向。思想政治理论课与高职院校其他课程一样，其教学目的都是为了提高人的认知能力、实践能力和创新能力，促进人的全面发展。但思想政治理论课的特殊之处在于，课程的教学内容具有高度的思想性、政治性和鲜明的价值导向，要求受众在掌握基本知识、规律等的同时将其内化为一定的思维方式和价值观念，并外显为具体的行为实践。思想政治理论课的"浸润式"教学主张把有利于课程教学的一切正向元素汇聚于教学过程和教学空间，聚焦学生和教师这两个在教学实施中最为根本、最为积极、最为活跃的主体，其教学理念的人本导向更为凸显。思想政治理论课的"浸润式"教学，着力于触及学生灵魂，强调对学生价值层面的引领和内心世界的影响，促进学生认知、体验与认同的无缝衔接与整体提升，帮助广大学生在学习马克思主义理论、中国共产党的创新理论以及社会主义核心价值观的过程中做到真学、真信、真懂、真用。此外，思想政治理论课的"浸润式"教学始终把人的因素尤其是学生放在首位，强调培养方案、教材建设、课程建设、队伍建设、条件保障等都必须服务于学生的成长发展，根据学生这个需求侧的变化而进行相应的改进与提升。

第二，教学题旨的全程浸沁。培塑广大青年学生的共产主义远大理想和中国特色社会主义共同理想，引导他们立志做中国特色社会主义事业的合格建设者和可靠接班人，是贯穿于高职院校思想政治理论课始终的主题和主线，也是思想政治理论课"浸润式"教学必须全周期、全方位浸沁的核心题旨。具体而言，就是要在制订培养方案和教学大纲以及开展理论研讨、集体备课、课堂教学、实践教学、结课考试（查）、教学评价等各个环节都能时时处处凸显理想信念教育这根"红线"，相关教学课件、教学案例、教学体验活动以及教学改革措施都应当是有力支撑理想信念教育的构成要素。教学内容在教学体系中处于核心地位，要确保思想政治理论课教学题旨的全程浸沁，重中之重是要求其授课内容的原真性和可信度，将科学理论与价值观念系统、精准地传授给学生，坚决防止用哗众取宠、取悦迎合等方式弱化思想政治理论课教学的理论性、政治性，更不能将科学理论和价值观念娱乐化、庸俗化、低俗化。

第三，教学情境的精心创设。高职院校思想政治理论课具有很强的政治性，同时又要求教学过程具有很高的艺术性。思想政治理论课"浸润式"教学不仅注重知识目标的实现，更注重图文、声像等教学手段以及教师教学态度、情感、价值观等对受众的影响，而精心创设教学情境则是其中的重要途径之一。高职院校思想政治理论课"浸润式"教学主张教学内容与教学形式的双重浸润，要求思想政治理论课教师积极转换教学话语、精选教学案例、优化课件制作和改进课堂呈现，实现教学题旨与教学内容的可知可感，帮助学生在接受知识的同时引发其内心世界的共鸣。当然，高职院校思想政治理论课不同课程的"浸润式"教学往往需要立足自身教学目标、学生特点和形势发展创造性地进行情境设计，做到因事而化、因时而进、因势而新。

第四，教学主体的深度体悟。任何教学内容的认同与内化都离不开实践体验环节。高职院校思想政治理论课"浸润式"教学，既体现在将教学题旨融入教学全过程，更体现在教师和学生两个教学主体都浸润于教学题旨中，彰显思想政治理论课的人本属性。一方面，强调尊重学生的主体地位，将学生定位于思想政治理论课教师平等的地位，通过"平等的对话"而非"单向的灌输"进行有效教学。加强第二课堂建设，帮助学生真切了解和感受经济社会发展成就以及现实状况、人才需要等，引导他们用正确的立场、观点和方法思考社会与人生，不断增强其对主流舆论的信服度和认同感，进而增强其服务人民、报效祖国的责任感。另一方面，强调思想政治理论课教师的深度参与，教师与学生形成成长发展的共同体，实现教学相长，整体提升。具体而言，就是要求思想政治理论课教师在教学中与学生平等地进行交流互动，将马克思主义理论、党的理论创新成果、主流价值导向等及时、精准地传授给学生，切实解决好思想政治理论教育"最后一公里"问题；要求思想政治理论课教师在教学中率先垂范，凡是要求学生坚信的自己首先做到笃信不疑，通过自身的真情流露和言传身教向学生传递正确导向，切实增强教学题旨即内容的可信度、可亲度。

第五，教学成效的稳定持续。由于教学题旨的全程浸沁、教学情境的精心创设以及教学主体的深度体悟，高职院校思想政治理论课"浸润式"教学能够实现学生对教学内容的认知、实践，到再认知、再实践的良性循环。特别是其教学过程具有正向累积性，教学题旨及其教学内容、教学实施始终聚力于传播马克思主义理论、中国共产党的创新理论以及中华优秀传统文化、革命文化和社会主义先进文化，可以为学生浸润其中提供连续的、稳定的知识供给和价值引导，因而更能够进入学生的头脑、化为学生的行为。在教学强度上，高职院校思想政治理论课"浸润式"教学注重在不间断地、有序的教育实践中引导学生沉浸在与教学题旨相关的马克思主义理论、社会主义核心价值观里，通过落细落小落实促进各类教学资源中的有益成分渗入到学生的每一个细胞、融入血液中间，将主流意识形态和价值观念根植于学生心灵深处。此外，高职院校思想政治理论课"浸润式"教学主张知识掌握与价值实践相统一，把学生课程结课考试（查）情况与学生日常实践表现相结合来综合评价课程教学成效，彰显思想政治理论课教学效果的超强渗透和历久弥新。

三、高职院校思想政治理论课"浸润式"教学的实现路径

作为一种新的教学理念和教学模式，高职院校思想政治理论课"浸润式"教学仍处于探路摸索阶段。总体而言，高职院校应当积极转变教学理念、改进教学方式，将"浸润"这一核心要求贯穿于思想政治理论课教学全过程，不断增强课堂育人的实效。

完善培养方案，做好思想政治理论课"浸润式"教学的顶层设计。高职院校应当将"浸润式"教学的理念、要求与方法融入各门思想政治理论课程的教学大纲制订中，为让学生真正浸润于教学题旨和教学活动中做好必要的顶层设计。课程教学目标设定、课时分配、内容讲授以及实践教学、考核评价等各个环节应全周期、全方位地体现"浸润式"教学这一基本要素。在教学目标设定方面，强调学生的知识接受与价值认同并重，突出学生思想道德素养和领悟实践能力的提升；在课堂教学环节，强调核心内容讲授与形式创新并重，增强"浸润式"教学形式对基本原理、核心观点等的阐释力；在实践教学方面，按照《标准》确立的原则并结合教学需要划定适宜的实践教学课时数，使之成为课堂教学的有机延伸，同时专门制定实践教学计划和教学大纲，使实践教学与课堂教学无缝对接、互为支撑；在课程考核方面，以知行合一为导向，强调对学生融入教学情境、理解运用知识能力的考查，逐步推行形成性考核。此外，高职院校还应在制定其他各门课程尤其是哲学社会科学课程的培养方案和教学大纲中体现正确的价值导向，确保各门课程与思想政治理论课同心相向、同频共振，为实现教学题旨的全程浸润、有序浸润、深度浸润提供制度依据和运行环境。

转变师生角色，激发思想政治理论课"浸润式"教学的内生动力。教师和学生是教学活动中的两个最为基本、最为活跃的要素，只有在思想政治理论课教学实施过程中最大限度地激发师生的精力投入和情感投入，才能真正实现教学题旨的深度浸润并增进思想认同、理论认同与情感认同。思想政治

理论课教师作为传道者，自己首先要做到明道、信道，做到教书和育人相统一、言传和身教相统一、潜心问道和关注社会相统一、学术自由与学术规范相统一，以自身坚定的信仰追求、过硬的业务本领和良好的人格魅力主导"浸润式"教学的实现。具体而言，就是要建强队伍，鼓励思想政治理论课教师进修教育学、心理学、传播学等知识，提升运用新的教学手段以及新媒体传播的能力；组织思想政治理论课教师开展社会实践，为实施"浸润式"教学提供足量且具有强说服力的教学素材；引导思想政治理论课教师在教学中转变传统的"单向说教者"角色，代之以"知心朋友"角色与学生共同学习、探讨，使教师成为学生感受学术真谛与道德力量的身边榜样。学生是思想政治理论课的受教者和受益者，应当着力引导学生转变"被动接受者"的思维定式，通过教学改革激发学生对思想政治理论课的学习兴趣，使之浸润在教学题旨中增知识、受启迪。

创新方式方法，丰富思想政治理论课"浸润式"教学的实践积淀。思想政治理论课"浸润式"教学在方式方法上并没有统一模式和固定套路，这就要求教师以政治性与艺术性相统一为原则大胆进行尝试和积累。当前，应着重围绕以下五个方面进行探索与实践：一是故事讲述法。教师在讲授案例时侧重讲述与思想政治理论课教学内容相关的故事，如马克思主义形成及其中国化过程中的重大事件、中国近现代重大历史事件中的重要人物故事、大学生成长发展中的身边故事等，以鲜活、饱满的故事讲述激发学生兴趣。二是情境再现法。利用高科技手段将历史场景"搬进"课堂，增强学生的体验感，使思想政治理论课教学不仅"有意义"而且"有意思"。三是现场体验法。组织学生到革命遗址遗迹以及厂矿、军营、村镇、社区等一线进行现场教学，帮助学生实地感知教学内容涉及的事件、人物、成就等，陶冶学生情感，增强学生的理论认同。四是网络交互法。教师利用先进的网络技术以及相应的新媒体平台传播、分享思想政治理论课教学内容，实现"线上与线下"常态化互动，通过正能量在网络空间充分浸润来引导学生成长、化育学生品格。五是翻转课堂法。在课堂教学过程中发挥学生的主体作用，通过学生讲述故事、主题辩论、场景演绎等使其入境入情，掌握接受教学内容浸润的主动权。

优化条件保障，创设思想政治理论课"浸润式"教学的良好环境。"浸润式"教学相较于其他形式的教学改革探索，对外部支撑条件的要求更高，是一项需要多种要素同向同行的系统性工程。这就要求高职院校积极创造条件，为思想政治理论课教师真心实意地投身于"浸润式"教学提供必要保障。一是适当控制教学规模。根据"浸润式"教学的实际需要，合理确定思想政治理论课授课规模，逐步实现中班化或小班化授课，便于教师和学生进行充分地教学互动。二是逐步改善教学环境。利用现代信息技术手段设计和建设思想政治理论课"浸润式"教学的物理空间，发挥先进科技产品在实现"浸润式"教学中的独特作用。同时，加强校园环境文化建设，充分发挥主题景观、公共艺术品对学生成长的浸润功能。三是积极拓展教学资源。按照就近原则与相关革命遗址遗迹以及厂矿、军营、村镇、社区等共建思想政治理论课实践教学基地，为组织现场教学提供必要资源。四是稳步推进教学评价。加大对学生学习情况进行形成型（性）考核力度，重点强化对理论认同和价值认同状况的考核。科学制定评价体系，统筹考虑课程方案、讲授内容、组织方式、学生接受程度等要素，对思想政治理论课教学情况进行综合评价。

第八章　德育发展在高职院校素质教育中的地位和作用

第一节　大学生思想政治教育在高职院校素质教育中的特殊地位

在和平与发展成为两大主题的时代，全球性科技与经济竞争日趋激烈，一些发达国家将科技进步作为称霸世界经济甚至主宰整个世界的首要工程来组织实施。而更多的发展中国家也越来越认识到：如果没有科学技术水平的不断提高，如果不以先进的科学技术来不断地武装生产力，就不能从整体上发展国家的综合国力，就不能振兴一个民族。然而，科技的竞争、经济的发展、综合国力的提高，归根到底要由高素质的人来完成。因此，发达国家也好，发展中国家也好，都把培养高素质的新型建设人才作为进一步壮大国势的根本基础。这样的现状，对我国提出了过窄过死的专业教育模式必须向适应型复合式素质教育转变的新要求。《面向 21 世纪教育振兴行动计划》中提出：实施"跨世纪素质教育工作"，整体推进素质教育，全面提高国民素质和民族创新能力，要从总体上提高国民的综合素质。这里所谓的综合素质，从一般的意义讲，主要包括政治思想素质、社会公德素质、人文知识素质、专业技术素质等几个方面。其中思想品德素质是第一素质，这是由一个政党、一个国家、一个民族培养接班人的根本原则和目标所决定的。现阶段我国教育界很多的学者专家，或就自己的从教经历、或从我国现代化建设实际出发、或参照一些发达国家加强素质教育的具体做法，都从不同的角度提出了很多适合我国当代现状的素质教育方案与对策，都认为必须把思想品德素质教育放在首位。关于对思想品德素质要求的内涵，不同的国家由于意识形态的不同而不同。社会主义国家有社会主义国家的标准，资本主义国家有资本主义国家的标准。以马克思主义者的观点讲，一个人只有在具备良好的政治思想素质的前提下，才能将自己所学到的专业技能运用于祖国的建设事业，才能为民族的振兴贡献全部力量，也才能为人类的正义与进步事业积极努力。

一、充分认识新时期高职院校思想品德素质教育的重大意义

我国是社会主义国家，我们的大学是共产党领导的社会主义大学，我国人民民主专政的社会主义性质决定了我们培养的人才必须具有坚定的共产主义信念，牢固树立马克思主义世界观和人生观，愿为党的事业和社会主义事业奋斗到底。

以马克思主义辩证唯物论的观点看，人的正确思想和世界观的形成不是先天的，而是通过后天的教育引导不断形成发展起来的，并且随着时代的发展和社会的进步而不断地发展变化。青年一代是民族的希望和祖国的未来，我们党领导全国各族人民经过千辛万苦所开创的伟大事业，就是要靠一代又一代青年不断地去完成、去振兴。而大学生是社会公民中接受教育时间较长，掌握科学文化知识较多的高素质的劳动者，他们将来所承担并完成的事业技术性较高，其中的佼佼者对社会的发展与进步所发挥的作用是一般劳动者所不能代替的。他们的思想和世界观、人生观正处于培养形成阶段，具有很大的可塑性，如果不以社会主义道德标准去教育和引导他们，那么，他们就不能树立远大理想和坚定的共产主义理想，即使具有很高的技术技能，也不能为人类的和平与进步事业做出积极贡献，更不能承担起历史所赋予的光荣使命。所以说，实施素质教育，不仅使他们掌握较高的现代科学文化知识，更重要的是把他们培育成为具有坚定信念和高度爱国意识的共产主义者。这是我们党在接班人培养中坚持的根本原则。

当今世界，和平与发展尽管已经成为时代两大主题，凡是爱好和平的人民都希望有一个祥和安定的工作和生活环境，安下心来搞建设，但整个世界并不平静。首先，世界霸权主义强权政治和侵略图谋依然存在，对世界社会主义的发展形成很大威胁。其次，西方资本主义国家从本质上就不希望中国发展起来，更不希望中国强盛起来。因此，他们妄想分化和西化我中华民族的阴谋诡计也没有放弃，而且随着我国现代化建设的不断发展，他们企图和平演变社会主义国家的步伐疯狂加快，其手段更为卑劣，严重干扰和破坏我国现代化建设事业的顺利进行。

从国内现状看，党的十一届三中全会以来，在邓小平理论指导下，我国全面实行对内搞活、对外开放的政策，工农业生产和科教事业得到迅速发展，综合国力不断增强，人民生活水平普遍提高。实行改革开放以来，我国在经济、科技、教育、文化、管理、经贸等领域与世界发达国家的交流不断扩大。这一策略的实施，一方面使我国在经济建设、科学技术、文化教育等方面都

得到了很大发展。另一方面，西方资本主义国家一些与我国社会主义本质不相容的东西随之侵入，给人们的思想带来很大干扰。同时，由于市场经济的不断发展，在人们的心目中金钱的感召力越来越大，一小部分人崇尚自我利益的实现。表现在现实中，便是以我为主，在一切社会活动中"私"的分量大于"公"的分量。这种状况不仅存在于普通群众之中，在部分领导干部中也并不少见。有的领导干部利用手中人民赋予的权力，损公肥私，置广大人民的利益于不顾，贪图享受，严重损害了国家和人民的利益，也严重损害了党在人民群众中的崇高形象。这一系列的社会现象，对当代大学生无不产生影响。加之他们中的绝大部分生活在我国改革开放初见成效的时期，在学习、生活等方面基本上没有经受过艰苦岁月的磨炼。他们的学习和生活条件比起十几年前的大学生当时的条件要优越得多。这里首先应当肯定，当代大学生绝大部分思想坚定，积极上进，学习刻苦，具有较高的思想道德情操。但我们也要十分现实地看到，他们中的相当一部分人由于受各种消极思想和社会上不正当享乐现象的影响，生活上贪图享受，盲目追求所谓的时髦；学习不求上进，生活中讲排场、耍阔气；对个人价值的实现没有真正意义上的追求；社会公德意识淡漠，有的甚至社会公德差等。当代大学生中这些现象的普遍出现与广泛存在，的确令人担忧，如果任其自然发展下去，后果不堪设想。因此，现阶段我国在实施素质教育中把思想品德素质教育放在首位，具有重大的现实意义和深远的历史意义。

二、素质教育中把德育放在首位是党的教育方针的核心

我国人民自古以来就具有重视思想道德修炼的美好传统。古代的思想教育家孔子说过："弟子，入则孝，出则梯，谨而信，泛爱众，而亲仁。行有余力，则以学文。"他所提倡的品德修炼，其内容的要求高度与我们今天倡导的"德"有所不一，但内涵是完全一致的。

自新中国成立以来，我们党始终贯彻德智体全面发展的教育方针，以培养有社会主义觉悟的有文化的劳动者为目标。周恩来同志在1950年全国教育工作会议上的讲话中指出："我们的教育是大众的，是为人民服务的，这是我们的教育方向。"毛泽东同志在1957年《关于正确处理人民内部矛盾的问题》中明确指出："我们的教育方针，应该使受教育者在德育、智育、体育几方面都得到发展，成为有社会主义觉悟的有文化的劳动者。"后又提出：教育必须为无产阶级政治服务，必须同生产劳动相结合。在这样的教育方针指导下，我国培养出了一大批具有坚定的共产主义信念，对党的事业无限忠诚的社会主义事业的建设者。他们中有在科技领域做出杰出贡献的陈景润、陈章良等，

有忠实的人民公仆焦裕禄、孔繁森，也有无数雷锋、徐虎式的无名英雄。随着我国社会主义现代化建设事业的不断发展，我们党的教育方针始终以马列主义毛泽东思想和邓小平理论为指导，以培养德智体美劳全面发展的新型建设人才为目标。

总之，青年学生只有具备了共产主义道德品质，他所学到的知识才能服务于全人类的进步事业。因此，我们要"把青少年培养成为忠于社会主义国家，忠于无产阶级革命事业，忠于马克思列宁主义、毛泽东思想、邓小平理论的优秀人才，将来走向工作岗位，成为有很高的政治责任心和集体主义精神，有坚定的革命思想和实事求是、群众路线的工作作风，严守纪律，专心致志地为人民积极工作的劳动者"，把个人价值的实现融于全心全意为人民服务之中。

综上所述，我国高等教育中实施素质教育，必须始终不渝地贯彻党的教育方针，高度重视思想道德素质教育。不仅要使学生学到适应现代化建设需求的业务技术技能和处理解决复杂问题的能力，更重要的是教育他们树立坚定的共产主义信念，树立正确的人生观和价值观，在政治上、业务上健康成长，为将来走向社会主义现代化建设主战场打下坚实的思想基础和业务基础。

第二节　大学生德育发展在高职院校素质教育中的地位和作用

思想政治教育，在各级各类学校都要摆在重要地位，任何时候都不能放松和削弱。要说素质，思想政治素质是最重要的素质。不断增强学生和群众的爱国主义、集体主义、社会主义思想，是素质教育的灵魂。

当前，高等教育肩负着培养新世纪人才的神圣使命，正确理解素质教育的内涵，科学处理好德育与素质教育的关系，这是我们在当前高职院校改革中一个应予高度重视、认真研究、确保落实的问题。

一、科学认识素质教育的内涵

《辞海》对"素质"是从心理学的角度这样定义的："素质只是人的发展的生理条件，不能决定人的心理的内容和发展水平。人的心理素质源于社会实践，素质也是在社会实践中逐步发育和成熟起来的，某些素质上的缺陷可以通过实践和学习获得不同程度的补偿。"素质教育中的素质概念，在内涵和外延上有了新的扩展，融入了教育学、伦理学、社会学及美育、体育等多方面的基本要素，可以说是个综合概念。它包括思想道德素质、业务技术素质、文化审美素质和生理心理素质等要素及品质。而素质教育就是要全面贯彻党的教育方针，把德育、智育、体育、美育等方面有机地结合起来，统一在教育的各个环节之中，以提高国民素质为根本宗旨，以培养学生的创新精神和实践能力为重点，培养造就"有理想、有道德、有文化、有纪律"德智体美全面发展的社会主义事业建设者和接班人。应该说，就21世纪人才的培养与发展而言，这些方面的素质是缺一不可的，必须互相渗透，全面协调发展。

素质教育是社会发展的必然产物，是社会对人才需求发展的必然趋势。素质教育的内涵，即素质教育是充分发挥每个人潜能的教育，是落实全面发展教育方针的教育模式，是现代教育，是注重学生创新精神和实践能力培养的教育，是注重学生个性健康发展的教育，是社会主义市场经济对人才素质特殊要求的体现，是着眼于人的可持续发展的教育，是使人的素质综合发展的教育，是使人的适应性与创造性相统一的教育。

素质教育已成为当今中国的主流。它的提出既是逻辑的必然，也是历史的必然；它关注人的发展，有其特定的现代哲学、心理学与教育学基础；它的实践性与现代性表明，它是全面发展教育在现代的丰富与发展。然而，当前教育界却有不少人不能正确认识和理解素质教育的真正含义，由此导致教育观念混乱，不仅曲解了素质教育的本质，而且将教育实践引入了误区。

实施素质教育要求我们特别注重人的知识、能力和素质结构的和谐发展，以及创新能力、竞争能力和综合能力的全面提高；要求高等教育在人才培养中，要特别注重加强全面的素质教育，建立以高素质创造性为特征的人才培养模式。这种全面的、综合的素质教育的实现，对高等教育提出了更高的要求和崭新的课题，有效地拓展了高等教育的领域和空间。

二、正确认识德育在全面实施素质教育中的地位和作用

德育即思想、政治和品德教育，是学校教育的重要组成部分，它与智育、体育、美育等密切协调，共同育人。德育是素质教育的重中之重，高素质高质量人才的培养，首先要靠德育来保证，要靠科学的理论来导航，要靠高尚的道德品格来驱动。德育在全面实施素质教育中的突出地位和重要作用可以概括为如下几点。

（一）德育在素质教育中居于首位

德育关系到学校的性质、办学方向、培养目标等主要问题，关系到培养出来的人具有什么样的世界观、人生观和价值观，关系到能否培养出德才兼备的合格人才。德育在素质内涵诸成分中处于灵魂的地位，在学校教育中必

须把德育放在首位。强调素质教育，并不是教育的方向和目标有所改变，而是对教育提出了更高的要求。因此，在实施素质教育中，必须同样坚持把德育放在首位的原则。

重视德育是我们党多年来一贯坚持和强调的优良传统，也是邓小平教育理论的重要内容。早在 1978 年 4 月，邓小平同志就明确指出："毫无疑问，学校应该永远把坚定正确的政治方向放在第一位。"他多次强调："要加强各级学校的政治教育、形势教育、思想教育，包括人生观教育、道德教育。"他提出的培育"四有"新人目标，突出了有理想、有道德、有纪律等思想政治和品德方面的要求。2014 年 5 月习近平与北京大学师生座谈时的讲话指出：一个人只有明大德、守公德、严私德，其才方能用得其所。修德，既要立意高远，又要立足平实。踏踏实实修好公德、私德，学会劳动、学会勤俭，学会感恩、学会助人，学会谦让、学会宽容，学会自省、学会自律。

（二）德育对学生素质的全面提高具有重要的作用

因为德育是一项塑造人灵魂的工程，是教学生如何做人的工作，对大学生的培养和发展来说，德、智、体、美各方面的素质必须协调发展，缺一不可，但思想政治素质是最根本的素质、最核心的素质。德育作为诸育之首，应当充分发挥其对大学生全面素质的培养和形成所具有的导向、动力、保证作用。

1. 导向作用

在校大学生的年龄一般在 18～23 岁之间，是获取知识、发展智力的最佳时期，也是他们道德感最积极的发展时期。他们的个性正处在一个形成与发展、稳定与波动并存的活跃的阶段。大学生的社会意识、社会评价、道德认识和道德品质，都需要通过教育者的传授；大学生的社会责任感、道德情感、创新与献身精神，都需要教育者的培养；大学生的气质与性格、兴趣与爱好、行为与习惯，也都需要教育者去帮助养成，而这一切教育任务，都是通过大学德育的导向作用来实现的。

德育是素质教育的灵魂之所系，对整个素质教育固然起着统帅和导向的作用，但德育决不能游离于素质教育之外，而是要渗透到素质教育的各个环节之中，贯穿于人才培养的全部过程。德育和思想政治教育虽然是素质教育的灵魂，但灵魂也必须有所依托，必须拥有自己的载体。因此，德育不能脱离其他科学知识的教育，不能脱离智育、体育和美育。而只有渗透到智育、体育、美育的各个环节之中才有可能获得时间、空间上的极大拓展，才会真正贯穿到人才培养的全部领域和全部过程，才会使爱国主义、集体主义、社会主义思想在大学生头脑中真正牢固地树立起来。

2. 动力作用

大学德育要通过思想政治教育、人生观教育和专业思想、职业道德等教育，帮助学生明确学习目的，引导他们把实现个人理想与报效祖国、服务人民紧密结合起来，培养和激发学习动力，不断提高学习的积极性、主动性和创造性，形成相互帮助、竞争向上、活跃有序的学习环境。良好的素质一旦形成，就会变成一种巨大的精神动力，促使一个人朝着既定的目标前进。良好的素质能促使学生刻苦学习，自觉实践，正确地面对各种挫折，经受困难考验，顽强拼搏，不断进取，用自己的聪明才智为祖国和人民做贡献。

道德作为一种特殊的意识形态，具有相对的独立性，它对大学生综合素质的全面形成和发展起着不可忽视的能动作用。在实施素质教育过程中，德育作为核心是大有可为、大有用武之地的。德育的出发点绝不是禁锢人、束缚人、约束人，而是创造条件使人得到全面发展。诚然，德育不能代替智育，但德育能够激发调动学生的主观能动性，促进智力活动。同时，德育在开发非智力因素、培养学生创造能力方面也具有不可替代的教育作用。我们应将教育的视野从智育领域扩展到非智力领域，更多地注重学生道德品格、理想信念和思维方式的教育，更多地致力于发展和开发蕴藏在学生身上的潜在创造性品质，激励并促进他们在情感、道德判断力等诸方面的全面发展。

3. 保证作用

大学生是青年中比较活跃、比较敏锐、观念新颖、敢于创新的一代，而且具有较大的政治能量和社会影响。高职院校的稳定，不仅是办好大学、提高教学质量和科研水平、培养合格人才的前提条件，而且对于社会生活也会产生巨大的积极作用。因此，通过德育不断提高学生维护安定团结的认识，引导学生正确认识民主与集中、民主与法制、自由与纪律的关系，是十分重要的。由此可见，大学德育不仅对学生素质的全面提高起保证作用，而且对精神文明建设及社会稳定也起到一定的保证作用。

德育的重要使命就是陶冶人性，铸造健康饱满的人格。21 世纪的教育，不仅要使学生有知识，会做事，更要学会做人。我们通过对毕业生的跟踪调查发现，少部分毕业生过分重视知识和技能的东西，而忽略了做人的根本，过分重视功利的东西，而忽略了情感和理想。有些用人单位语重心长地提出，学生首先要学会做人，做人是做事的基础，如果人都做不了，还做什么事？诚然，办学要以人为本，做人要以德为本，要成才，先成人，不成人，宁无才。因为做人是做事的基础，是成才的保证，"有德无才要误事，有才无德要坏事。"意大利诗人但丁有句名言："一个知识不全的人可以用道德去弥补，而一个道德不全的人却难以用知识去弥补。"能力不足责任可补；责任不够能力不能补。能力有限，责任无限。中国历史上强调做君子，德胜才是君子，才胜德是小人，德才兼备才是圣人。我们只有把学生培养成有志有为、德才兼备的人，才是对理想、信念、责任的升华。国际上也有许多教育专家认为，现代教育不但要让学生学会生存，而且还要让他们学会关心他人，关心集体，关心社会，关心人类。

总之，办好高职院校要以人为本、以德为本，在全面实施素质教育中，一定要自始至终地坚持把德育放在首位的原则，这是我国现代化建设的一项紧迫任务，是我国教育事业的深刻变革。因此，高职院校德育必须按照素质教育的要求进行加强和改进，以充分发挥其在培养适应 21 世纪需要的合格人才方面的重大作用。

第三节 新形势下高职院校思想政治教育工作的环境建设

社会环境对大学生良好思想政治素质的形成和提高其影响和作用力越来越大，优化社会环境是大学生思想政治教育工作取得最优效果的重要途径。这是新形势下高职院校学生思想政治教育工作的一个新特点。

一、环境的内涵

任何社会都是一定的经济基础和上层建筑以及社会意识形态相结合的统一体。经济、政治、文化三个方面的有机结合，使社会得以生存和发展。环境是指作为自然界与人类社会的主体所享有的所有外部条件的综合，是指人生活在其中并给人以影响的整个客观世界，人们生活于这个环境之中，并受到这个环境的影响，形成不同的思想及行为。对人的发展起巨大作用的是社会环境，即社会经济环境、国家政治环境、大众文化环境、民族心理环境等，人的思想和行为与环境有着密切的关系。21 世纪是一个高科技时代和信息社会，社会将更加开放，在一个开放的系统中，每一种体现某种思想道德观念的行为，一旦因鼓励或不受惩罚而"风行"为一种倾向性行为，就会形成一种导向。环境对人的思想品德的影响是一种社会导向，环境条件的每一个重大变化都会给人们的政治态度、思想意识、道德水平以直接的影响，总是有形无形地使人们按社会的一定要求去做，具有导向功能；良好的社会环境一旦形成，就会出现一种无形的社会压力，迫使生活于其间的人们不得不尽快消除自己思想政治现状与社会环境的反差，从而对人们思想品质的养成和发展的方向产生一种无形的强制规范作用。社会环境还有激抑作用，它大多表现为良好的社会环境对个体产生一种激励作用，不良的社会环境则会对个体产生抑制作用。社会环境的先入为主、直接具体、时空广泛等特性也极大促进了其对人们的思想品质、政治态度、价值观念的影响。总之，社会环境是一把双刃剑。

二、环境在思想政治教育工作中的功能

环境对人才的培养至关重要，对大学生思想政治教育的作用更为特殊。众所周知，思想政治教育活动是由教育主体、教育对象和环境三个基本因素构成的。思想政治教育要解决的基本矛盾是社会需要的思想政治目标与个体现有思想程度的矛盾。这个矛盾的产生和解决取决于教育者、受教育者和教育环境这三个基本因素的相互联系和个体思想政治素质满足社会的需要，这一目标的实现则是三个因素综合运动、互相作用的结果。社会环境在整个思想政治教育过程中的地位和作用如下。

（一）环境是思想政治教育的载体，是构成思想政治教育过程不可缺少的有机组成部分

任何思想政治教育活动，尤其是学校的思想政治教育工作总是由教育者参加，而教育者在教育活动中始终居于主导地位，有计划、有组织、有目的、有措施地对受教育者实施主动教育。但无论是教育者的教育，还是受教育者接受教育或实现自我教育，都离不开一定的环境。没有环境，就谈不上教育。

（二）环境对个体的思想政治行为起着潜移默化的作用

社会环境对教育效果有着十分重要的影响，这种来自外界的影响不论是积极的还是消极的，不管是物质的还是精神的，都直接关系到人们的思想、观念、行为的形成，这就决定了不同时代的人，或同一个时代处于不同社会环境的人，在思想政治素质方面存在明显的差异。

（三）社会环境对大学生具有更大的力量

社会环境具有真实、客观、具体、形象等特点，它对大学生的影响要比学校教育更强烈、更奏效。大学生正处在社会化的关键时期，社会环境中的各种现象、事物都能引起他们极大的兴趣，并为他们所仿效。大学生这种积极主动接受社会环境的影响和教育，便构成了社会环境对大学生积极主动的思想政治教育有更大教育力量的重要基础。

三、优化思想政治教育工作环境的途径和方法

综上所述，社会环境包围着大学生。优化社会环境是新形势下大学生思想政治教育取得最优效果的重要途径，是功在千秋的伟业。思想政治工作者如果看不到这一点，那将是战略性的失误。优化社会环境是一个系统工程，需要做的事很多，当前应主要从以下几方面入手。

（一）净化社会风气

净化社会风气是优化社会环境的首要任务。我们今天面临的是改革开放的环境和市场经济体制的氛围，可以说，目前我国社会风气的主流是好的，但市场经济的消极因素，如拜金主义、享乐主义、个人主义、功利主义等腐朽思想对大学生的影响十分严重。社会上流传的"学校德育百日功，顶不住校外一阵风"显然有夸大之嫌，但它告诉我们有越来越多的大学生成为社会不良风气的受害者。净化社会风气的关键在于抓好执政党的党风建设，党风对社会风气起着引导、制约和决定的作用，党风在客观上是民风的楷模。严惩腐败现象对党风的好转和社会风气的净化有积极的促进作用。净化社会风气的根本在于加强公民道德教育。社会风气的好坏直接取决于全社会每一位公民的道德修养水平，只要我们坚持不懈地向每一位公民进行职业道德、家庭美德和社会公德教育，依靠道德的规范和法制的强制共向作用，社会风气一定能够得到净化。

（二）弘扬主旋律

社会导向对人的思想政治素质的形成和发展影响很大，对思想政治教育的影响和制约更为直接深刻，它对引导社会成员的言行具有很强的权威性。高举建设有中国特色的社会主义伟大旗帜，坚持党的基本路线，发扬爱国主义、集体主义、社会主义精神，继承中华民族的传统美德，同心同德，艰苦创业，为实现社会主义现代化建设的宏伟目标而奋斗，这是当代中国的主旋律。优化社会环境必须从净化人们的心灵抓起，加强精神文明建设，真正做到以科学的理论武装人，以正确的舆论引导人，以高尚的精神塑造人，以优秀的作品鼓舞人，不断培养和造就"四有"新人。弘扬主旋律是历史发展的客观要求，也是优化社会环境的根本举措。要运用道德、法律、行政、经济等手段促进主旋律的弘扬，确保爱国主义、集体主义和社会主义这个三位一体的主旋律，在建设有中国特色的社会主义历史舞台上始终发出时代的最强音。

（三）优化教育环境

创造良好的教育环境是学校的神圣职责和优势，但在有些地方校内教育

环境并没有实现应有的优化。当前优化教育环境应从以下几方面做起：

1. 优化德育环境

十一届三中全会以后，我们党成功地实现了工作重心的转移，但学校教育怎样实现自身工作重点的转移，则是一个始终没有完全解决好的重大问题。集中表现在办学指导思想上重智育、轻德育，没有把德育放在学校教育的首位，以致出现"德育弱势"。所谓"德育弱势"，从教育者来说突出表现为德育仍然处于"说起来重要，做起来次要，忙起来不要"的境地；从受教育者来说，突出表现为"学起来应付，做起来走样"。在一些学生那里，德育仅仅被当作应试的工具，应聘的装饰。因此，优化德育环境必须排除各种干扰，使全社会都要担负起这个责任，共同关心青少年的健康成长。

2. 优化校园环境

建设科学、健康、高雅的校园文化，努力提高学生文化素质和学校的文化品位，是优化校园环境的关键。当前应做好如下工作。

首先要大力培养优良的校风学风。在学风建设过程中，注意社会性、科学性、民族性等特点。根据自身院校的特征，形成各具特色的良好学风，是当今校园文化建设的新课题。

其次要建立和健全优良的制度体系。严格遵循从严治校、是非分明、积极引导、相互配合等原则，使管理工作不断丰富其思想内涵，把思想政治教育工作渗透到管理工作的各个环节中去。

再次要建设和维护优美和谐的校园环境。环境既是学校物质文明建设的成果，又是学校精神文明建设的反映，它对学生精神的陶冶和感染作用不应低估。

最后要组织和推动丰富多彩的校园科技文化体育活动。这是活跃校园生活、提高人文素质、形成优良校风的重要组成部分。

总之，要通过校园文化建设，促进学校各部门工作之间紧密配合，做到协调有序地正常运行，使整个思想政治教育工作的系统性功能得以发挥。

3. 优化校园网络信息

互联网也是一把双刃剑，它的产生和越来越广泛的应用给高职院校思想政治教育工作提出了新的课题。高职院校不再是封闭的"象牙塔"，学生也根本不可能做到"两耳不闻窗外事"。相反，现在的高职院校已经成为社会信息化程度最高的团体，同时也是综合信息量最庞大的焦点。计算机互联网络上的内容纷繁复杂，其中不乏精神垃圾，其对大学生思想上的影响不容忽视。可以说，网络正在改变着当代大学生的学习和生活模式，影响着大学生的价值观和人生观。高职院校应充分认识互联网对思想政治教育工作的影响，要通过加强指导、强化管理、堵疏结合、趋利避害等措施，牢牢把握思想政治教育工作的主动权，积极应对信息网络技术的挑战。

综上所述，人的政治思想和道德观念是在社会的经济、政治、文化等关系中形成和发展的，当代大学生的成长及其思想政治素质也必然受到社会环境的影响。良好的社会环境会使培养跨世纪人才的思想政治工作事半功倍，这是新形势下高职院校思想政治工作的一个新特点。全党全社会都应致力于此，努力为学校的思想政治工作创造一个良好的社会育人环境。

第四节 加强美育教学，提高大学生艺术鉴赏能力

党的十八大报告在谈到扎实推进社会主义文化强国建设时提出："全面提高公民道德素质。这是社会主义道德建设的基本任务。要坚持依法治国和以德治国相结合，加强社会公德、职业道德、家庭美德、个人品德教育，弘扬中华传统美德，弘扬时代新风。"那么何谓"素质"？何谓"素质教育"？它们之间又有些什么样的内在联系？对此，理论界的意见是不一致的，因此要想弄清楚"素质教育"，不妨先从何谓"素质"入手。

一、时代需要素质教育

单纯去从"素质"这个概念上去讲，《辞海》中说它主要是指感觉和神经方面的生理特点，并且带有先天的特征。素质本身是无法教育的，而素质教育这一概念从根本上讲，则可以说是在人的固有的感觉器官和神经系统的生理条件基础上，开发和促进人的心理发展，并赋予人的心理内容和提升人的发展水平的工作与活动。一个是生理的东西，一个是心理的东西；一个是先天性的，一个是后天性的；一个是潜在的，一个是发展的；一个是不完善的，有缺陷的，一个是需要获得的，需要补偿的。这样理解，也就看清了素质与素质教育之间内在的联系。毫无疑问，素质教育不是一般的知识教育、技能教育、操作教育，而是一种具有开发性的心理教育、情感教育、意志道德教育和人的整体发展水准教育。归根结底，素质教育是一种世界观、人生观、审美观和价值观的教育。因为人的素质在未经过各种社会实践（包括学习）锻炼之前，注定带有某种不适应性，带有某种缺陷。所以，从这个意义上讲，素质教育其实是一种可以起到弥补和代偿作用的补偿教育，亦即通过合理而有效的社会实践途径，使人的健康优秀心理内容发育和成熟起来，以纠正先天的不足。那种把素质教育仅仅看作是应试教育、专业知识教育的对应物，或者把素质教育简单定位在适应社会市场人才需求的技能教育的看法，

显然是具有片面性的。应试教育是一切围绕着升学、考试的教育模式，固然是失当的。但能说素质教育就是摆脱一切围绕升学、考试的教育模式吗？摆脱了又该干什么？难道应试教育就是没有特点的素质教育？如果将素质教育变成仅仅为就职择业服务的所谓本职、技能教育，那它在科技文化迅猛发展的今天还能有多大的吸引力和说服力？所以，问题的关键还是要通过一定的方式和手段来决定和影响人的心理的内容，来推进人的全面发展水平的提高，这应当是素质教育的基本方向。素质教育是时代发展的需要。21世纪的今天，多学科的结合是科学发展更为突出的特点，人才的基础知识结构也将即专又博，特别是对人、对事物的观察和思考，如何具有辩证的世界观和方法论，能将真善美的因素作为一个整体统一起来，并具有创新意识，将成为人才所具备的心理素质的重心。另外，从个体思维发展规律也能看到素质教育的重要性，从"动作思维"到"形象思维"再到"逻辑思维"，这是个体思维发展不同的阶段，任何一种新的心理过程或心理特征，都不是瞬间骤然产生的，它在产生之前，就已逐渐有了萌芽形式的孕育过程，而这一新的心理过程和心理特征形成之后，又不会是静止的、不变的，它仍将处于不断的发展、变化或完善之中，这就要求应当有一个适当的"素质教育"始终伴随其中。从实际情况来看，由于经济生活的变化，各种思潮的影响，社会活动空间的扩大，教育领域确实产生了一些需要重视和解决的问题。"高分低能"是一种表现，学生有较多的知识和专业文化，并不一定代表其态度与专业知识水平成正比，束缚和制约着他们向高层次的发展。这说明，端正世界观、人生观、价值观，开展全面的素质教育，有着极其现实的必要性。

二、艺术教育是素质教育的重要组成部分

素质教育是一个系统，而艺术教育则是素质教育的一个有效手段和一个不可或缺的重要方面，由于艺术教育古今中外概莫能外的实质恰恰是通过情感与心理中介的训练和培养达到影响人的审美观、人生观、价值观的目的，因此它在决定人的心理内容和发展水平上，在弥补人的素质缺陷上，在促进人的健康的心理成熟上，有着其他教育方式不可替代的功能。它是一种心灵的体操，一种灵魂的净化剂，最能穿透某些人感情麻木的铠甲，使受教育者在内心世界留下深深的印痕。

艺术教育实质是培养人的审美情感，塑造人的审美心理结构。而审美心理结构是指人们欣赏和创造美的活动中各种心理能力，及丰富的想象力和深刻的理解能力的协调统一。正如人们所说：教育科学之所以伟大，正是因为它有意识地为塑造人的心理结构而努力，人要获得一种结构、一种能力、一

种把握世界的方式，而不只是知识。知识是重要的，但知识是死的，而心理则是活的能力和能量。这种高层次的审美心理结构的形式，首先是要使人们具有丰富的内在情感，而内在情感的体验和积累，只有通过外部自然形式、艺术形式和社会形式的把握才能完成，所以只有艺术教育才能完成这个任务。近年来的艺术教育研究成果表明，教育中实施艺术教育是不局限于狭义的概念，它应是全民素质教育的重要组成部分，因此艺术教育的内容应该包罗一切引起人们美感的客观事物，自然美、社会美、生活美、艺术美都是艺术教育的极好内容，人的审美观、审美意识是在社会实践中发展起来的，这说明无论审美对象还是审美主体都是社会实践的产物，正是由于社会观方面产生了客观世界的美，也在主观方面产生了人对客观世界的审美意识，但个体审美心理、意识的构建却是要通过艺术教育来实现，只有通过各种艺术教育实践活动才能培养人们具有健全的审美心理结构，使人的感觉、知觉、情思、现象、理解等各种能力得到提高和相互协调。因此，艺术教育就是运用人类在长期的实践活动中所创造的各种产品和总结出来的艺术欣赏、艺术创作规律来影响个体的感官和心理，增强其审美创造力，与此同时又把那些因贫困、因不合理的制度和片面的教育而失去的感受力恢复和发展起来，使个人在比较短的时间内，以一种较为平衡协调的心理结构去对美的现象或形式做出正确反应，从而促进和影响其智力的发展、行为的高尚、心灵的完善。如今，时代条件和生活质量都提高了，我们理应把艺术教育搞得更好，使它在整体的素质教育中发挥出更大能量。

三、艺术教育在素质教育中具有独特作用

艺术教育包括技能教育，但不能归结为技能教育。艺术教育说到底是人的精神文明教育，或简明地说是"修养"的教育，是"灵魂"的教育，是"做人"的教育。艺术教育看起来是对人的微观行为的教导，是人的情感世界的东西，但它对人的宏观方面的建树和成长，对人的全身心的发展，起着潜移默化的促进和补充作用，它与思想政治教育、道德伦理教育、行为规范教育一道，相互配合又相互渗透地在人的整体心理和精神素质塑造方面发挥着功能。早在古希腊时期，亚里士多德就谈道："音乐应该学习，并不只是为着某一目的，而是同时为着几个目的，那就是教育、净化、精神享受，也就是紧张劳动后的安静和休息。"这里，显然是把心理、精神领域的"教育""净化"和"审美"的因素提到了显著的位置。列宁有句名言："没有'人的感情'，就从来没有也不可能有人对真理的追求。"这对我们理解艺术教育在素质教育中不可替代的独特作用是有帮助的。正是艺术教育波及心灵的感情色彩，容

易成为引导人们走向光明和美好的火炬。

强调艺术教育的精神内涵，一则是与艺术教育特质相吻合，一则也同党的基本方针相一致。贯彻党的教育方针，关键是重视受教育者素质提高，培养德、智、体、美等方面发展的社会主义事业的建设者和接班人。艺术教育是教育方针的题中应有之义，是为提高受教育者素质的全面发展服务的。归根结底，是要培养适应社会主义现代化需求的"四有"新人。从文化社会学意义上来说，素质主要指"思想道德素质"和"科学文化素质"两方面，"体魄心理素质"是一个物质基础性因素。这三者是有区分性的。而在这三个领域中，具有相关性功能的正是审美艺术教育，审美价值取向对一个人的德、智、体三方面的发育和成熟，对形成共同理想和精神支持，对心理和人际能力调整，都发挥着规律性的积极导向作用。以理想教育为例，它可以是多样的，有层次的，但不能是"多元"的，道德教育亦是如此，它应分级、分档，区别对待。但道德哲学和原则不应是"多元"的，这样就需要在理想和道德教育中把先进性和广泛性结合起来。谁能在这个"结合"中扮演一个难以扮演的"协调"角色呢？看来最有效的还是审美艺术教育。这也就是缘于它的"整体相关性功能"。从这种定位出发，强调艺术教育的"精神净化"作用，强调艺术教育自身的"心理"和"境界"的气质性，强调它在心灵和智力支持上的动力性，也就有了较为坚实的根据。因此，审美艺术教育尽管有自己相对的独立性，但它还是和其他三方面相辅相成。以思维道德教育来说，审美艺术教育通过美的事物陶冶青年学生，使之形成高尚的情操和志趣，这自然有助于青年学生思想品德提高。就思想道德修养这门课本身来讲，如果能贯穿审美教育的形象性、情感性原则，也必然会收到好的教育效果。思想教育工作的经验普遍证明，公式化、概念化生硬与抽象的说教效果是不尽如人意的，因而有人就提出通过审美教育的桥梁进行思想道德教育，动之以情，晓之以理。这种有机的结合，无疑将有助于克服片面性。单从这个角度来看，也能证明进行素质教育和在素质教育中加强艺术教育的必要性。

四、时代呼唤加强艺术教育

艺术教育的水平，在相当大程度上体现着社会文明的水准，体现着教育的水准。艺术教育在整个素质教育系统工程中，虽不能说处于"中心"地位，但也绝不是处于"边缘"状态，它既有正面建设的功能，也有可以帮助道德教育、思想教育起到廓清消极、腐败、落后和污秽所产生的精神垃圾的功能。任何一个明智的教育家都会意识到：光有品行没有知识是脆弱的，但没有品行光有知识是危险的，是对社会的潜在威胁。现在我们之所以强调素质教育，其原因就在于，面对国际间科学技术的迅猛发展和综合国力的激烈竞争，面对世界范围内各种思想文化的冲突激荡，面对民族振兴事业兴旺的历史性任务，振奋起民族精神，凝聚和激励起人民的力量，培养出一代代高素质的人，这才是最根本的关乎全局的大事。在这一大背景下，呼吁和支持艺术教育在条件可能的情况下尽量出现在素质教育的前台，就有了更加突出的迫切性。

当今艺术教育尽管已成为素质教育中的一个热门话题，但艺术教育在素质教育中所要达到的目标，怎样在艺术教育中实施素质教育，艺术教育在素质教育中的地位和作用究竟如何，还有许多深入的理论问题需要探讨。目前艺术教育在素质教育中的现状、艺术教育在自身科研方面相对滞后等问题，应该努力加以改善。要真正切实地实施艺术教育，还会遇到许多实际问题和困难，这就需要进一步探求解决的办法和途径，同时也需要尽快建立起高效能的艺术教育网络，打开一个全新的局面。

第九章 高职院校大学生思想政治教育模式创新研究

第一节 高职院校大学生思想政治教育模式新探讨

高职院校思想政治教育是高等教育的重要组成部分，是一切专业教育的基础和前提条件。改革开放以来，我国高职院校思想政治教育取得了长足的发展，随着国际国内一系列新变化、新情况的不断出现，高职院校思想政治教育面临严峻挑战。如何适应形势的变化，探索高职院校思想政治教育的新模式，是每一个思想政治教育者的责任。

一、"两课"课堂教学仍是高职院校思想政治教育的主渠道

经过长期的教学改革，我国高职院校基本确立了"两课"为主的理论课体系，即以马克思主义理论课与思想品德课为主框架，在高职院校学生中进行系统的、基础性的理论教育，形成既相互独立、又相互联系的思想政治教育的有机整体。通过"两课"学习，使学生系统了解马列主义发展的脉络，掌握马克思主义基本原理、毛泽东思想和邓小平理论的主要内容及精神实质，从而确立马克思主义的人生观、道德观、世界观，学会以马克思主义的立场、观点和方法分析、解决现实问题，从根本上奠定了高职院校思想政治教育的坚实基础。在这一学习过程中，课堂教育是最主要的手段。然而传统的"一言堂"式单调呆板的灌输教学模式越来越不适应新形势的需要，为发挥课堂这一思想政治教育主阵地作用，应从两个方面改革教学模式：

一是在教学内容上，理论课教师不应有意回避而要结合有关理论，针对诸如苏联、东欧剧变以来部分青年人中出现的对马克思主义的信仰危机、伴随经济全球化而来的西方文化与社会思潮对青年学生的强烈冲击、中国社会主义市场经济确立和完善过程中理论与现实的巨大反差给学生造成的困惑等等问题，敢于、善于作出正面的、有说服力的解答，引导学生积极思考，使

学生能够根据马克思主义的基本原则和基本方法，不断结合变化着的实际，探索解决新问题的答案。在课堂教学中教师要始终坚持正确的舆论导向，旗帜鲜明地反对各种错误思潮和错误倾向。

二是在教学方法上，要结合青年学生思想活跃、求知好奇、善于接受新事物等特点，不断探索与之相适应的课堂教学模式，利用课堂讨论、师生辩论，就学生普遍关心的问题进行专题讲座等多种方式活跃课堂气氛，调动学生学习兴趣和热情，引导学生积极主动地参与到学习过程中。同时注重利用电视教学、幻灯教学、多媒体教学等多种现代科技手段，通过大量史实材料，生动、形象、直观地对学生进行理论教育，从而丰富课堂内容和形式，使学生在学习基础理论的同时，既可获取大量信息、开阔眼界、活跃思维，又从历史、现实与理论的结合上，更深一步地体会马克思主义理论的精神实质和科学价值。

二、丰富多彩的校园活动是高职院校思想政治教育不可忽视的辅助手段

校园活动是大学生的"第二课堂"，其课余活动主要集中在校园活动中进行。如果说课堂教育从本质上难以改变"灌输"性质的话，那么利用校园活动进行思想政治教育就更具有因势利导的优势。校园活动从形式到内容都丰富多彩，极受学生欢迎，特别是在这些活动中学生都是主动、热情地参与其中的，在形式上更易于接受思想教育。有些院校则经常请来一些学者、专家、企业家作专题报告、讲座，吸引了大批学生，内容涉及学生所关注的一系列国内外重大事件及问题，如有关人权、知识经济、国企改革等等。这些讲座具有很强的针对性、时效性，从不同的侧面进一步解决了学生的思想困惑，开拓了视野，弥补了课堂教学的某些不足。由院、系或学生组织的大型演讲赛、辩论赛、征文比赛等活动频繁地展开，以多种形式和丰富的内容调动了学生参与和学习的热情。通过上述校园活动，既提高了学生的综合素质，丰富了课余生活，又在课堂之外进行了潜移默化的思想政治教育，无形中形成了课堂教育的延续，发挥了难以替代的补充和强化作用。

三、以网络和实践活动为纽带的社会"大课堂"越来越成为思想政治教育的重要舞台

思想政治教育是一个连续的过程，同时在空间上不可避免地涉及课堂、校园之外的社会。随着时代和科学技术的迅猛发展，高职院校已经越来越摆脱了封闭的"象牙塔"形象，与社会发生密切的、广泛的联系，日益形成校

园与社会的二元结构。高职院校思想政治教育也因此面临许多新领域、新挑战。关键在于如何在手段、方式上进行改革创新以适应这一变化，其中一个重要内容就是利用信息网络技术，在虚拟的网络世界中发挥正确导向的作用。近年来中国互联网蓬勃发展，对我国经济、文化、科技和社会发展产生了巨大的推动作用。由于在信息传递、资源共享方面拥有无以比拟的优势，互联网络正在日益改变着我们的生活。越来越多的大学生通过上网，以全新的方式不受时空限制地与社会发生着密切的联系。而伴随着这一变化，信息网络的负面影响也不可否认、不容忽视地出现。西方资产阶级人生观、价值观、道德观和有害青少年身心健康的黄色流毒的网上泛滥，极大地影响着青年学生的思想道德。忽视这一事实，将使课堂思想政治教育前功尽弃。因此，要重视和充分运用信息网络技术，使思想政治工作提高实效性，扩大覆盖面，增强影响力。在高职院校应加强网络管理，监控校园网络，切断校园网与反动、黄色等不良网址的通道，清除有害网络信息。同时建立积极健康的校园思想政治工作网站，利用网络资源增进思想交流和交锋，在网络的虚拟社会中，坚持正面宣传教育，以正确的舆论和科学的理论引导青年学生，在实践上占领网络这一全新领域，使之成为思想政治教育的重要舞台。

大学生终究是要走向社会、服务社会的。因此强化思想政治教育的实践环节，以丰富的社会实践活动让大学生在学习期间关注社会、接触社会，在社会实践中了解社会，认识国情，进一步强化政治思想教育，提高认识，是高职院校思想政治教育的重要环节，也是贯彻理论联系实际的重要手段。在方式上，可以利用学生寒假、暑假回乡之际，拟定考察内容，布置社会考察任务，使学生进一步了解家乡、了解社会、了解国情，也可组织学生参观、考察各类企业或到经济文化落后地区帮困扶贫等，使学生在教师引导下自觉运用课本上学到的理论知识，解决现实中遇到的问题，从而在实践中有效解决思想认识问题，提高分析和解决社会问题的能力。

总而言之，在课堂、校园、社会的思想政治教育模式中，思想政治教育以融会贯通，环环相扣，互为补充，互相推动，形成了一个多层次、全方位、不间断的完整过程。在这一过程中既运用传统教育手段，又大胆改革创新，运用了多种现代科学技术，充分体现了思想政治教育实施过程的科学性、针对性和层次性，极大改变了传统思想政治教育的单一模式，更符合时代的要求，从而有力推动高职院校思想政治教育的进一步发展。

第二节 树立大学生思想政治教育现代服务意识

随着改革开放的深入发展，社会经济、政治、文化、人们的思想观念等方面已发生了一系列深刻变化，这就要求思想政治教育工作必须通过改革来不断适应新的实践的发展。而思想政治教育改革虽然取得了巨大成就，但仍远远落后于时代发展的需要，出现了思路滞后、方法滞后、内容滞后、观念滞后等一系列问题，严重制约着思想政治教育的顺利开展和预期效果的实现。当今时代高速发展，高校的思想政治教育工作面临着前所未有的机遇和挑战，我们一方面要抢抓机遇，乘势而上，另一方面要主动迎接挑战，努力推动思想政治教育工作的现代化特别是教育思想观念的现代化。新形势下，以市场为导向，树立思想政治教育的服务意识显得尤为重要。树立服务意识就是要自觉地把思想政治教育的位置摆正，从经济建设、党的路线方针着眼，从学生的实际需要出发，而不是从我们的主观臆断出发，真正地帮助当代大学生排除人生道路上的障碍，从而使他们积极健康地投入社会生活。思想政治教育的服务意识应主要体现在以下几个方面：

一、服务于经济建设中心，服务于党的路线、方针、政策，这是思想政治教育工作的本质，也是其生命力之所在

党的工作只有经济建设一个中心，这就决定了思想政治教育必须为这个中心服务。李瑞环同志曾明确指出：思想政治工作不能游离于经济建设之外，更不能搞自我中心或多个中心，妨碍和干扰经济建设的发展。思想政治工作者必须提高执行党的基本路线的自觉性，强化为经济建设服务的意识，自觉地服从和服务于经济建设。思想政治工作只有在经济建设和改革开放的过程中找到自己合适的位置，才能发挥自己特有的作用，体现自己的价值。这是值得高校的思想政治教育工作者认真领会的。

思想政治教育要全力为经济建设服务，这是完全得民心、顺民意的。因此，在行为方式上，要从计划经济条件下思想政治教育的"一刀切、齐步走"中挣脱出来，强化自主性，提高因时因地的针对性。改变过去那种居高临下的"官本位"形象，要从领导和支配其他工作的神圣位置转移到服务于经济建设的位置上来。市场经济条件下，应紧紧围绕经济建设大局和党的路线、

方针政策而开展高校的思想政治教育工作，把先进科学的理论和党的路线、方针政策灌输于青年学生，使他们牢固树立以经济建设为中心的思想观念，正确处理其他各项工作与经济建设中心的关系，在思想上与党和政府保持高度的一致，在将来的工作中形成促进经济建设的强大合力。这就成为推动市场经济发展的强大动力和有力保证。

二、服务于青年学生基本素质的全面发展和提高

素质教育从人的全面发展出发，认为人的素质不是单一的，而是由多种具体素质构成的，如政治素质、思想道德素质、科学文化素质、能力素质、心理素质等。人的素质是诸多具体素质的统一体，各种素质之间相互制约、相互影响，既可以相互促进，一荣皆荣，也可以相互抵消，一损俱损。因此，素质教育要求全面发展和提高人的素质，反对和排斥只注意某方面素质而轻视或放弃其他素质的做法。大量事实证明，如果只注重科学文化素质而忽略思想政治素质，就很难达到真正提高学生基本素质的目的。毫无疑问，思想政治教育从本质上讲，就是运用科学理论和高尚思想，用科学的世界观和方法论培育人的工作，其主要功能就是帮助提高大学生的思想政治素质，进而提高科学文化素质，充分调动他们学习的积极性、主动性和创造性，增强他们认识世界和改造世界的能力，从而充分发挥思想政治教育在推动学生基本素质全面发展中应有的服务作用。新形势下，学生的自我意识、平等意识、民主意识不断增强，这就要求高校思想政治教育要不断适应市场经济条件下学生心态的变化，研究个性差异，充分尊重学生的个性，努力发掘学生个性特征中的"闪光点"。改变过去那种以政治口号强加于人、压制人的发展的做法，在提高学生思想政治素质的同时，尽力以民主、平等的形式，创造生动活泼的条件，即使知识得到快速增长，又促使学生的个性心理健康发展。要真正做好思想政治教育的服务工作，必须做学生的朋友，转换角色，力求以亲近关系赢得学生对思想政治教育工作的信任和接受。同时要贴近实际，寓理于事，让学生听有所思、学有所用，要善于创造平等交流、以情传理的心理氛围。要持之有据，实话实说，以诚恳平等的态度交流思想，不要指手画脚，以自己的观点强加于学生，以免使学生反感。对重大问题保持一致的前提下，对一时统一不了的个别问题要允许他们拥有思考的"空间"，不搞"立竿见影"的"大团圆结局"。也应运用激励机制，最大限度地激发他们积极向上的人生态度和用之不尽的智慧及创造力。市场经济中通行的竞争观念、人才观念、效益观念等被学生所接受，为思想政治教育提供了新的契机。竞争观念的树立，有利于学生形成比学赶超的风气；人才观念的强化，有利于增

强进取意识、自强意识，促进学生提高自身素质；效益观念的增强，有利于学生克服懒惰情绪，争取时间，努力学习。思想政治教育要充分利用市场经济条件下的有利契机，服务于学生基本素质的全面发展和提高。

三、服务于学生满足求知欲和解答思想疑惑的需要

思想政治教育工作服务于学生的求知欲和思想上的疑惑，就是满足学生掌握知识的需要和了解世界的渴求，解答学生思想中各种疑难和困惑。随着改革开放的深入，市场经济的发展，科学技术的进步，面对大量的新鲜事物和复杂多样的信息，学生的观念、要求、愿望、思维方式和生活方式等不断随之变化，其求知欲更强，思想上的困惑、疑难问题也更多，这就需要通过思想政治教育中包含的科学知识来满足他们的一部分求知欲，解答他们思想中出现的一些疑惑。为此，思想政治教育的手段、方法、机制、观念等必须转变，特别是教育者的思想观念必须跟上时代的步伐，必须准确把握学生的思想脉搏，否则就成为青年学生眼中的古董、怪物，与之格格不入，就难以做好他们的思想政治工作。当然，思想政治教育也要有预见性、主动性、超前性，及时消除学生思想中的错误认识、判断及不良动机，防患于未然。要防为上，救为次，戒为下。对理论方面的重大问题不能总是低水平重复，要有走向前沿的勇气，要把学生引向研究前沿问题，通过学生自己的探索研究，得出正确结论，从而提高学生的思想认识和政治觉悟。

四、服务于解决学生的实际问题

老子有一句名言："将欲取之，必先予之。"其包含的思想对目前做好思想政治教育工作也是很有借鉴意义的。

思想政治教育是解决人的思想问题的。当前在新旧体制交替、碰撞过程中，各种热点、疑点和难点问题将不断出现，如果不及时解决好，势必影响学生的情绪，引起思想波动。因此，思想政治教育者一方面要做好思想政治工作，帮助学生正确认识和对待出现的矛盾，以积极的态度克服遇到的实际困难。另一方面，要满腔热情地关心他们的学习生活实际，千方百计地为他们排忧解难，使他们感受到党和国家对他们的关怀和温暖。对一时解决不了的问题，也要讲清道理，做好解释工作；要把解决实际问题的过程变成提高思想觉悟、调动积极性的过程，以增强思想政治教育工作的感召力和有效性。

第三节 加强大学生思想政治工作队伍建设

一、高职院校学生思想政治教育工作队伍建设的重要性和必要性

首先，从职责上分析，高等学校学生思想政治工作队伍是保证高职院校坚持社会主义办学方向，全面贯彻党的教育方针，培养德、智、体、美全面发展的社会主义建设者和接班人的一支不可缺少的重要力量，是学生思想政治工作的组织者和指导者。其次，从任务上分析，这支队伍是以马克思列宁主义、毛泽东思想、邓小平理论、"三个代表"重要思想、科学发展观和习近平新时代中国特色社会主义思想为指导，教育和引导学生树立正确的理想信念，加强思想修养，使学生成为有理想、有道德、有文化、有纪律的一代新人。在民族高等学府和一些肩负着为民族地区培养各类人才的高职院校，学生思想政治工作队伍还承担着教育广大学生维护国家统一、民族团结的光荣任务，具有特殊使命。再次，从国际国内的现实形势分析，建设好这支队伍也是非常必要的。一方面，随着时代的前进、知识经济的来临和经济全球化趋势，和平与发展仍然是当今世界的两大主题。但是，由于受利益的驱动，在国际上地区之间、国家之间、民族之间矛盾依然存在，斗争日趋复杂。这个矛盾表现在政治上实际上是霸权主义与国际政治多元化的对立，表现在思想上就是曲折低潮中的社会主义与强盛发展中的资本主义在意识形态上的抗衡。另一方面，国内敌对势力亡我之心不死，他们始终与国际反华势力纠集一体，利用现代媒体、网络、通信等信息科学手段，与我们党争夺高等学校思想领域意识形态这一事关国家接班人和建设者的制高点，把和平演变的希望寄托在当代大学生身上，企图达到"分化""西化"的目的。因此，高职院校学生思想政治工作队伍建设无论从其职责任务，还是从现实形势上看都是一个十分突出且不容忽视的问题。在高职院校，这支队伍的作用非同寻常，既有重要性，又有必要性，必须引起教育主管部门和各级党委的高度重视。

二、高职院校学生思想政治教育工作队伍建设的几点要求

新中国高校学生思想政治工作队伍经过多年的建设，中间虽有反复，特别是经过改革开放与党委领导下的校长负责制的重新确立，现已趋于成熟，在高校教学、科研、管理等工作环节中发挥了应有的作用。但是，随着时代

的发展变化，这支队伍和所从事的思想政治工作也存在一些问题，主要表现在以下三个不适应上：一是在思想内容上不适应当今世界政治、经济、文化、科技等方面发生的一些新动向。二是在方法手段上不适应目前网络媒体的迅速崛起和我国日新月异发展所带来的新变化。三是从形式机制上不适应高职院校扩大招生、大众化趋势、自身超常规发展所引起的一系列新问题所提出的新要求。这三个不适应归结在队伍建设上实际就是年龄偏大或偏轻、知识不足或不精、人员数量不足或者不稳、工作方法手段落后等问题。因此，对高职院校学生思想政治工作队伍建设进行深入思考研究、有针对性地提出一些新要求是十分必要的。

（一）硬件要求

高等学校要从自身的实际情况出发，对思想政治工作队伍建设按照党中央的部署，明确思路、制定计划，其中应当包括人员选拔、使用、管理、培训以及经费保障、工作目标、设备、手段等各环节的必备要求。从物质上确保在校学生思想政治工作的正常开展。

（二）软件要求

这是对学生思想政治工作队伍建设中从事这项工作的人员的素质要求，也就是说要从事学生思想政治工作就要达到相应的要求，这个要求作为标准必须要明确。比如从政治素质、思想作风、政策水平三个方面规范要求，使之成为学生思想政治工作者必须达到的条件。另外，还应从个人品行表现、事业心责任心、敬业精神、文化修养等方面对高职院校思想政治工作者提出较高的要求，使之成为学生思想政治工作者努力的方向和衡量自身工作的标准，从精神上对学生思想政治工作者作出具体要求，以保证高职院校学生思想政治工作沿着正确的目标发展。

（三）业务能力上的要求

这一要求实际是学生思想政治工作队伍建设硬件、软件要求的具体体现，也是对学生思想政治工作者最重要的要求。如果在这个问题上对学生思想政治工作者的要求不严，或者说没有保障学生思想政治工作者不断提高业务水平的具体措施办法，那么可以预见高职院校学生思想政治工作在错综复杂的国际国内形势面前和现代信息科学技术飞速发展的情况下将显得软弱无力、无所适从。加之，在现阶段，学生思想意识不断发生变化的情况下，高职院校学生思想政治工作队伍的整体水平和业务能力并没有得到应有的提高，有的存在对现实中的热点难点问题不能答疑解惑，对深层次的问题缺乏认真研究,回答问题牵强附会,工作没有实效,针对性不强。这都是学生思想政治工作者业务能力不适应现实要求的表现。因此,不断要求他们加强对马克思列宁主义、毛泽东思想、邓小平理论、"三个代表"重要思想、科学发展观和习近平新时代中国特色社会主义思想的学习研究,提出符合高职院校学生思想政治工作规律的目标要求,创造必要的条件,给予适当的物质保障,切实提高他们的业务能力和工作水平,在队伍建设中有其特殊的意义。

（四）精干、高素质

学生思想政治工作队伍是高等学校教书育人的中坚力量,不是什么人都能干和干得好的,不能滥竽充数。精干是对学生思想政治工作队伍建设的第一要求,符合现代效率原则。同时队伍精干必然要求人员高素质,两者相辅相成,互为条件。所以,高职院校学生思想政治工作队伍必须要按照精干、高素质的要求建设。否则,这支队伍在高等学校的工作中就没有高效率,也发挥不了应有的作用。

三、大力加强高职院校学生思想政治教育专业建设

保证高职院校学生思想政治教育工作队伍人才资源的关键是专业建设。加强思想政治教育的专业建设能更加有效地推行大学生思想政治教育工作队伍的专业化、职业化和专家化。大力强化思想政治教育的专业建设,具体应该加强以下的工作:一方面是增加思想政治教育的专业方向。在现有的思想政治教育专业内,增设针对大学生思想政治教育的相关方向,如学生事务管理、心理咨询理论与实践、辅导员和班主任工作等。在课程设置上,也要开设与大学生思想政治教育工作相关的课程和内容,如学生职业生涯规划与指导、心理健康教育与咨询、网络思想政治教育理论与实践、就业指导与咨询等,以达到增强专业社会适应性,强化大学生思想政治教育队伍的建设目标。另一方面是尝试增设"高校辅导员"本科专业。高职院校辅导员,其特殊的身份和性质、特殊的地位和作用、特殊的工作任务和要求,需要进行专业化的培养和培训,并达到一定的资格水平。根据国家对辅导员的学历学位要求,可以将高校辅导员专业设置为本硕连读制,以增强专业学习的系统性和应用性。同时,按照国家要求高校辅导员配备的师生比1:200的比例要求,我国仍需要相当数量的人员充实高职院校辅导员岗位,这也保证了该专业的生源基础。

四、高职院校学生思想政治工作队伍建设的专兼结合问题

在高等学校,学生思想政治工作专职人员一般是指分管学生工作的党委

副书记、"两课"教师、学生处、团委、就业指导中心等有关部门以及各院（系）从事学生工作的人员。而从事学生思想政治工作的兼职人员，可以从政治品质好、有一定的思想理论水平和组织活动能力的教师、干部及品学兼优的研究生、高年级大学生中选拔。专兼职结合的学生思想政治工作队伍是我国高等学校长期以来在人员结构方面形成的一大特点。实践证明，在高职院校没有一支精干、高素质的专职学生思想政治工作队伍是不行的，但是仅仅靠这支队伍完成高职院校繁重的思想工作任务又是远远不够的，兼职人员在高职院校学生思想政治工作中的作用是不可替代的。所以，发挥专兼结合的互补优势，对建设好学生思想政治工作队伍有至关重要的作用。那么，如何发挥专兼职人员各自的作用是一个值得认真思考的问题。首先，应当明确专职学生思想政治工作者在高等学校中的地位，要把他们真正作为高职院校教书育人不可缺少的力量，在工作中使他们与专任教师、科研学术人员处于同样的位置，在政策上要一视同仁。应当创造条件，鼓励他们脱产进修、攻读学位。要充分发挥选拔、使用、管理、培训等手段的作用，加强对他们的培养，确保专职学生思想政治工作队伍在高职院校不被削弱。其次，发挥兼职人员的作用，充分调动这支队伍做好学生思想政治工作的积极性也是非常重要的。要克服思想政治工作与教学、科研、管理两张皮的错误倾向，使思想政治工作浸透到教学、科研和管理中。因此，兼职人员在高职院校学生思想政治工作中的地位和作用也是十分突出的，应当受到尊重。同时，要建立合理的工作量化机制，保证他们既做好教学、科研和管理工作，又要做好学生思想政治工作，使之成为既教书又育人的专家。

总之，专职队伍与兼职队伍在高职院校工作中实际上是一体两翼的关系，而不是主次关系，不存在谁轻谁重的问题。正确处理二者之间的关系，使二者结合起来，形成合力，不仅是高职院校学生思想政治工作队伍建设中的一项重大课题，而且也是做好高职院校学生思想政治工作的组织保证，同时又是党在高职院校工作的侧重点，应当在实际工作中加以认真研究和高度重视。

第四节　巩固高职院校大学生思想政治教育的理论阵地

重视对社会思潮及其表现形式的研究和引导，这是具有现实性和针对性的。因为西方敌对势力从来没有放弃利用社会思潮和学术思潮对我国青年，尤其是大学生的侵蚀，而且采取的手段越来越隐蔽，涵盖面越来越广泛。作为高等学校的思想政治工作者来讲，我们必须时刻保持清醒的头脑，不断提高高校思想政治工作的敏锐性和主动性，防范和抵御西方错误社会思潮和学术思潮对大学生的渗透影响，准确把握大学生的思想脉搏，扎实做好思想引导工作，旗帜鲜明地反对错误思潮，让马克思主义的科学精神占领高校思想理论阵地。我们可以从西方社会思潮和学术思潮对青年大学生的影响这一切入点，对提升"两课"教育效果，学习宣传贯彻习近平总书记系列重要讲话精神，继续加强和改进思想政治工作进行探讨。

一、影响表现及其特征

（一）西方社会思潮和学术思潮对大学生的影响

1. 资产阶级功利主义对大学生的影响

西方资产阶级功利主义原则在于片面地强调人的一切活动目的，都是为了获得个人的最大幸福，不考虑公共利益和社会长远利益。在这种思想影响下，一些大学生为了获得好成绩，进行所谓"公关"活动；尽管我们在推行素质教育，但一些学生为了未来的就业，只顾专业学习，放弃政治学习，甚至为了考取一些资格证书而放弃部分基础课程的学习；一些毕业生不考虑就业发展前景，一心想留到大城市，而不愿到艰苦地区、艰苦的行业去，有的甚至为此而放弃了所学专业。

2. 资产阶级个人主义对大学生的影响

资产阶级个人主义是无政府主义整个世界观的基础，鼓吹"一切为了个人""我就是一切"，排斥集体主义，认为集体主义是"极权主义"，集体主义社会是"乌托邦社会"。一些大学生受其影响，在处理集体与个人的关系时，表现得非常自私，他们崇尚自我，处处以自己为中心。有的学生在宿舍活动中根本不考虑舍友的学习或休息；谈恋爱时不分宿舍、教室和其他公共场所；在阅览室看书看报时，随意裁剪图书资料，不顾集体和他人的利益。

3. 资产阶级自由主义和所谓的"民主"对大学生的影响

一些大学生由于受西方所鼓吹的"自由至上"和"民主"思想的影响，盲目地追求所谓的"自由"和"民主"。他们所追求的"自由"，就是任意做自己想做的事情，而不受到任何条条框框的约束，有时甚至置法律法规、校规校纪于不顾，去追求"自由"，发展自己所谓的"个性"；他们所追求的"民主"是抽象的民主，理论概念中的"民主"。有的学生在自己的网络签名中写道："网络世界无国界、无政府，是个真正的地球村。"

4. 西方经济私有化和东西方经济趋向论对大学生的影响

受之影响，一些学生误认为我们社会主义市场经济的建立和发展是慢慢地向资本主义靠拢，向资本主义趋向，片面地认为党和国家允许、鼓励个体和私营等非公有制经济发展是私有化的表现。

（二）西方社会思潮和学术思潮对大学生影响特征

1. 影响手段隐蔽化

西方敌对势力的"西方"和"分化"政策是尽可能打一场没有硝烟的战争，采取精神渗透和科技手段，如流行文化电影、电视节目、书籍、音乐、电脑软件等，实现其潜移默化的作用，以便不放一枪一炮就可俘虏"士兵"。

2. 影响领域广泛化

他们在人权、民主、民族、宗教、领土、法制、腐败现象等方面大做文章，传播和推行他们的政治模式、价值观念、生活方式，力求从意识形态上瓦解青年学生。

3. 影响力度深入化

他们凭借雄厚的经济实力、科技实力和文化实力，输入他们的世界观、价值观和人生观，如吸引和挖掘我们的高级人才资源，提供免费网络资讯，通过影响我们的一些教师特别是青年教师再来有力地影响青年学生。

4. 影响视角多维化

不论是时空角度，还是方式方法，不论是物质方面，还是精神方面，都存在着这种影响，使我们一时难以察觉，难以分辨。

二、产生影响的原因分析

西方社会思潮和学术思潮之所以能对一些大学生产生不良影响，究其原因，包括以下几方面：

一是长期以来，意识形态领域的斗争从来没有停止过，西方敌对势力充分利用西方社会思潮和学术思潮同我们争夺青年，争夺思想阵地。他们企图以此来破坏我们的民族凝聚力和社会主义建设大业。青年强则国家强，青年是祖国强盛、民族振兴的希望。所以他们把"西化"和"分化"的战略目标重点放在大学生身上，有目的、有针对性地展开意识形态领域的争夺。

二是随着改革开放的不断深入，国际交流的不断加强，在引进西方国家资金、技术、人才和管理经验的同时，西方社会思潮和学术思潮必然随之而来，这也是无法阻挡的。三是国内不断深化改革的过程中出现了一些社会矛盾，这些矛盾恰恰是大学生关注的热点，容易使大学生产生肤浅的认识。另外，受市场经济的负面影响，也容易诱发一些大学生的功利主义、极端个人主义、拜金主义和享受主义思想。大学生在不能深刻认识社会主义发展进程和资本主义发展进程等问题的前提下，容易受到西方社会思潮和学术思潮的影响或感染。

四是现代科学技术的迅猛发展，为西方社会思潮和学术思潮的传播提供了新的途径和手段。如互联网，已成为西方社会思潮和学术思潮传播的重要工具，而大学生几乎无一例外都是互联网的忠实用户。因此，他们自然而然要受到西方社会思潮和学术思潮的影响。

五是学校思想政治工作仍然存在薄弱环节。思想政治工作者不能适应新形势和新情况，不能及时把握大学生的思想动态和心理状况，没有找到更好地适合大学生思想政治工作的新路子。譬如对"两课"教学来说，由于受多种因素的影响和制约，在一定程度上影响了学生的学习主动性。

三、加强"两课"教育阵地建设，积极消除不良影响

如何消除西方社会思潮和学术思潮对大学生的不良影响，有力地粉碎西方的"西化"和"分化"图谋，这是摆在我们思想政治工作者面前的一个重要课题。我们必须从加强大学生的综合素质入手，提高其"免疫力"。综合素质包括政治素质、道德素质、身心素质、科学文化素质、人文素质以及实践能力和创新能力，而政治素质和道德素质居于首要地位。这如同我们常比喻的种树一样，我们的目标是培养正直、粗壮、参天的大树，在培养的过程中，必须防止空气污染、害虫侵蚀和根部水源污染、养料污染。"两课"教育担当的重任就是培好根基，输好养料，同时抵御一切不良影响、污染和侵蚀。因此，本人认为作为高校思想政治工作主渠道主阵地的"两课"教育，要从下面几个方面进一步加强：

1. 坚持马克思列宁主义、毛泽东思想、邓小平理论、"三个代表"重要思想、科学发展观和习近平新时代中国特色社会主义思想在思想政治工作中的主导地位

马克思主义、毛泽东思想和邓小平理论、"三个代表"重要思想、科学发展观和习近平新时代中国特色社会主义思想是我们党、国家和民族的精神支柱，它决定着我们高等教育的性质、方向和前途。课堂和讲坛是传播科学文化和马克思主义的重要阵地，我们要旗帜鲜明地反对和抵御西方社会思潮和学术思潮等非马克思主义的思想。

2. 重点推进邓小平理论"三讲"教育工作

"三讲"要从学科建设的高度来进行，要开足课时，不断充实和完善教材，同时要处理好厚积与薄发的关系、理论与实践的关系、内容与形式的关系。

3. "两课"教师应适应新形势和新情况，更新教育观念，掌握教育的主动权，"传道"与"解惑"并驾齐驱，双管齐下

（1）"两课"教师要有紧迫感，要有创新精神，不断提高自身能力。形势在不断地发生变化，而且变化越来越复杂。"两课"教师要随时"充电"，学习各方面的新知识，扩展知识面，提高分析能力和判断能力；要提高学历和学力，主动了解和研究西方社会思潮和学术思潮。知己知彼，方可百战不殆。

（2）要积极开展调查研究，掌握新情况，不要仅仅局限于现有教材和课堂。应充分利用课堂教学、课外辅导、师生交往交流等场合以及各种活动，了解学生的思想动态，了解他们对西方社会思潮和学术思潮的认识程度、认知程度、认同程度，研究产生不同认识的社会因素和个人因素。

（3）要坚持正确的立场，正面引导学生对西方社会思潮和学术思潮的认识，做好解读工作，妥善消除不良影响。介绍西方的社会思潮和学术思潮时必须要做正确的评价，要有力地批驳那些错误的思想观点，不能麻痹大意。

（4）加大实践力度，增强马克思主义的说服力、渗透力和战斗力。"两课"教师要主动走出课堂，带领学生进行社会实践，让实践教育学生。

4. 做好预测工作，提高预测能力和防范能力

随着世界经济一体化、政治多极化的发展，我们将面临更多的新情况、新问题，这就必须做好预测工作，主动适应未来新形势，避免未来工作的被动局面。

5. 学校党委和各级领导要高度重视"两课"教育工作

领导要多关心、多支持、多联系；要提高"两课"教师的校内社会地位；在师资配备、教师进修、职称评定、经费分配等多方面给予必要的支持和鼓励，切实解决他们的一些后顾之忧。

第十章 中国梦融入大学生思想政治教育的模式

第一节 中国梦融入大学生思想政治教育的功能及意义

一、中国梦提出的意义

实现中华民族伟大复兴，是近代以来中国人民最伟大的梦想，我们称之为中国梦，其基本内涵是实现国家富强、民族振兴、人民幸福，奋斗目标是"两个一百年"，即到中国共产党成立100年时全面建成小康社会，到新中国成立100年时建成富强民主文明和谐的社会主义现代化国家。中国梦是中华民族伟大复兴的形象表达，中华民族伟大复兴是中国梦的核心内容。习近平总书记提出的"中国梦"具有重要意义。

（一）中国梦是对我们近代以来追求民族独立、人民解放、国家繁荣富强精神的一种继承与弘扬

中国梦，是中国人民的百年夙愿，跨越十九、二十、二十一这三个世纪。中国梦作为中华民族近代以来最伟大的梦想，凝结着无数先烈前贤和仁人志士的不懈努力，承载着全体中国人民和中华儿女的共同向往，既深深体现了今天中国人的理想期盼，也深深反映了我们先人们不懈奋斗追求进步的光荣传统，因而具有深厚的历史渊源和广泛的现实基础。中华民族有着优秀的文化传统和五千年的文明历史，这既是对世界文明的贡献，也是民族自豪感来源的基础。但是近代以来，由于清政府"闭关锁国"的政策，我们没有与世界文明接轨，没有跟上世界文明进步的步伐，成为积贫积弱的"挨打"对象。但中华民族有着一种不甘落后的奋斗精神，并进行了漫长的探索与抗争。中国近代以来的各种抗争，例如林则徐虎门销烟、太平天国运动以及辛亥革命等等，都为实现民族独立、人民解放做出了不小贡献。特别是中国共产党成

立以来，在党的带领下，中华民族不仅实现了民族独立和人民解放之梦，而且也正走在实现国家富强、民族复兴之梦的伟大征程上。如今，我们已经找到了圆梦之路，这就是中国特色社会主义道路，即中国道路。由此上溯，这条道路是在改革开放几十年的伟大实践中，在新中国成立以来持续探索中，在中国共产党成立以来不懈奋斗中，在对近代以来百余年中华民族发展历程的深刻总结中，在对中华民族5000多年悠久文明的历史传承中走出来的。中国梦是历史的，也是现实的，还是未来的。把历史与现实、先人与今人、古往与今来、今天与明天连接起来了，具有一种打通历史与现实乃至未来的性质。祖先有梦，前人有梦，先烈有梦，我们有梦，一代代中国人有梦，都是实现中华民族伟大复兴的中国梦。因此我们说，中国梦是与中国近代以来的奋斗精神和思想一脉相承的，更是对中国共产党90多年历史的继承与弘扬。

如今我们正在全面贯彻十八届五中全会提出的"创新、协调、绿色、开放、共享"的五大理念走在大路上，既贯通古今又面向未来，保持历史使命自觉，坚定现实道路自信，从实现总体小康到全面建成小康，再由"小康"而走向"大同"，让梦想照进现实，不断开拓充满希望的未来。

（二）中国梦是改革开放以来民族自信提升的一种体现

党的十八大提出道路自信、理论自信和制度自信，这"三个自信"是中华民族自信提升的深度表达。经过30多年的改革开放，我们已经找到了一条指引中华民族实现伟大复兴的道路——中国特色社会主义道路，沿着这条道路，我们国家的整体实力发生了巨大变化，成为全球第二大经济体。同时，我们国家的国际影响力和综合国力也不断提升，这极大地增强了我们的民族自信。有了这样一种自信，我们就能够更好地实现既定的目标。近期来讲，就是到2021年，即建党100周年的时候，我们要实现全面建成小康社会的目标；到2049年，即建国100周年的时候，我们要实现把中国社会建成富强、民主、文明、和谐的社会主义现代化国家这一目标。长期而言，我们要在民族自信的基础上沿着中国特色社会主义的道路前行，努力推进社会主义现代化的不断向前发展，努力实现中华民族伟大复兴的目标。所以，中国梦的提出是基于改革开放30多年的成果给予我们的一种自信，是一种自信的深度表达。

（三）中国梦是从凝聚共同理想，推动全面发展这个角度来讲的

无论是国家、民族还是政党，都需要有精神支柱与共同的追求，才能够发展强大。我们国家幅员辽阔、人口众多，再加上我们目前处于社会转型期，还存在经济发展不平衡、分配不公等问题，因此必须要用一种精神的力量来凝聚人心、凝聚力量。从这个角度来讲，有了中国梦的共同理想，大家才会

心往一处想、劲往一处使，共同为实现中国梦贡献自己的力量。这是从精神凝聚力方面来讲的。另外，我们过去很有多引领社会思潮、凝聚社会共识的提法，如"社会主义核心价值体系""四个现代化""小康社会"等等，现在都用一个"中国梦"来包含和体现这些提法，不仅更加精练，也更容易让人接受。因为中国梦的基本内涵是实现国家富强、民族振兴、人民幸福，这就内在地包含了中国梦既是国家梦、民族梦，也是人民梦、个人梦，因而是个人梦与国家梦、与民族梦的统一。一方面，亿万中国人民、中华儿女都有一个梦，就是共同梦想，就是国家富强梦、民族复兴梦；另一方面，每个中国人、炎黄子孙都各自有梦，就是人生梦想，就是人民幸福梦、个人成功梦。中国梦把个人与国家、与民族、与社会等都统一起来了，而不是单一的个人梦或国家梦。中国梦是国家富强梦，也是人民幸福梦；是民族和国家的梦，也是每个中国人的梦。因此，努力实现中国梦，内在地包含着为实现各自人生梦想和我们的共同梦想而奋斗。

（四）中国梦是话语体系与世界文明接轨的一种表现

当前，我们处在一个经济全球化、思想文化多元化的时代，我们的文化价值观要为世界所认识和理解，就必须要有能够被世界所接受的话语体系。提出中国梦，讲述属于我们自己的中国故事，表达中国拥抱世界的自信和豪情，同时也找到了中国与世界相通的国际语言。中国梦是"中国话"，也是"世界语"。有外国友人说，中国梦给世界带来了话题与兴奋感，诚哉斯言。世界上有各种各样美好的梦想，像大家熟悉的"美国梦"，还有"俄国梦""法国梦""韩国梦"，等等。各国人民有梦，再正常不过；中国人民有梦，也自然而然。人同此心，心同此理；梦之表达，尤其便于理解和沟通。以前我们提出过很多概念，如"三个代表"重要思想、"中国特色社会主义体系"等，很难对外输出，而"全球化""软实力""学习型"等外来的文化概念，又为我们所借用，这种文化上不对等的状况也是因为我们没有建立起能够被世界所接受的、能够共同交流的话语体系。从这个意义上讲，中国梦的提出一是因为语言简洁；二是能够便于世界了解中国的目标；三是易于被世界所认知和接受。很实际的例子就是世界都知道美国提出了个人奋斗成功的美国梦，俄罗斯也提出了民族振兴的俄罗斯梦，有了这些铺垫，我们提出和平、发展、合作、共赢造福世界的中国梦，中国梦与世界各国人民的美好梦想之间，是相连相通、相互补充的，也就奠定了便于与世界交流的话语基础。

二、中国梦教育的思想政治教育功能

我国社会正处于急剧的转型期和改革的攻坚期，社会问题和矛盾不断涌现，对凝聚社会共识和激发创业热情产生了一定的影响，而中国梦的提出正是回应时代和人民的诉求，引导全国各族人民万众一心、众志成城为实现中华民族伟大复兴而奋发有为。中国梦是"国家梦""民族梦"与"人民梦"的汇聚与结合，折射出每一个中国人不懈追求的美好愿景，体现出中华民族持久而强大的向心力和凝聚力，具有丰富的思想政治教育功能。

（一）中国梦教育具有导向规范功能

中国梦是中华民族和中国人民的宏伟蓝图，中国梦的实现不可能一朝一夕就能得以完成，因此，一定要把中国梦转化为一个个实实在在的奋斗目标。不同时期、不同阶段的奋斗目标要有所区别，又要使之连贯下来，如此，才能鼓舞人心、凝聚力量，让人民清晰地看到自己所肩负起的时代重任和使命，在实干中推动中国梦一步步地照进现实。追逐中国梦，共圆中国梦，给大学生的成长提供一个积极健康向上的环境氛围。这种氛围，对大学生起着一种规范和导向作用，引领大学生健康茁壮成长。对大学生而言，中国梦为大学生的奋斗赋予了意义，确立了一个既满怀憧憬，又具有超越可能的宏大理想。中国梦设定的目标使大学生清晰地看到为之奋斗的辉煌前景，激励和引导大学生斗志昂扬、艰苦奋斗、刻苦学习。面临困难和挑战时，大学生在中国梦的召唤和鼓舞下，不放弃、不退缩、不懈怠。在追逐中国梦的过程中，校园内外都涌现出大量的先进事迹和优秀人物。这将再一次引领大学生价值观的建构，也将规范大学生行为和端正其思想态度。

（二）中国梦教育产生精神激励功能

中国梦是中华民族和中国人民的奋斗目标，迸发出强大的精神力量，激励一代又一代的中华儿女为之奋勇前行，艰苦奋斗，具有很强的激励功能。习近平总书记指出，实现中华民族伟大复兴的中国梦，就是要实现国家富强、民族振兴、人民幸福。中国梦是民族的梦，也是每个中国人的梦。中国梦归根到底是人民的梦。这样的中国梦，折射出每一个中国人不懈追求的美好愿景，要求每一位中国人都要用智慧和勤劳去创造美好生活。当我们每个人开始追求自己的美好生活时，整个民族和国家的精神面貌就焕然一新，展示着文明古国的伟大复兴与崛起。中国梦的精神力量在于，使每一位大学生相信通过自己的努力可以改变个人、民族和国家的命运，能够清晰地看到明天的生活会更加美好、国家会更加繁荣昌盛。与此同时，使大学生能够清晰地给自己定位，抓紧投入到知识学习和科研工作当中，掌握真才实学，在社会主义现代化建设中发挥聪明才智和实现自己的梦想及人生价值。

（三）中国梦教育有着强大凝聚功能

中国梦有着持久而强大的向心力和凝聚力。从思想政治教育的功能上讲，凝聚功能是中国梦这一激动人心的主题满足大学生追求进步的精神欲望，从而在大学生群体中形成一股向心力。这样的一股向心力就是凝聚力的集中表现，既是大学生勤奋学习的精神动力，也是为中国梦贡献青春力量的精神力量，把大学生凝聚在为中国梦而奋斗的时代主题下，朝着中华民族伟大复兴的大业阔步前进，形成强大的震撼力、凝聚力和创造力。中国特色社会主义事业是各国各族人民共同的伟大事业，需要在尊重人民主体地位的基础上，把每一个中国人的奋斗与民族国家的发展结合起来，将个人的梦想融人中华民族伟大复兴的大业上来，调动人民的积极性，发挥人民的创造性，团结一切可以团结的力量，共同凝聚在中华民族伟大复兴的时代主题下。

三、中国梦融入大学生思想政治教育的意义

习近平总书记关于"中国梦"的深情阐释，引起了中华民族对自身光荣、责任、使命的热切关注，激发了中华儿女走向伟大复兴新的自觉。大学生作为中国特色社会主义事业未来的建设者和实现中华民族伟大复兴的重要力量，有必要认识和理解"中国梦"。高职院校教育承担着立德树人的根本任务，大学生思想政治教育事关国家前途和民族命运的战略工程；梦想是激励人们发奋前行的精神动力，"中国梦"所蕴含的强大精神能量是高职院校开展思想政治教育工作时刻秉持的基本法则。高职院校作为进行马克思主义理论宣传教育的主渠道，将"中国梦"融入高职院校思想政治教育是当前高职院校思想政治工作的主要任务，具有重要意义。

（一）理论意义

1. 将中国梦融入大学生思想政治教育之中是大学生思想政治教育理论创新的需要

中国梦的提出是对大学生思想政治教育的丰富和创新，是理想信念教育话语体系的重要发展，及时回应了大学生思想政治教育的难题。习近平指出："为实现中华民族伟大复兴的中国梦而奋斗，是中国青年运动的时代主题。"思想政治教育要与社会发展相一致，服务于社会主义现代化建设事业，而中国梦教育是当前思想政治教育的重点，因此，思想政治教育应当结合大学生实际情况，紧紧围绕中国梦这个时代主题展开，使思想政治教育与时代吻合，推进高职院校思想政治教育创新。把中国梦融入大学生思想政治教育之中体现了思想政治教育服从与服务社会发展的基本规律。让大学生正确理解中国

梦，是用中国梦引领大学生成长成才的前提。当前，中国梦成为社会的热点议题，引起海内外的高度关注、讨论、研究，同时也存在着多种不同的声音，因此，思想政治教育应当认清形势，把握主动权，打好主动仗，着力引导舆论导向，特别是营造好网络环境。思想政治教育必须在各种声音中掌握向大学生正确解读中国梦的话语权，正本清源，去伪存真，让大学生在承接中国梦传达的价值意蕴、深刻内涵的条件下，加入社会各界实践中国梦的合唱中，发出自己的声音。在大学生思想政治教育中进行中国梦主题教育，用社会热点吸引大学生的目光，通过大学生对中国梦这一话题的关注引领大学生的思考方向。围绕中国梦教育这一主题，在大学生思想政治教育中设计和组织各种形式的系列活动，引导大学生多渠道、多侧面、多向度学习和感悟中国梦。中国梦教育有力地推进了大学生价值观教育，革新大学生价值观面貌，培养大学生从个人的世界里走出来，关注民族复兴、国家振兴的伟大事业，并为之贡献力量。中国梦教育有力地促进了大学生理想信念教育，学习中华民族屈辱的近代史，提高思想认识，从而坚定理想信念，坚信中华民族一定能够实现伟大复兴。同时，围绕中国梦教育组织形式多样、丰富多彩大学生思想政治教育活动，理论教育和实践教育水乳交融，引导大学生全面深刻地理解和领悟中国梦的精神实质，为创新思想政治教育的形式提供了有力的契机，使教育内容和教育形式完美结合，让中国梦所蕴含的时代追求贯彻于大学生探索和追寻人生理想的全过程。

（1）中国梦教育创新价值

中国梦教育使德育内容具有了鲜明的时代性。其时代性使德育内容在三个方面拓展：

一是拓展了现代伦理教育的内容。中国梦既是在我国社会进入"重要战略机遇期"和"矛盾凸显期"的发展状况提出来的，又是在从近代中国强国之梦的历史轨迹中提出来的。这两个背景决定着中国梦的主旨是民族复兴，中国梦的灵魂是社会主义，中国梦的形态是国家现代化。中华民族的崛起，不仅是经济的崛起，更需要文化的觉醒；中华民族的复兴，不仅是繁荣富强，更是文明昌盛；中国梦是强国梦，是中国现代政治文明的梦。中国梦的提出，是历史的必然、现实的选择、未来的方向，对此，大学生在思想上应当形成政治认同、理论认同和情感认同。所以，中国梦教育首先要赋予新的政治理念教育的内涵，培育大学生的政治抱负。要使大学生懂得：实现中国梦必须走中国道路，走中国特色社会主义道路，坚定对中国特色社会主义的道路自信、理论自信和制度自信，沿着中国道路实现中华民族的伟大复兴的目标；实现中国梦必须弘扬中国精神，在以爱国主义为核心的民族精神和以改革创新为核心的时代精神的引领下，实现社会主义现代化和中华民族伟大复兴的共同理想；实现中国梦必须凝聚中国力量，依靠全国各民族大团结的力量，同心同德、群策群力，完成民族复兴的历史使命。

二是拓展了现代公民教育的内涵。习近平总书记指出：中国梦归根到底是人民的梦，必须紧紧依靠人民来实现。所以，中国梦教育在理论层面上，要引导大学生从自然人成长为现代公民，从政治学和法学的角度培养大学生作为现代公民的人格特征、公民意识和公民行为方式。同时，在中国梦教育的实践层面，还要引导大学生积极投身社会实践活动的教育。通过中国梦教育把大学生培养成积极参与公共事务、具有独立和平等人格的公民，通过中国梦教育，对大学生公民意识进行激扬和唤醒。使得大学生在中国梦的鼓舞和激荡下，更加关心祖国、关心社会、关心未来，从而不断增强大学生对祖国的认同感、自豪感与责任感。只有将培育和增强大学生的公民意识作为中国梦教育的基调，才能把大学生个人成长、个人发展、个人价值和中国梦的实践统一起来，才能让大学生不断明确自己作为中国现代公民肩上的责任与义务，从而使学生成为有国家意识、有社会责任感和正确价值观点的现代公民。

三是拓展了现代生涯设计教育。中国梦教育贯穿大学生的生命历程。梦想总是重在规划、贵在行动、难在坚持。在起点上，中国梦教育要从围绕"规划人生、演绎精彩"开始，结合每个学生学习生活的实际情况，结合社会发展和人才需求类型的新动态，帮助学生认识自我、发现自我、规划自我。将个人的发展梦想与中国梦紧密结合，共同享有人生出彩的机会，共同享有梦想成真的机会，共同享有同祖国和时代一起成长与进步的机会。

现代政治伦理教育、现代公民教育和现代生涯设计教育有机联系在一起的，现代生涯设计教育是基础，现代政治伦理教育是灵魂，现代公民教育是规格要求。三者结合，构成中国梦教育新的框架。

（2）中国梦教育在德育途径上的创新价值

以知识和思维为道德核心的知性德育，通过对道德知识的解读、对道德情景的设置、对道德行为的评析对学生进行德行教育，在这一过程中，学生虽然获得了德行知识，但同时也正因为这种德育模式远离学生的生活实际而使德育说教苍白无力。在对现行德育的反思中，生活德育为人们打开了一扇窗，它从学生的生活世界出发，要求德育回归真实生活，把生活世界视为德育的源泉、载体和方式，生活德育主张学生体验生活，在真实的生活情境中养成德行。然而在缺少知识基础和政治导向的生活体验中，德育失去了对生活的价值审视、批判和超越，从而使德育变得盲目虚无。中国梦的实践教育恰恰弥补了知性德育的抽象化和生活德育理想化不足的缺陷，中国梦教育是一项有目的、有计划、有组织的德育实践教育活动，是具有实践理性的德育。其实践理性正是德育科学性的核心，中国梦教育的实践理性真正地赋予了大学生德育实践活动以德育价值。

中国梦教育的实践理性源于中国梦教育是立足于国情、社情和学情的德育实践活动。中国梦教育在学校的德育实践中，为大学生的成长与进步选择了逻辑起点和实践归属，使大学生生涯设计的构想转化为构建学生理想梦的有力动力和基本导向。坚持用中国梦教育激发学生们心中的理想梦，必定会是他们将来成为中国梦的建设者、创造者和贡献者。

习近平总书记关于中国梦的一系列重要论述和系列讲话，内涵丰富、思想深刻，为做好大学生思想政治工作提供了重要理论指导。"中国梦"思想地融入极大地丰富了思想政治教育工作的内容和内涵，是社会主义意识形态建设和大学生思想政治教育发展的双重需求。实现中华民族伟大复兴的"中国梦"是在社会主义意识形态下的一次理论实践，在高职院校思想政治教育实践上，具有重要地位。大学生群体是国家宝贵的人才资源，是民族的希望，是祖国的未来，肩负着人民的重托、历史的责任，青年之梦将托起中国之梦。大学生要担负起实现中国梦的历史使命，需要强大的精神动力作支撑。中国梦作为国家、民族及人民基于客观现实追求美好未来的共同愿景，它一方面是激励大学生努力奋斗的精神动力，另一方面又是需要大学生将精神动力凝聚、升华和物化来实现的目标所在，这两个方面都离不开大学生对中国梦的科学认识与生动实践。

2. 将中国梦融入大学生思想政治教育之中是深化对大学生思想政治教育的理论和实践的认识的需要

中国梦是民族梦，要求全社会加强理想信念教育，而大学生思想政治教育的主要内容就是理想信念教育。要将中国梦作为大学生思想政治教育的时代主题，不断加强大学生理想信念教育，将中国梦与大学生个人信念紧密联系在一起，不断创新大学生思想政治教育的方法和途径。用"中国梦"来指导思想政治理论教学，在梦想的境界中，激发大学生对未来的追求、探索，能够从根本上消除大学生对理论教学缺乏兴趣，甚至反感的局面，使学生能够身临其境、心在其中。"中国梦"源于历史，是历史的凝结。与纯理论相比，有一定的生活性、历史性和真实性，因而具有很大的可信度，自然能够为大学生所喜欢。"中国梦"为青年学生正确看待社会和个人提供了历史的视角，使他们对中国特色社会主义有一个重新的认识，从而坚定中国特色社会主义的道路自信、理论自信和制度自信，激发他们实现中华民族伟大复兴的使命感和责任感，中国梦教育有力地推进了大学生价值观教育，革新大学生价值观面貌，培养大学生从个人的世界里走出来，关注民族复兴、国家振兴的伟大事业，并为之贡献力量。

（二）实践意义

1. 将中国梦融入大学生思想政治教育之中是用中国梦引领大学生健康成长的需要

毋庸置疑，梦想、理想与人生有着紧密的关系，选择一种梦想，就是选择一种理想和愿景，一种成长道路和生活方式。青年大学生正值梦想飞扬的年华，拥有不同的梦想和追求，人生就会呈现不同的风景。在经济全球化背景下，随着改革开放的深入，当代中国呈现社会信息化、经济市场化、文化多样化、思想多元化相互交织的局面，而这一幅复杂而丰富的社会图景正是青年大学生梦想生成和实践的地方。青年大学生是最富有朝气、最富有梦想的群体，但是在多元思想的冲击下，在日趋激烈的竞争压力下，大学生的梦想困境主要体现为：一方面认识到梦想对人生的重要性，另一方面却在梦想的确立上徘徊迷茫，由于意志薄弱而半途而废，或没有深刻认识自己，无法确定自己的梦想，朝三暮四，患得患失，从而使自己落入"梦想的漩涡"；辨不清个人理想与他人理想、社会理想之间的关系，导致人际关系出现危机、个人主义滋长；重视追求物质生活之梦，轻视对精神生活之梦的追求，造成浮华、烦躁、跟风，也导致拜金主义和享乐主义之风蔓延，从而影响梦想和理想的实现；学历的提升与实践经验的积累成反比例发展，梦想与现实之间的矛盾不断出现并日趋激化；等等。这些梦想困境导致大学生在人生道路上徘徊不前。历史和现实都一再证明，只有根植于现实的土壤，梦想才会生根发芽，只有与社会发展方向保持一致，梦想才会开花结果。"国家富强、民族振兴、人民幸福"是基于当代中国社会经济政治发展实际赋予中国梦的时代内涵。在中国梦中，有国家大梦也有国民小梦；有对物质富足的追求，也有对精神幸福的期盼；国家大梦与国民小梦相互成就，物质追求与精神追求并行不悖，体现了社会主义国家的核心价值和人文关怀。把中国梦融入大学生思想政治教育之中，围绕中国梦教育这一主题，设计和组织各种形式的系列活动，对大学生进行中国梦教育，使大学生正确理解中国梦蕴含的价值观念，掌握中国梦所体现的社会规律，有助于引导大学生树立正确的梦想，选择正确的成长道路，有助于引导大学生将自己的梦想熔铸到中国梦之中，实现二者的统一，提升定位梦想的高度，用中国特色社会主义理论体系武装自己，坚定走"中国道路"信心，弘扬"中国精神"优良传统，为"中国力量"增添正能量，引领大学生健康全面发展，增强追求梦想的韧度，在致力于实现中国梦的远程中，实现并升华自己的梦想。

2. 将中国梦融入大学生思想政治教育之中是激发大学生爱国热情的需要

中国梦的本质属性是人民梦，有力地激发了广大人民的爱国热情。中国梦是国家梦、民族梦，也是每个中国人的梦，归根到底是人民的梦。只有使人民"共同享有人生出彩的机会，共同享有梦想成真的机会，共同享有同祖国和时代一起成长与进步的机会"，国家梦、民族梦才有取之不竭的动力源泉，才能最终实现。习近平总书记提出的"中国梦"，体现了中华儿女的共同意志，赋予了爱国主义新的时代特征和历史使命。历史的夙愿与现实的企盼托起今天的中国梦，中国梦的践行过程必将是国人理想信念与爱国情怀的生动体现。大学生要担负起实现中国梦的历史使命，需要强大的精神动力作支撑。对大学生进行中国梦教育，引导大学生理解和接受中国梦丰富的价值意蕴与深刻的时代内涵，正是紧密结合中国社会现实进行的一场生动的主题爱国主义教育、理想信念教育、人生观和价值观教育，新时期，将中国梦教育作为大学生思想政治教育的新课题，对于激发和凝聚大学生的精神动力具有重要价值。能够激励大学生把爱国热情化作圆梦中华的实际行动。能够激励大学生勤学、修德、明辨、笃实，形成实现中国梦的内在驱动力，并且将爱国主义精神动力转化为具体的目标。

中办国办印发的《关于进一步加强和改进新形势下高校宣传思想工作的意见》中指出，"高校作为意识形态工作前沿阵地，肩负着学习研究宣传马克思主义，培育和弘扬社会主义核心价值观，为实现中华民族伟大复兴的中国梦提供人才保障和智力支持的重要任务。""爱国"是社会主义核心价值观的重要内容，在当今经济全球化时代，培育和践行社会主义核心价值观，开展爱国主义教育，弘扬爱国主义，具有重要的现实意义。

3. 将中国梦融入大学生思想政治教育之中是以中国梦引领大学生坚定理想信念、练就过硬本领、勇于创新创造、矢志艰苦奋斗的需要

中国梦的精神力量在于，使每一位大学生相信通过自己的努力可以改变个人、民族和国家的命运，能够清晰地看到明天的生活会更加美好、国家会更加繁荣昌盛。中国梦为大学生成长成才提供理想信念支持。以中国梦为引领，引导大学生坚定理想信念，树立正确"三观"，必将促使他们更自觉地将个人命运与国家命运紧密相连、把个人梦想与民族复兴紧密相连，增强中国特色社会主义道路自信、制度自信、理论自信；必将促使大学生以敢为人先的勇气、革故鼎新的锐气，勇于创新，敢于超越，形成适应时代发展趋势的新理念；必将促使大学生刻苦学习、奋发拼搏，提高思想道德素质、科学文化素质、身心健康素质，促进大学生全面发展，为实现中华民族伟大复兴贡

献青春力量。

4. 将中国梦融入大学生思想政治教育之中是新形势下凝聚大学生精神动力的需要

习近平总书记在同各界优秀青年代表座谈时的讲话中指出："中国梦是我们的，更是你们青年一代的。中华民族伟大复兴终将在广大青年的接力奋斗中变为现实。"纵观革命、建设和改革的各个阶段，青年一代尤其是大学生都被寄予殷切希望、赋予历史重任。大学生更是成为实现中国梦的重要生力军。"伟大的事业需要并将产生崇高的精神，崇高的精神支撑和推动着伟大的事业。"中国梦是中国人民基于客观现实和现实需要而追逐的美好愿景，特别是当下中国梦比任何时候都更接近中华民族复兴的伟大目标，这样的目标和愿景释放出巨大的精神动力。大学生要担负起实现中国梦的历史使命，需要强大的精神动力作支撑。中国梦作为国家、民族及人民基于客观现实追求美好未来的共同愿景，它一方面是激励大学生不懈奋斗、坚毅持守的精神动力，另一方面又是需要大学生将精神动力凝聚、升华和物化来实现的目标所在，这两个方面都离不开大学生对中国梦的科学理性认识与真切感性实践。新时期，将中国梦教育作为大学生思想政治教育的新课题，对于激发和凝聚大学生的精神动力具有重要价值：一是通过引导大学生树立正确的理想信念，使远大的理想为大学生提供精神动力，使坚定的信念形成长久的内在驱动力；二是变革大学生的思想观念，激发思想活力，推动将思想变行为、精神变物质的积极性、主动性、创造性；三是推动大学生个体的精神动力聚合成群体的精神动力，形成整体效应，改变大学生的精神风貌，融入社会的精神动力，并在社会精神动力中产生积极作用。如此，中国梦引领大学生更加坚定理想信念，树立远大理想，形成长久的内在驱动力，同时，大学生个人的精神力量凝聚成整体的力量，形成整体效益、规模效益，促进整个社会精神动力的形成。

5. 将中国梦融入大学生思想政治教育之中有益于大学生准确认识中国的历史与现实

中国人为工业化和现代化而奋斗的"中国梦"，是在中国遭受世界列强侵略而不能自保的历史背景下形成的。中华民族是个有着 5000 年文明历史的伟大民族，早自秦汉就进入盛世。古代中国曾以世界上头号富强大国"独领风骚"达 1500 年之久。然而，随着资本主义生产方式的兴起，随着近代工业革命脚步的加快，中国很快落伍了。但故步自封的封建统治者并未意识到这一点，仍然沉浸在往日的辉煌所造就的梦想之中。直到 1840 年，中英爆发第一次鸦片战争，不但打开了中国的国门，也打碎了"天朝之梦"。从此，中国政府在西方列强的枪炮胁迫下，先后签订了 700 多个不平等条约，割地赔款，受尽耻辱，逐步沦为半殖民地半封建社会，中华民族开始面临亡国灭种的危险。自此，争取民族独立、人民解放和国家富强、人民富裕，实现中华民族的伟大复兴便成为我们中国人的最大梦想，也是摆在我们面前的严峻历史任务。把"中国梦"宣传教育融人大学生思想政治理论教育，就要使学生认识到我们生活的这个国家为什么而存在，是以什么样的方式存在。在百余年的近代历史中，一方面，我们可以清晰地感触到我们所经历的屈辱与苦难，"雄关漫道真如铁"，中华民族走到今天经历了太多的苦痛；另一方面也可以真切地感触到中国与西方的巨大差距。西方发达国家政治、经济、科技、文化等方面的优势一直是我们革命、建设和改革面临的巨大压力。面对苦痛和落后，一代又一代的有志之士，为改变国家和民族的命运而奋起，而奉献、牺牲。

当前，我们在看到中国取得历史性的进步和伟大的成绩同时，也要清醒地认识到中国正处于并将长期处于社会主义初级阶段的基本国情没有变；随着改革开放向纵深推进，制约科学发展的体制机制性障碍和发展中的矛盾日益凸显。"中国梦"是在实现中华伟大复兴的进程中提出来的，是对世情、国情、党情、民情的清醒认识和科学把握；高职院校思想政治教育工作必须深入研究中国的历史与现实，关注社会的变化，引导青年大学生努力拼搏、锲而不舍，找准问题的根源，采取有力的措施，坚持实干兴邦，不断为人民造福，实现"中国梦"。

6. 将中国梦融入大学生思想政治教育之中有益于大学生坚定社会主义理想信念

理想信念是一种强大的精神动力和精神支持。理想信念是一个政党治国理政的旗帜，是一个民族奋力前行的向导，是一个国家兴旺发达的根本。党的十八大报告中指出："要抓好思想理论建设这个根本，教育引导党员、干部矢志不渝为中国特色社会主义共同理想而奋斗。"习近平总书记要求青年"勇做走在时代前面的奋进者、开拓者、奉献者"。任何时代，青年都是最富有理想追求、最富有朝气、最富有使命感、最富有责任感、最富有创造性、最富有生命力的群体，是实现中华民族百年复兴梦想的重要力量。

当前，我国仍处于大有作为的战略机遇期、社会转型期，社会思潮、价值观念日趋多元化，较为富足安适的生活条件、发达开放的科技信息沟通环境在为当代大学生成长提供便捷与便利的同时，也成为大学生生活学习压力的主要来源。大学生必然要承受多元、多样、多变的现代思想的持续性冲击，有的甚至会丧失支撑其生命活动的意义归宿，让部分大学生对生命的价值与生活的意义感到迷茫，对于未来不知所措。在这个竞争激烈的时代，当代大学生群体比任何时候都需要一种精神来激励成长。习近平总书记指出，"中国梦归根到底是人民的梦，每个人都有同享人生出彩、梦想成真、同祖国和时代一起成长与进步的机会"，这种气势磅礴的正能量正在亿万人心头响起，成为时下中国社会的最强音。当代大学生对于"中国梦"的学习，有利于其树立科学的人生观、价值观，不断提高抗压耐挫的能力，帮助大学生在瞬息万变的环境中建构一种心灵支撑。"中国梦"不是万能的，但是它在人们思想活动独立性、差异性日益增强的今天，需要借力"中国梦"的丰富内涵，高扬理想，用中国特色社会主义理想信念来教育青年大学生，筑牢社会主义现代化建设的思想基础。为当代大学生确立了一个精神坐标与一种价值追求，而这正是大学生内心所渴求的。

梦想能否实现，关键是看能否顺应时代发展大势，把个人前途命运与国家民族命运结合起来，把"我的梦"融入"中国梦"之中，把个人梦想融入全面建成小康社会、加快推进社会主义现代化、实现民族复兴的伟大事业中。离开了这个大事业来谈自己的梦想和发展，就失去了最重要的根基。

第二节 中国梦融入大学生思想政治教育的原则

习近平总书记在同各界优秀青年代表座谈时勉励广大青年在实现中国梦的生动实践中放飞青春梦想。大学本来就是充满梦想之地。大学生处于逐梦的年龄，有着圆梦的期待。中国梦体现了当代青年的国家梦与个人梦的有机统一，中国梦是大学生思想政治教育的重要主题，将中国梦融入大学生思想政治教育之中只有坚持一定的原则，才能取得实效。

一、以人为本是"中国梦"融入大学生思想政治教育之中的基本原则

党的十八大明确指出，为人民服务是党的根本宗旨，以人为本、执政为民是检验党一切活动的最高标准。中国特色社会主义理论体系也涵盖了坚持以人为本，树立全面、协调、可持续的科学发展观。促进经济社会和人的全面发展，这就把以人为本提到战略指导思想的高度，强调以人为本是科学发展观的本质和核心。

坚持以人为本，促进学生全面发展是聚民心、汇合力、促发展的需要。实践证明，人是推动历史发展的动力。以人为本同我们党全心全意为人民服务的根本宗旨和代表中国最广大人民的根本利益的要求是一脉相承的。科学发展观明确把以人为本作为发展的最高价值取向，就是要尊重人、理解人、

关心人，就是要把不断满足人的全面需求、促进人的全面发展，作为发展的根本出发点。从国家发展、社会和谐稳定的高度认识坚持以人为本，注重学生全面发展的重要性。在新形势下只有正确理解和始终坚持以人为本，才能摆正学校对学生文化知识传授与思想教育及社会主义核心价值观培养的关系，才能正确教育引导学生全面发展、健康成长，逐步使自己成为国家建设的有用人才和社会发展的栋梁梯队。

（一）以人为本的由来

1. "以人为本"提法最早源于我国古代

不少人认为，"以人为本"提法源于西方 14—16 世纪文艺复兴时期，我国古代只有过"以民为本"的提法。这种看法是不符合实际的。其实，"以人为本"提法起源于我国古代。在我国古书中最早明确提出"以人为本"的是春秋时期齐国名相管仲（前 725 年前后—前 645 年）。管仲是辅佐齐桓公九合诸侯、一匡天下的杰出政治家、思想家。在西汉刘向编成、汇辑管仲众多思想观点的《管子》一书"霸言"篇中，记述了管仲对齐桓公陈述霸王之业的言论。其中有一段这样说："夫霸王之所始也，以人为本。本理则国固，本乱则国危。"（见商务印书"万有文库"版本《管子》，1936 年版，第二册第八页）意为霸王的事业之所以有良好的开端，也是以人民为根本的；这个本理顺了国家才能巩固，这个本搞乱了国家势必危亡。管仲所说的以人为本，就是以人民为本。在我国古文献中，"人"与"民"二字经常连用，合成为一个词组。例如最古老的诗集《诗经·大雅·抑》有这样名句："质尔人民，谨尔侯度，用戒不虞。"意为劝诫大臣们要自警自律，要善于治理你的人民，谨慎你的法度，防止发生意外事故。后来《水浒传》第二回写到高俄被发配流放到外地时，有这样说法："东城里人民不许留他在家宿食"。人民在古汉语中意为平民百姓。管仲是用"以人为本"，与《诗经》齐名的《书经》则说："民唯邦本，本固邦宁"。应该说，以人为本与以民为本，意思完全相同。孟子强调"民为贵，君为轻"。《孟子·尽心》又说："诸侯之宝三，土地、人民、政事。"可见孟子所说的"民为贵"也就是以人为本之意。在我国古文献中，除了管仲明确提出"以人为本"之外，大多是讲"民为邦本""民为贵""民者，君之本也"（《谷染传》）、"闻这于政也，民无不为本也。国以为本，君以为本，吏以为本。"（贾谊《新书、大政上》），"国以民为本"，"民可以载舟，亦可以覆舟"（唐太宗李世民《民可畏论》），等等。当代国学者在总结我国历史优秀文化遗产时，虽然有人用"以民为本"的提法，但是更有人用"以人为本"的提法。国学大师张岱年牵头主编的《中国文化概论》（北京师范大学出版社

1994 年出版，系国家教委推荐的公用教材），将以人为本与天人合一、刚健有为、贵和尚中并列为中国传统文化的四大要点。中年学者张维青、高毅清合著的《中国文化史》四卷本力作（山东人民出版社 2001 年出版，系山东省教委的科研项目，作为高校教材），书中第三编春秋战国部分，标题用的也是"动乱世道的人本追求"。总之，管仲提出的"以人为本"应该作为中国传统文化的基本精神。当今我们既要继承，又要超越。

2. 西方"以人为本"思想的起源和演变

西方传统文化同样也是"以人为本"的基本精神。古希腊哲学家普罗泰戈拉（公元前 490—421）提出著名的论断："人是万物的尺度，是存在的事物的惊讶，也是不存在的事物不存在的尺度。"（见北大哲学系编《古希腊罗马哲学》，三联书店 1957 年版第 163 页）这是充溢着以人为本精神的哲理。中世纪欧洲笼罩着教会神权统治。14 世纪到 19 世纪的欧洲思想解放运动，重新弘扬了以人为本的理念，先后出现了人文主义、人道主义、人本主义思潮。人文主义、人道主义和人本主义是与时递进的三种社会思潮，它们既有继承性，又有开创性，在西方文字中用词也有所区别。14—16 世纪的文艺复兴运动涌现了人文主义；到 17 世纪法国启蒙运动时发展为人道主义；到 19 世纪德国哲学家进而从理性思维高度提出人本主义。人本主义可以说是人文主义、人道主义思想发展的顶峰，它使人文主义、人道主义从道德伦理的价值观进一步上升到自然与社会发展的世界观的高度。德国唯物主义哲学大师路德维希·费尔巴哈（1804—1872）使用的"人本主义"一词，源于表示"人、人类"这个词根。可见，人本主义就是以人为本、以人类为本的系统思想。费尔巴哈还把自己的哲学称为"人本学"。他把以人为本的原则系统地贯穿体现在他的哲学本体论、认识论、无神论、宗教观、历史观、伦理观等各个领域。他认为自然界是人赖以产生和生存的基础，人能够感知自然界，神是人创造的，应该建立"爱的宗教"，使人得到真正的爱和幸福，以推动社会历史进步。然而他的以人为本只是把人作为"类"而存在的整体的抽象的人。写到这里还要顺便指出：现在我们要把"以人为本"译为英文，似应译为"put the human fundamental"，这样要比"put the human first"更为准确。西方的人文主义、人道主义和人本主义所体现的"以人为本"的思想，极大地打击了中世纪宗教神学、神权和封建专制主义君权的统治，弘扬了人性与人权，推进了科学技术革命和资产阶级民主革命。然而，资本主义社会和资产阶级的统治建立起来之后，实行的却是"以富人为本"，广大无产者和劳苦大众依然处于贫穷无权状态。社会历史的发展要求建立和实现无产阶级的新的"以人为本"观。

3. 马克思主义的"以人为本"观及其在当代的影响

早在 1843 年卡尔·马克思完成自己阶级立场、世界观和政治观转变之初，就在《黑格尔法哲学批判》导言中鲜明地提出"人的解放"问题，指明"这个解放的头脑是哲学，它的心脏是无产阶级。"（《马克思恩格斯选集》第 1 卷 1995 年版第 16 页）这里所说的"人的解放"不仅指现实的人，而且指个体的具体的人，这是马克思超越费尔巴哈之处。马克思主张的以人为本，首先是以工人为本，以穷人为本，最终达到无产阶级和全人类解放，达到每个人都解放。马克思在《1844 年经济学哲学手稿》中进而讲道："社会是人同自然完成了本质的统一，是自然界的真正复活，是人的实现人的自然主义和自然界地实现了的人本主义。"（见人民出版社 2000 年单行本第 83 页）马克思在这部《手稿》中还阐明了人本主义与共产主义的关系。他认为共产主义作为私有财产的扬弃，就是实践的人本主义的生成，共产主义就是以扬弃私有财产作为自己中介的人本主义。换言之，只有以人为本才能最终实现共产主义，只有共产主义才能真正达到以人为本。在 1848 年发表的《共产党宣言》中，马克思、恩格斯更鲜明地指出：在消除了阶级和阶级对立的资产阶级旧社会之后的共产主义社会"自由人联合体"那里，"每个人的自由发展是一切人的自由发展的条件。"（《马克思恩格斯选集》第 1 卷，1995 年版第 294 页）即是说共产主义的以人为本最终要使无产阶级和全人类的解放达到每个人都解放，都能全面自由发展，过着美满幸福的生活，也就是要从"以众人为本"达到"以每个人为本"。马克思主义的"以人为本"观，近一百多年来在全世界有越来越广泛的影响。尤其是《共产党宣言》一书已用二百多种文字出版了一千多个版本，成为许多国家大中学生必读书。当今在资本主义世界已经有越来越众多的有识之士认识到，在新科技革命迅猛发展和知识经济、生态经济愈益增长的新时代，"以人为本"的理念对经济社会的可持续发展具有非常重大的意义。例如，1972 年 6 月在斯德哥尔摩召开的联合国人类环境会议通过的《人类环境宣言》中强调"世界一切事物中，人是第一可宝贵的。"会议呼吁各国政府和人民为着全体人民和他们的子孙后代的利益而做出努力。二十年之后，1992 年 6 月在里约热内卢举行的联合国环境与发展会议又在其《宣言》中宣告："人类处于备受关注的可持续发展问题的中心。"要"使所有人都享有较高的生活素质"，"每一个人都应能适当地获得公共当局所持有的关于环境的资料。""应培养全球伙伴精神，以期实现持久发展和保证人人有一个更好地将来。"1995 年 6 月联合国社会发展问题世界首脑会议在哥本哈根举行，有 118 个国家的元首或政府首脑以及另外 63 个国家的政府代表与会。这是世界历史上各国领导人出席人数最多的空前盛会，也是联合国历史上首次以社会发展问题为主题的各国首脑会议。会上各国代表一致认为贫困、失业和社会两极分化是目前世界面临的最严重的社会问题。11月中国政府总理李鹏在会上阐述了我国对当前国际问题和社会发展问题的看法，13日会议通过了《宣言》和《行动纲领》。《哥本哈根宣言》提出了十项满足人的各方面需要的承诺之后指出：这些承诺"体现了以人的权利为本，以可持续发展为途径，最终满足各国人民的物质和精神需要的社会公共管理的目标价值取向。"《哥本哈根会议行动纲领》的"突出特征是强调'以人为本'的社会发展理念。也就是说，经济的增长，制度的建设，政策的选择等等，都要以尊重人的尊严、实现人的权利、满足人的物质和精神需要为出发点和落脚点。"（摘自联合国相关资料）

从以上考证和辨析可见，当今我们党提出以人为本的科学发展观，正是吸取我国古代和西方政治文明的精华，依据马克思主义的人本主义原理，顺应当今世界文明发展潮流，在理论上的重大创新。它对于构建社会主义和谐社会、争取建立和谐世界、开创和谐未来，都有重大意义。

（二）坚持以人为本是学生全面发展的内在要求

坚持以人为本，对于大学生思想教育而言，就是以学生为本。体现学生在教育中的主体地位，做到贴近实际、贴近生活、贴近学生，做到尊重人、关爱人、依靠人，提高教育的针对性、实效性、吸引力和感染力。这也是贯彻落实科学发展观、构建和谐社会、建设美丽中国、实现中国梦的本质要求。

1. 坚持以人为本，是构建和谐社会的基本要求

构建和谐社会强调的是对人本身的尊重，关注的是对人的劳动、知识、创造、价值的充分肯定。公平和正义是构建和谐社会的共同理性基础，只有坚持公平和正义，才能确立社会生活主流信念和合理、和谐、规范的人际关系，形成讲诚信、讲道德、讲法制、讲秩序的行为规范，使社会环境有利于人人想干事，人人能干事，人人能干成事。高等学校是培养、造就德智体美劳全面发展的社会主义事业建设者和接班人的摇篮，是构建社会主义和谐社会的重要阵地，它的教育主体是坚持以学生为本，要在学校构建和谐校园，必须实事求是地分析学生产生思想问题的原因，按照公平、正义、宽容的社会理念，千方百计地鼓励学生进行自我教育，实行公平原则下的目标激励，调动起学生们的积极性。充分发挥人的主观能动性，最大限度地挖掘人的潜能，帮助学生制定与自己能力相匹配、符合国家建设需要的发展愿景。

2. 坚持以人为本，是当代学生自身发展特点的要求

对大学生进行"中国梦"教育的前提必须是充分尊重思想政治教育的规

律与大学生思想品德的形成发展规律，由于大学思想政治教育所涉及的因素广泛且联系复杂，既有本质的联系也有非本质的联系，因此我们既要尊重思想政治教育的基本规律，也要尊重其具体规律，其中一条重要的规律就是社会存在与社会意识的关系理论。

社会存在与社会意识关系的理论，是唯物主义历史观的基本理论，它揭示了社会存在决定社会意识，社会意识对社会存在具有反作用的规律。马克思说："意识在任何时候都只能是被意识到了的存在，而人们的存在就是他们的现实生活过程。"又说："物质生活的生产方式制约着整个社会生活、政治生活、精神生活的过程，不是人们的意识决定人们的存在，相反，是人们的社会存在决定人们的意识。"社会存在与社会意识关系的理论就解释了大学生思想品德形成发展的规律。当前在校学大学生全部是出生在改革开放年代，成长于社会转型期间的青年一代，其心理状况、接受能力、欣赏水平及接受信息、学习知识、休闲娱乐的方式、方法、手段都发生了很大变化，思想活动的独立性、选择性、多变性和差异性明显增强，在思想、价值、观念、行为呈现许多新的特点。从现实思想看，同学们关心热点在减少，缺乏相互间的聚焦点和碰创点，政治意识、理想激情逐渐被理智、客观、冷静、现实的头脑所取代；从思想价值看，由于生活经历的单纯和价值环境的复杂，有的同学存在认识和行为的背离；从思想行为看，主体性、选择性、观念多样性特点突出；从思想走向看，在政治观念上积极、健康、向上、认同，在社会热点上思考多、关注多、忧患多，在成才意识上求新、求知、求整体素质的提高，在价值取向上注重自我，注重功利，价值取向多元。同时，这些在校的青年学生正处于成长期，各方面还不成熟，将面临诸如学习、成才、健康、生活、交友、恋爱、求职、就业等众多人生考验，在这个过程中，还会有很多具体的困难和困惑，也会有很多彷徨和误区。所以，要增强学生的思想教育的时效性，必须做到贴近实际，贴近生活、贴近学生，时刻把握其思想脉搏，把释疑解惑和排忧解难结合起来，及时给学生开导和帮助，注重其全面发展，把大学生自身特点作为思政教育创新的切入点。面对当代大学生的新特点，高职院校党委把进行立德树人作为对大学生思想政治教育的根本任务。运用改革的精神、创新的方法，真正把大学生自身特点作为思政教育创新的切入点。同时也要看到"一些大学生不同程度地存在政治信仰迷茫、理想信念模糊、价值取向扭曲、诚信意识淡薄、社会责任感缺乏、艰苦奋斗精神淡化、团结协作观念较差、心理素质欠佳等问题。"针对大学生的这些思想特点，党组织和思政教育工作者要紧紧围绕以人为本的教育理念，尽快适应和掌握大学生的思想特点，用改革创新的思路，用科学发展的时代要求审视对大学生的思想政治教育。因此对大学生进行"中国梦"教育必须尊重思想政治教育的规律以及大学生思想品德形成发展的规律，以客观的社会存在为依据，尊重学生的主体性和个性特征，使其形成对"中国梦"的正确的社会意识，充分发挥其主观能动性，帮助其树立正确的世界观，人生观，价值观，增强其实现"中国梦"的使命感和责任感。

3. 中国梦的核心要求是人民幸福。思想政治教育工作是做人的工作

做人的工作就要以人为本，就离不开人的本性和特点，即人的尊严、独立人格、人的理想、人的自我发展等等相关的问题。1989 年，联合国教科文组织发布了《学会关心：21 世纪的教育》，要求在人与人的相互关心中进行相互理解、相互沟通以达成思想共识和道德价值认同。在青年大学生成长的过程中，我们要关注、关心、关爱大学生，要倾听大学生心声、鼓励大学生成长，支持大学生成才。要强化以学生为本的理念，把一切为了学生健康成长作为教育工作的首要追求。一切为了学生、为了学生的一切、为了一切学生，应该是大学永恒的精神追求。要坚持人文关怀和心理疏导原则，教育者要通过尊重人、理解人，以解决人的情感问题；通过教育人、引导人，以解决人的思想认识问题；通过服务人、满足人以解决人的利益需求问题，把促进人的全面发展、适应社会需要作为衡量教育质量的根本标准，把促进学生健康成长作为学校一切工作的出发点和落脚点。以学生为本，必须走进学生的生活世界，将宏大的中国梦化为若干层面的梦想，并进一步细化成贴近个体实际的梦想。对于大学生群体而言，中国梦是"成才梦""创业梦""报国梦"，而每一个人的梦想又可能各不相同，要充分尊重学生个性的发展，将"中国梦"教育与学生个性的发展相结合，探索出一条新的思想政治教育路径。正如教育部部长袁贵仁谈到的"中国教育梦"：有教无类、因材施教、终身学习、人人成才，只有真正把学生的成长发展放在首位，在激励大学生参与中国梦实践的过程中，不断促进大学生的全面发展，并帮助学生具体地规划、设计自己的发展方向、目标和道路，全面服务于学生的小梦想，"中国梦"走进学生的头脑就会水到渠成。

（三）坚持以人为本，必须从学生的需要出发

学生的全面发展离不开学校和老师的教育培养，这其中包括知识传授和思想教育。就思想教育方面应坚持以学生为本，不仅要体现学生的主体地位，重要的是了解学生的特点，满足学生的需求，努力把思想教育做到学生的心里去、心坎上。

1. 贴近学生的学习、生活实际，满足学生成长的需要

对于在校大学生而言，热爱学习，渴望成才，学习是最主要的，也是最

重要的活动。因此，学校在帮助和引导其指定明确的学习目标和学习计划的同时，通过有效地人生观、价值观、成才观的教育，引导学生把学习和成才结合起来，把自己的前途同国家发展和祖国的命运紧密结合起来，从而增强学习的动力和持久力，提高学习的积极性和主动性。另外，高职院校要给予学生广阔的空间和更充裕的自由支配时间，物质生活水平的提高也给学生对高层次的追求提供了条件。所以思想教育要能够帮助和引导其锻炼自理自立的能力，自主自觉地驾驭生活。通过正确的生活观、消费观的教育，把学生的时间和精力引导到学习、能力、素质的培养上来，养成良好的生活习惯，形成文明健康的现代生活方式，消除拜金主义和享乐主义，树立高尚的精神需求。

2. 贴近学生的思想实际和所关心的热点问题，满足学生追求理想和追求民族精神、满足情感和关注社会、关注现实的需要

现在的在校学生都是伴随和平与发展时期成长起来的，不仅缺乏对中华民族历史的深刻了解，而且又生活在社会开放、信息便捷的大环境中，受到不同文化和观念的影响，面对着文化认同和价值认同的艰难选择。这就要求对学生必须深入地进行世界观、人生观、价值观的教育，使所有的学生都明白，党和人民对当代大学生寄予殷切希望，全面建成小康社会和实现社会主义现代化重任需要他们去承担，中华民族的伟大复兴需要他们去奋斗，青春只有在为祖国和人民的真诚奉献中才能更加绚丽多彩，人生只有融入国家和人民的伟大事业才能闪闪发光。

3. 把尊重大学生的主体地位作为思政教育创新的出发点

要坚持以人为本的教育理念，就要确实尊重大学生的主体地位。首先，要真正明确大学生是思想政治教育的主体。高职院校党组织对大学生思想政治教育要按照高举旗帜、遵循规律、改革创新、强化基础的总体思路，以提高学生素质为根本宗旨，以培养学生的创新精神和实践能力为重点，党务和思想政治教育工作者在具体工作中必须尊重工作对象，以完全平等的身份，相互讨论，共同提高。其次，及时了解大学生的物质、文化需求。高职院校贯彻以人为本，就是一切工作都要以了解、满足大学生的物质文化需要为出发点。在学校发展的基础上，不断为他们谋取切实的物质文化利益，为大学生素质的提高和潜能的发挥，提供必要的物质基础和制度保障。

当代大学生是随着改革开放一起成长的，思维活跃，思想敏锐，胸怀远大理想，勇于自立自强，乐于接受新生事物。尤其是关心祖国改革开放和现代化建设，关心社会主义民主政治建设的进程，关心党风廉政建设，关心国际形势，当然也关心自己的前途和未来。这就要求学校思想教育在理论与实

践的结合上、在国际与国内的结合上、在宏观与微观的结合上、在说理和解决实际问题的结合上下功夫。

（四）坚持以人为本，必须注重学生人文关怀

改革开放以来，随着社会利益格局的调整和社会生活的急剧变化，工作和生活节奏的明显加快，竞争的日趋激烈，经济和分配的多元化，必然带来人的思想的多元化。人的需要希望得到理解与关怀，人的价值希望得到承认与尊重，人的归属希望得到落实与确定。如果这些都不能解决，加之心理压力得不到及时地缓解和释放，就容易产生心理异常，导致思想情绪波动，甚至可能引发社会问题，大、中专学生也同样如此。

1. 培养学生良好的个性心理品质是新时期培养高素质人才的迫切需要

现在的大学生多数是独生子女，而且受父母家庭太多的期望，加上应试教育的影响，适应社会的能力还不强，进入大学以后，竞争环境更为激烈，一时的不适应容易导致出现各种各样的心理问题。因此，加强对大学生人文关怀和心理健康教育是培养高素质人才的前提。高素质的人才不但要有良好的思想道德素质、科学文化素质和身体素质，而且也要有良好的心理素质。事实证明，一个民族，没有振奋的精神和坚强的意志，不可能自立于世界民族之林。一个人，没有振奋的精神和坚强的意志，不可能成为高素质人才。从古到今，许许多多成功人士的共同之处就在于，他们不仅有扎实的知识素养，较强的专业能力，而且有良好的心理素质。而那些事业失败、人生遭受挫折的人，也往往是与其情感意志比较脆弱，经不起困难、挫折乃至成功的挑战和考验有关。所以，心理问题以及心理健康教育问题，越来越为社会所重视，为广大青年学生所认识。如何提高学生的社会适应能力、承受挫折能力和情绪调节能力，促使其心理素质与思想道德素质、科学文化素质和身体素质的全面协调发展，是培养高素质人才的重要任务。

2. 采取多种途径实施对学生的人文关怀

一是搭建面对面的沟通平台。通过学生会、社团组织等举办恳谈会、开展问卷调查，摸清带有共性特点的问题。二是搭建点对点的沟通平台。通过建立师生联系点，了解学生心声，掌握学生实情、解决个性问题。三是搭建日常沟通平台。关注学生升级、入团、入党及家庭生活困难等动态变化，及时研究对策。四是搭建热线沟通平台。通过手机、短信、网络等载体，快速反应、有效应对各种情况。党组织在思想政治教育中坚持"一切为了学生，为了一切学生，为了学生的一切"的做法，体现了对人的主体地位的确认，关注的是对人的价值和意义的肯定。说到底，就是以人为前提，以人为动力，

以人为目的，一切以人为中心，一切为了人。因此，高职院校的党务和思政教育工作者所从事的一切工作都是对一切学生的关怀、关爱，这是思想政治教育创新的落脚点。

高职院校对学生既要教育、引导，又要了解、关心和帮助。尤其是要发挥党团组织、学生会的作用，通过举办读书演讲、知识讲座、学术研讨、业余党校等学习形式，或者参加公益劳动、社会调查、社会服务、勤工俭学、实习锻炼等各种社会实践活动，深化学生自我潜能的认识和发挥，培养学生自信、自立、自强，在现实全面发展的同时，真正地把自己融入社会，把自己锻炼成为对社会对国家有用的人才。

二、融入理论教育与融入实践教育相结合

中国梦理念只有让大学生在生活中处处感知它、时时领悟它，使它融入大学生生活，才能真正被接受、被践行。对大学生进行中国梦教育，必须做好"融入"这篇大文章，在落细、落小、落实上下功夫，坚持融入理论教育与融入实践教育相结合，使中国梦的影响像空气一样无处不在、无时不有，达到"大学生日用而不知"的效果。

"国无常俗，教则移风。"培育大学生中国梦理念，教育引导是基础性工作。只有通过持续不断的灌输、潜移默化的熏陶，才能使中国梦在大学生心中播下种子，生根、开花、结果。要充分发挥德育显性资源对大学生中国梦教育的作用。德育显性资源是指思想政治理论课、主题教育活动等。中国梦视野宽广、内涵丰富，升华了我们党的执政理念，是当今中国的高昂旋律和精神旗帜。学习领会中国梦的精神实质，要把握好国家富强、民族振兴、人民幸福的基本内涵，把握好坚持中国道路、弘扬中国精神、凝聚中国力量的重要遵循，把握好中国梦是人民的梦这一本质属性，进一步坚定自信、增强自觉、实现自强，努力建设强盛中国、文明中国、和谐中国、美丽中国。奋斗是成就事业的基石，唯有奋斗才能踏进梦想之门，如果纸上谈兵而不真抓实干，再美好的梦想也不可能成真。每个中国人都是"梦之队"的一员，都是中国梦的参与者、书写者，大家心往一块想、劲往一处使，就能够汇聚起实现中国梦的强大力量。要把中国梦的历史底蕴、科学内涵、实践体系、实现中国梦的重大意义贯穿到思想政治论课全过程，科学解读现阶段"中国梦"实现的具体路径，深入宣传实现"中国梦"与大学生成才之间的关系。实现中国梦必须凝聚中国力量，使大学生充分认识到作为"梦之队"一员所担负的责任，自觉将"中国梦"与"我的梦"结合起来。不断推进中国梦进教材、进课堂、进头脑，开展丰富多彩形式多样的中国梦主题宣传教育活动，增强

大学生对中国梦的认知认同。要发挥德育隐性资源对大学生中国梦教育的作用。德育隐性资源是指教师风范、校园精神、人文社会科学课程、科学与技术课程蕴含的精神层面的价值和意义等，它们潜移默化地影响学生。

人的全面发展最终需要靠教育与社会劳动、社会实践相结合，我们党和政府历来高度重视大学生社会实践活动。《中共中央关于改进和加强高等学校思想政治工作的决定》中指出："青年学生只有在学习科学文化知识的同时，积极参加社会实践，更多地了解国情，了解社会主义建设和改革的实际，了解人民群众的思想感情，才能树立起为建设社会主义国家而献身的信心，逐步锻炼成为有用人才。""纸上得来终觉浅，绝知此事要躬行。"空谈误国实干兴邦，中国梦的生命力在于实践，在于每个社会成员的自觉行动。使大学生培育和践行中国梦，应当坚持不懈地抓好实践养成，引导大学生在行动中深化理解、增进认同。要积极建立社会实践与思想政治理论课和专业学习相结合、与服务社会相结合、与勤工助学相结合、与择业就业相结合、与创新创业相结合的管理体系，建立大学生思想政治教育实践基地。中国梦教育与社会实践相结合，引导大学生感知中国梦、构筑中国梦、追逐中国梦。一是深入开展社会调查活动。组织大学生深入到农村、工厂中去，深切感受各行各业一线人员在追逐中国梦中的生动写照；同时读懂中国的国情，深刻认识到我国还有许多亟须解决的问题，鼓舞和激励大学生为破解中国梦面临的时代难题而继续奋发有为。二是深入实施"三下乡"和"四进社区"的社会实践活动。德育需要有效的活动载体，"三下乡"和"四进社区"正好是开展思想政治教育的良好平台，使大学生把理论知识运用到实践当中，充分认识到学习知识的意义和知识的力量，进一步激发学习的动力。在服务人民的同时，走进群众当中，学习广大劳动人民的勤劳节俭、团结互助、敢于拼搏的优良品格，并转化为实际行动，增强他们的历史使命感和社会责任感，使他们在实践中放飞青春梦想，为实现中国梦而添砖加瓦，凝聚中国力量。充分利用重大纪念日、重要传统节日开展主题实践活动，开展升国旗、入党入团等有庄严感的礼仪活动，让大学生更好感悟中国梦的真谛和要义。

三、合力推进原则

进一步开创高职院校宣传思想工作新局面，需要统筹协调舆论引导、抵御渗透、队伍建设等各环节，统筹协调校内校外、课内课外、网上网下等各方面，努力构建起高职院校宣传思想工作大格局。高职院校要建立起党委统一领导、党政工团齐抓共管的工作机制，不断强化政治意识、责任意识、阵地意识和底线意识，管好课堂、管好队伍、管好阵地。切实加强对党团组织、社会实践、校园文化的思想引导，使课堂内外都成为弘扬主旋律、传播正能量的坚强阵地。要推动校报校刊、广播电视等传统媒介与网络、微信等现代媒介的融合，努力实现网上网下宣传思想工作的多元素集成、多亮点聚合。积极发挥思想政治教育理论课的作用，推进中国梦"进教材、进课堂、进头脑"。我们党历来高度重视高职院校思想政治教育理论课的建设，根据时代特征的变化和时代主题的转换，更新和调整高职院校思想政治教育理论课程，同时丰富和转变教学方法方式。深刻挖掘现有四门思政课与中国梦的契合点，丰富专题内容教学，提高教学效果。要分工协作、齐抓共管。做到教书育人、管理育人、服务于人。形成"全员、全方位、全程育人"的氛围和工作模式。校教务处、思想政治理论课教学科研部、学工处、保卫处、后勤处等职能处室和教学机构，要密切配合党委各部门的安排，把大学生中国梦的培育与践行融入各自工作中，形成合力，确保落实。同时要充分发挥学生党、团和学生会组织的作用努力实现大学生中国梦自我教育的目的。要让大学生中国梦宣传教育网络全覆盖。大力推进校务微博、班级微博、校园微信公众号等建设，在网络上弘扬主旋律、传播正能量。借助互联网、手机等新媒体信息传递快捷、覆盖面广、交互性强等优势，努力实现网上与网下相结合、虚拟与现实相统一，合力推进旨在营造时时有教育、处处有引导、事事有关怀的良好育人氛围，推动形成知荣辱、讲正气、做奉献、促和谐的校园道德风尚。

四、坚持德育制度性资源教育和机制性资源相结合

没有规矩，不成方圆。大学生中国梦的培育和践行，不仅需要循循善诱的影响、春风化雨的熏陶，而且需要制度、规矩来"保驾护航"。因此要充分发挥德育制度性资源的作用。德育制度性资源是指学校的制度、规范。高职院校领导班子要深入学习中央16号文件精神和全国宣传工作会议精神，以习近平总书记关于中国梦的阐述为指导，充分认识加强和改进大学生中国梦教育的极端重要性和急迫性，全面、深入和创造性开展中国梦宣传教育，确保大学生中国梦教育取得实效。大学生思想政治教育是高职院校时刻高度关注的经常性工作，并且贯穿于高职院校的日常教育管理当中。中国梦是中国特色社会主义重大思想理论成果，理应把中国梦融入日常教育管理当中。扎实推进中国梦融入学校的日常教育管理，具体需要从两方面入手。一是提高教师对中国梦的精神内涵和时代价值的认知水平。"一个学校能不能为社会主义建设培养合格的人才，培养德智体全面发展，有社会主义觉悟的有文化的劳动者，关键在教师。"教书育人是高等学校的第一要务，教师是做好教书育人的关键，中国梦教育的开展需要紧紧依靠教师来推动，发挥教师的指导地位。

因此，引导广大人民教师深入学习和深刻领会中国梦的精神内涵，身体力行坚持中国梦，引领大学生坚定走在民族复兴的康庄大道上。同时，积极宣传中国梦，梳理中华民族的历史，特别是近代屈辱史，感知到历史上从没有像今天一样接近中国梦，使大学生坚定民族复兴的信心，并结合现实阐述中国梦的实现也面临着时代的困境，引领大学生为破解中国梦而奋勇前行。二是坚持思想政治教育理论课主阵地，引领大学生坚定理想信念。高职院校思想政治教育理论课是当前对大学生系统开展马克思主义理论教育和推进马克思主义大众化的主渠道，有着不可替代的作用。要完善大学生守则等行为规则，使中国梦成为大学生日常学习生活的基本遵循。大学管理应坚持正确价值导向，使大学生符合中国梦的优秀行为得到鼓励和表彰、违背中国梦的行为受到制约和惩处。完善保障机制。持之以恒、常抓不懈。坚持把长远规划和阶段性安排结合起来，把"中国梦"学习宣传教育工作作为经常性工作，一以贯之、久久为功。

大学生中国梦教育要注意到时代的差异和学生主体发生的变化，注重创新教育宣传的内容和形式，因此要充分发挥德育机制性资源的作用。德育机制性资源，是指在一定体制下，在制度和规范的约束下，实施德育的方法、途径，包括有助于学生自我教育的自组织机制等。应不断创新理念、形式、手段，在增强针对性有效性上下功夫。改变教师学生"主体客体关系"为"主体主体关系"，坚持主体性原则，让学生主动融入中国梦教育中。坚持体验式教育，让学生深刻理解中国梦。要坚持身教与言教相结合，不仅要靠真理的力量、逻辑的力量，更要靠教师人格的力量。要抓住广大在校大学生有梦想、期待梦想实现的特点，结合学校办学特色与目标，有针对性地对大学生开展"中国梦"主题教育活动。要坚持典型示范，党员引领。善于运用手机短信、社交网络、微博微信等平台，运用连环画、动漫、微电影等手法，进行形象化展示故事化表达，进一步增强吸引力感染力。高职院校要把学雷锋与志愿服务结合起来，大力开展学雷锋志愿服务活动，建立完善长效工作机制和活动运行机制，把志愿服务做到基层、做进社区、做进家庭，推进志愿服务制度化，推动学雷锋志愿服务常态长效，不断提升志愿服务的影响力和覆盖面。同时，推动学习宣传先进典型常态化、制度化，广泛宣传师生志愿服务和道德实践活动，挖掘宣传师生身边的道德模范人物，发挥模范人物的先进引领作用，构建家庭、学校、社会三位一体的人文关怀网络。

五、注重说服力和感召力相结合

我们也不必讳言，当下的理想信念教育，确实存在着一定的强制灌输现象，一些高职院校在课程安排、教义设计上，没有顾及学生的体会和感受，一些教师在讲授过程中，没有实现理念与现实的有效结合，课堂教学晦涩难懂、枯燥乏味。避免出现这些现象的根本路径，就在于理想信念教育的通俗化，即通过增强理想信念的说服力来逐步提高教育对象的认知能力和认知水平，并运用典型引领和先进人物的示范来以情动人。通过说服力和感召力相结合的方式，以教育者的信仰力量去打动受教育者，以典型人物的人格魅力去感染受教育者。

当然，我们应明白，说服并不是压服，并不是教育者利用自己的知识和地位优势，强制受教育者接受教育者的理念和观念。它本身是一个过程，是教育者运用充分的学理依据和事实依据，与受教育者进行沟通交流，以让受教育者理解认同教育者的基本理念，并逐步接受和认同这一基本理念的过程。从本质上说，说服的过程是一个说服主体和说服对象平等交流思想观点的过程。这就决定了教育者要提高自己理想信念教育的说服力，就必须在教育过程中充分尊重受教育者，调动受教育者的参与意识，通过互动对话来提升受教育者的理想信念水平。

教育者提高理想信念教育的说服力，另外一个行之有效的办法，就是通过充分发挥先进典型的引领示范作用，特别是大学生身边涌现的先进典型的引领示范作用，来触动和感染受教育者，让大学生感到理想信念并不是虚无缥缈的，而是就在他们身边，可亲可近可学。当然实现说服力和感召力相结合，根本之道还在于，我们的理想信念教育要贴近大学生的生活实际，贴近大学生的认知能力，贴近大学生的接受特点，用大学生喜闻乐见的教学内容和传播方式，将理想信念内化于大学生的心中，转化为大学生的自觉行为。

六、中国梦融入大学生思想政治教育注意把握三个"度"

十八大以来，以中国梦为统领，中国特色社会主义理论创新体系已构架起来。中国梦的提出及其丰富的内涵的阐释，不仅进一步明确了举什么旗、走什么路的问题，即走中国特色社会主义旗帜、坚持中国特色社会主义道路，并解决如何走，即五位一体相互协调，四个全面战略相互支撑。将中国梦融入大学生思想政治教育，使他们真切感受到中国梦与他们息息相关，并自觉地将实现中国梦与个人发展与进步联系起来具有十分重要的意义。

（一）中国梦融入大学生思想政治教育注意把握政治的高度

在中国特色社会主义道路上，实现中华民族伟大复兴的中国梦，基本内涵就是实现国家富强、民族振兴、人民幸福。这三条包含着全面建成小康的社会目标，也包含着建设社会主义现代化的国家目标，还包括了实现伟大复兴的民族目标。国家富强、民族振兴、人民幸福，三者相互联系，相辅相成，既有使命的承载，也有前进方向的引导，更表达了人民心声，体现了时代的要求。这是党的十八大新一代中央领导集体对全体人民的庄严承诺，是我们党和国家未来发展的政治号召。谈政治的高度，绝非以政治压人，危言耸听，而是讲中国梦的根本立场。政治既是表现为一定阶级、阶层，及其政党、社会集团等在国家生活中的政策和活动，那么其活动就必然表现为代表该阶级或集团的利益，中国梦是站在时代的高度，代表的是中华民族的整体利益，今天集中表现为人民群众的整体利益。

中国梦是科学发展的历史逻辑的必然结果。科学发展回答的是为什么发展、发展为了谁、依靠谁的问题，它决定着中国未来发展道路的方向与归宿。

马克思主义的根本立场就是人民群众的立场。无产阶级政党的发展，一刻也离不开人民群众。人民群众，既是历史的首创者，也是一切历史活动的推动者，如果离开人民群众，这个政党将失去生命力。依靠人民，我们脚下就永远有一片坚实的土地，尊重人民的选择，我们才会顺历史潮流而动，拥有不竭的动力与源泉。"政之所兴在顺民心，政之所废在逆民心。"在2015年6月召开的中央统战工作会议上，习近平再次提道："人心向背、力量对比是决定党和人民事业成败的关键，是最大的政治。"情为民所系、权为民所用、利为民所谋。中国梦归根到底是人民的梦。人民对美好生活的期盼，就是共产党人奋斗的目标。"中国梦是幸福梦，就是要实现人民幸福。中国梦，归根到底是人民的梦。民族梦只有同个人梦融合统一起来，梦想才有生命、根基和力量。"使大学生认识到中国梦的出发点和归宿，进而主动自觉地树立人民群众的立场。习近平调实现中国梦就是要实现国家富强、民族振兴、人民幸福，国家好，民族好，大家才会好；中国梦是国家的梦、民族的梦，归根到底是人民的梦；实现中国梦必须走中国道路、弘扬中国精神、凝聚中国力量。

（二）中国梦融入大学生思想政治教育注意把握理论的维度

中国梦的提出，谱写中国特色社会主义理论体系的新篇章。以习近平同志为总书记的新一代中央领导集体，继续坚持和发展中国特色社会主义，推进理论创新和实践创新，集中体现在中国梦的提出、阐述和拓展上。中国梦是马克思主义中国化的最新最重要的理论成果之一。

马克思主义中国化两次历史性飞跃，产生两大理论成果，第一个是毛泽东思想，第二个是中国特色社会主义理论体系。后者包括邓小平理论、"三个代表"重要思想、科学发展观以及马克思主义中国化最新理论成果——习近平治国理政思想，在习近平治国理政思想中，中国梦既是其中重要组成部分，又是贯穿于治国理政思想的一个主线。"党的十八大以来，围绕党、国家和军队的发展大局，习近平同志做出了一系列重要指示，贯穿其中的主线，蕴含其中的核心，就是中国梦这一范畴。从参观《复兴之路》时的深情阐发，到十二届全国人大一次会议上的系统论述，再到与劳模、青年代表座谈时的深入阐述，呈现了从逻辑起点到理论展开的清晰脉络。"

这一理论成果，既是近代以来170多年中华民族寻梦、追梦、圆梦的夙愿，也是新中国成立60多年共和国艰辛探索的结晶，更是30多年改革开放迸发出的活力与激情。"中国梦是十八大后创新发展中国特色社会主义理论体系的历史起点，也是党的理论创新最新成果的逻辑起点。"

（三）中国梦融入大学生思想政治教育注意把握情感的温度

理论是灰色的，当理论与现实有机结合，则会迸发出巨大的力量。这种力量当它作为利器扫除人类进步道路上的阻碍之时，正如卢梭的著作在罗伯斯皮尔手中则变成了炸毁欧洲的旧城堡的武器。当这种理论如明灯驱走前行道路上的黑暗，指引人们奋发前行之时，它散发的是脉脉温情。

以习近平同志为总书记的新一届中央领导集体提出的实现中华民族伟大复兴的中国梦，为全国人民达成共识、凝聚力量、共同推进中国特色社会主义事业指明了方向，成为当前青年大学生思想政治教育的重要主题。为青年大学生播种梦想、点燃梦想，让更多的青年大学生敢于有梦、勇于追梦、勤于圆梦，为实现中国梦增添强大的青春能量。这是对广大青年命运的深切关怀。

大学阶段是一个人的三观形成的重要时期，也是他们生理发展的过渡时期，当代大学生果敢、创新、进步、个性。他们是中国梦之队的主力军。习近平总书记在同各界优秀青年代表座谈时的讲话中指出："中国梦是我们的，更是你们青年一代的。中华民族伟大复兴终将在广大青年的接力奋斗中变为现实。"大学生要担负起实现中国梦的历史使命，需要强大的精神动力作支撑。但是由于改革开放和社会多元化趋势的影响，大学生大多在政治思想上困惑、在价值选择上迷茫、在行为取向功利倾向性较强。因此，对大学生的真正关怀应体现在对他们前途和命运的关注与指引。2016"两会"新词"获得感"既是一种现实的需求，又是一种内心的体验。因此，对大学生进行思想政治教育要注意：

第一，将"中国梦"作为一种强大的精神鼓舞，激励他们既仰望星空又脚踏实地。仰望星空就是树立崇高的理想和信念，将个人的成功与发展与全民族的发展与振兴有机结合，使中国梦成为他们精神的强大支撑，形成长久发展的内驱力；脚踏实地就是一步一个脚印，切不可好高骛远、急于求成，使他们在奋斗中有所收获。"中国梦"的精神力量在于，使大学生相信只要通过自己努力奋斗，也只有通过自己的努力奋斗，才能够主宰自己的命运，可以获得成功与发展。实践反复证明，只有扎根于现实的土壤之上的梦想才会生根发芽，只有与社会前进方向和发展要求相一致的梦想才会开花结果。

第二，将"中国梦"作为一种对未来的引领与行为的规范。民族复兴的宏伟蓝图已经绘就，要实现宏伟蓝图，必须通过一个一个具体目标实现才能得以完成，"两个一百年"既可望也可求，在实现国家梦、民族梦的历程中，个人梦才会得以实现。家国情怀、爱国主义并非空洞说教，因为个人与家、国，休戚相关，生死与共。在中国梦中，有国家大梦也有国民小梦，对大学生进行中国梦教育，使大学生正确理解中国梦蕴含的价值追求，认识中国梦所遵循的社会发展规律，从实际出发引导大学生树立正确的理想，选择正确的成长道路，引导他们将个人的梦想融入国家梦、民族梦之中。

总之，将中国梦融入大学生思想政治教育意义重大，注意把握好以上几个方面的问题，对于拉近理论与现实的距离，拉近中国梦与大学生的距离，将中国梦融入大学生思想政治教育，探索中国梦融入大学生思想政治教育的模式大有裨益。

第三节 中国梦融入大学生思想政治教育中的主渠道

一、发挥思想政治理论课普及中国梦教育主渠道作用

中国梦是大学生思想政治教育的重要主题。将中国梦融入大学生思想政治教育中，必须充分发挥思想政治理论课的主渠道作用。

（一）以思想政治理论课为主渠道，将中国梦贯穿于思想政治理论课教学全过程

做好中国梦融入大学生思想政治教育工作，就要全面把握中国梦的深刻内涵，以及中国梦的实践体系。思想政治理论课教师要原原本本、认认真真研读中国梦的科学内涵，根据习近平总书记关于中国梦思想的经典论述，把握中国梦的精神实质、基本内涵和真谛要义、实现"两个一百年"奋斗目标与实现中华民族伟大复兴的内在联系、中国梦的文化底蕴、中国梦的历史渊源和文化传承、中国梦在构建核心价值理念上的独特贡献、实现中国梦的基本要求、实现中国梦对推进改革发展稳定提出的新任务、新要求，把教材体

系、教学体系与中国梦精神紧密结合起来，注重贯穿融入，坚持知识性、学术性、政治性的统一，使大学生在思想政治理论课的学习过程中能够以中国梦理论知识丰富自己，以强大的理论思维能力武装自己，以明确的政治立场和政治方向引导自己。整体把握是中国梦融入大学生思想政治教育之中的基本思路。只有具备科学的中国梦的理论知识，才能帮助学生正确理解中国梦，提升大学生中国梦理论水平。要集体攻关，不断提升回答中国梦重大理论和实践问题的能力，提供有分量的、有价值的研究成果，要以中国梦理论的穿透力形成对学生心灵的震撼，培养大学生实现中国梦的责任感和历史使命感，引导大学生用中国梦理论去认识、分析、理解社会发展过程中的各种问题，使大学生掌握的中国梦理论知识现实化并转化内心信念，形成科学的世界观、人生观、价值观。高职院校要想把中国梦真正融入思想政治理论课教学全过程，首先必须找准中国梦与思想政治理论课程的契合点。在现有的四门思想政治理论课中，每一门都与中国梦存在契合点。比如说，在讲解《马克思主义基本原理》中关于"人民群众在社会发展中的作用"时，可以将习近平总书记"中国梦归根到底是人民的梦，必须紧紧依靠人民来实现，必须不断为人民造福"的观点贯穿教学中；在讲授"中国特色社会主义的科学内涵"时可以将中国梦的内涵、本质融入教学中，并让学生明白"实现中国梦必须走中国道路"；在"中国近现代史纲要"教学中，不仅要让学生了解国史、国情，同时也要让学生了解中国梦的发展历程也是近代以来170多年中华民族的发展历程，是为实现民族伟大复兴而不懈奋斗的历程；在"思想道德修养与法律基础"课程中，将中国梦渗透到爱国主义教育中，增强大学生的责任感与使命感，激励大学生凝聚共识、团结一心，形成全面建成小康社会的合力。教学手段和教学方法的合理利用是提高教学效果的必要前提。只有不断改变传统的教学手段和方法，积极探索思想政治理论课教学新手段、新方法，利用媒体、网络等新技术来创新教学模式，吸引学生参与到课堂中，才能真正将中国梦融入大学生思想政治教育中来，成为大学生的自觉追求和自觉行动。

（二）创新思想政治理论课，提升思想政治理论课中国梦教育教学实效性

要以思想理念的转变为先导，坚持"立德树人"，牢固树立"以学生为本"的理念，全面掌握大学生的思想状况，聚焦人的需求、人的价值、人的心理、人的全面发展等问题，把大学生的身心健康发展放在最突出的位置，认真分析思想领域的倾向性问题，努力使中国梦教育教学更加贴近学生思想实际；要切实调动教师教学主导和学生学习主体的两个积极性，教师必须教好，学

生必须学好，学校领导必须管好；把握内在规律，要善于"润物细无声"，深入浅出，循循善诱，让学生在深刻的哲理启迪、生动的人文熏陶、形象的故事叙述中明白"大道理"。第二，树立实践育人理念，引导大学生通过社会实践、广泛开展学雷锋志愿服务、结合自身的专业特点服务社会、回报社会等精神文明创建活动，使大学生在社会实践中得到教育和锻炼。第三，要进行课程教学方法、技术创新，努力做到"苟日新、日日新"，贴近大学生的认知特点，利用网络精品课程和"微课"等新媒体教学手段，多形式开展中国梦主题教育活动。改变传统思想政治教育以老师为主导的教学结构，注重师生之间的交互启发，激发大学生对于中国梦知识的学习兴趣、提高其主动性，努力提高教学效果。

（三）要深入宣传实现中国梦与大学生成才之间的关系

中国梦的本质是人民幸福，就是人民权利保障更加充分，人人得享共同发展，生活在伟大祖国和伟大时代的中国人民，共同享有人生出彩的机会，共同享有梦想成真的机会，共同享有同祖国和时代一起成长与进步的机会。中国梦是国家的梦、民族的梦，也是每一个中国人的梦。尽管"每个人都有理想和追求，都有自己的梦想"，但每个人的前途命运都与国家和民族的前途命运紧密相连，只有国家富强民族强盛，个人梦想才得以实现。各门思想政治理论课，都要凸显中国梦这一主题，通过开展丰富多彩的活动，让学生感悟中国梦与自己的关系。引导大学生把个人的发展梦、学业梦、成才梦、创业梦与中国梦结合起来，为大学生播种梦想、点燃梦想，让更多的大学生敢于有梦、勇于追梦、勤于圆梦，让大学生在实现中国梦的生动实践中放飞青春梦想。

二、发挥思政课功能培养大学生实现中国梦的高度自觉

思想政治理论课是对大学生进行中国梦教育的主渠道，要充分发挥思想政治理论课的理论导向功能、政治引导功能和行为指导功能，培养大学生实现中国梦的高度自觉。

（一）必须发挥思想政治课理论课的理论导向功能，不断推进习近平总书记关于中国梦的经典论述"进教材、进课堂、进头脑"的"三进"工作，强化中国梦理论武装

大学生中国梦教育首先必须使大学生增强对中国梦的认知认同，增强对中国梦的认知认同就要发挥思想政治理论课的理论导向功能，坚持思想政治理论课教学的科学性、知识性，向学生宣传"中国梦"的理论知识。政治上

的坚定来自理论上的清醒，大学生坚定中国梦理想信念首先需要练就扎实的中国梦理论功底。只有具备丰富的中国梦理论知识，才能形成对中国梦理论的基本理解、认识和领悟，才能变成大学生实现中国梦的精神动力。因此要不断推进习近平总书记关于中国梦的经典论述"进教材、进课堂、进头脑"的"三进"工作，强化中国梦理论武装。

1. 要使学生深刻把握"中国梦"的科学内涵和重要意义

（1）要教育引导学生把握中国梦的核心内涵

习近平总书记指出：中国梦，"核心内涵是中华民族伟大复兴"。中国梦是历史的选择，是在从近代中国强国之梦的历史轨迹中提出来的，自1840年鸦片战争开始，中国逐渐沦为半殖民地半封建社会，中华民族就开始经历寻梦、追梦、圆梦的过程，实现中华民族的伟大复兴的中国梦，是贯穿于整个中华民族近现代史的主流。中国梦是历史的必然、现实的选择、未来的方向。中国梦记录着中华民族的历史，承载着中国的现在，展现着民族的未来。因此，思想政治课理论课教师对大学生进行中国梦宣传教育必须结合《中国近现代史》《毛泽东思想和中国特色社会主义理论体系概论》等相关课程，引导学生学习中国近代史、党史、世界社会主义500年，启发学生从史实思考感悟中国梦的历史必然性，深刻认识中国共产党成立后才带领人民实现独立自由梦、富强民主梦，坚定坚持中国共产党的领导的政治信念。运用历史唯物主义的基本原理把握中国梦提出的历史轨迹，坚定"三个"自信。

（2）要教育引导学生把握中国梦的基本内涵和价值追求

习近平总书记指出：中国梦"基本内涵是实现国家富强、民族振兴、人民幸福"，"在新的历史时期，中国梦的本质是国家富强、民族振兴、人民幸福。"习近平总书记强调："中国梦归根到底是人民的梦，""中国共产党在中国执政，就是要带领人民把国家建设得更好，让人民生活得更好"，"人民对美好生活的向往，就是我们的奋斗目标。"这就揭示出中国梦的科学内涵和价值追求。思想政治理论课教师要增强政治意识、责任意识、阵地意识、底线意识，"学高为师，身正是范，"增强本领意识，树立终身学习意识，用习近平总书记关于中国梦的经典论述武装自己，把教材与党报党刊相结合，密切关注重大时事，用独特的视角与敏锐的洞察力捕捉新闻要旨，紧密结合行进中国。精彩故事和中国大数据，坚持摆事实、讲道理，以理服人、以情感人，读懂学生，接地气向学生科学阐述国家富强、民族振兴、人民幸福的含义以及三者之间的关系，坚持教与学相结合，充分发挥大学生学习中国梦理论的主观能动性，激发学生在思考中感悟，从而使大学生深刻把握中国梦的科学内涵。要把中国梦的理论讲授与播放《百年潮·中国梦》《复兴之路》《延安颂》《长征》等爱国励志教育影片相结合，在 QQ 群里、学校官方微博、微信中展开互动、讨论，深化大学生对中国梦的理解与认识。要引导大学生认真研读习近平总书记围绕什么是中国梦、怎样实现中国梦，提出的一系列富有创见的新思想新观点，自觉运用中国梦理论的立场、观点和方法辨析批驳错误思潮和观点，筑牢思想防线。

（3）要教育引导学生把握中国梦的历史传承和文化底蕴

习近平总书记紧密结合中华民族五千多年的文明发展史，特别是鸦片战争以来 170 多年的历史，强调："中国梦是历史的、现实的，也是未来的，""实现中华民族伟大复兴的中国梦是近代以来中华民族的夙愿，"中国梦"既深深体现了今天中国人的理想，也深深反映了我们先人们不懈追求进步的光荣传统。"思想政治理论课教师要紧密结合习近平总书记的经典论述，对中国梦历史渊源与文化底蕴向大学生进行讲解，使大学生更深刻地感受到中国梦本质特征是人民梦，是真实的梦，增强大学生对中国梦的情感认同。让大学生在理解中国梦的过程中心灵受到启发和震撼，精神得到熏陶和鼓舞，培养自己实现中国梦的高度文化自觉。

（4）要教育引导学生把握中国梦的重要意义

习近平总书记指出："党的十八大描绘了全面建成小康社会、加快推进社会主义现代化的宏伟蓝图，发出了向实现'两个一百年'奋斗目标进军的时代号召。根据党的十八大精神，我们明确提出要实现中华民族伟大复兴的中国梦。""中国梦是一种形象的表达，是一个最大公约数，是一种为群众易于接受的表述"。这样就把中国梦与"两个一百年"的奋斗目标紧紧联系在一起。思想政治理论课教师在思想政治理论课教学过程要根据习近平总书记的经典论述，理论联系实际接地气向大学生讲述中国梦的重要意义，使大学生把握中国梦的重要意义，树立中国梦的理想信念，激发大学生实现中国梦的精神动力和价值行为规范。

2. 要使学生着重理解"中国梦"的基本要求

梦想的实现需要铺就一条坚实的道路。实现"中国梦"必须走中国道路，中国特色社会主义道路是我国各族人民在改革开放和社会主义现代化建设的实践中形成的，是党的十一届三中全会以来中国共产党把马克思主义基本原理与中国实际、时代特征相结合，开辟的一条适合中国的、引导中华民族实现伟大复兴的唯一正确的道路，思想政治理论课教师要按照中共中央办公厅、国务院办公厅印发《关于进一步加强和改进新形势下高校宣传思想工作的意见》要求，切实推动中国特色社会主义理论体系特别是习近平总书记系列讲话精神进教材进课堂进头脑。习近平总书记指出："中华民族是具有非凡创造力的民族，我们创造了伟大的中华文明，我们也能够继续拓展和走好适合中国国情的发展道路。全国各族人民一定要增强对中国特色社会主义的理论自信、道路自信、制度自信，坚定不移沿着正确的中国道路奋勇前进。"对学生进行中国梦教育，要以习近平总书记经典论述为指导使学生明白什么是中国道路，怎样走中国道路，因此要发挥思想政治理论课理论导向功能，宣传中国道路，使学生坚定中国特色社会主义的道路自信、理论自信、制度自信，举好圆梦旗帜。"纸上得来终觉浅，绝知此事要躬行"。中国特色社会主义道路具有极强的实践性。大学生对"道路自信、理论自信和制度自信"的理解和把握也只有通过具体的实践活动才能真正完成。因此，思想政治理论课教师要引导大学生充分利用思想政治理论课的教学实践环节和寒暑假的社会实践机会，积极参加"三下乡"活动和社会调查活动，通过参观爱国主义教育基地，用所学专业知识服务农村、企业、社区等进一步了解国情、社情、民情，通过社会调查和社会实践可以使学生"多闻""多见"，培养处事应变的能力；有利于大学生从整天埋头书本、网络的生活中走出来，走向社会，走向生活；有利于感受新中国成立六十多年来，特别是改革开放三十年多年来发生的翻天覆地的变化，促使大学生进一步了解社会主义初级阶段的基本国情、了解火热的社会生活，培养他们用中国梦的思想、观点、方法发现问题、思考问题，使他们增强道路自信、理论自信和制度自信，深化和增进对中国特色社会主义的理论认同、政治认同和情感认同，努力使其内化于心、外化于行，成为自身的价值追求和自觉行动。增强实现中国梦的责任心、使命感，积极培育和践行社会主义核心价值观，坚定实现伟大复兴的中国梦的理想信念。

梦想的实现需要精神的支撑。实现"中国梦"必须弘扬中国精神，即以爱国主义为核心的民族精神和以改革创新为核心的时代精神，这是实现中国梦的精神动力。实现中华民族的伟大复兴是一项充满艰辛、充满创造的壮丽事业。实现中国梦的伟大事业需要并产生崇高的精神，崇高的精神为实现中国梦的伟大事业提供精神动力和智力支持。习近平总书记指出："实现中国梦必须弘扬中国精神。这就是以爱国主义为核心的民族精神，以改革创新为核心的时代精神。这种精神是凝心聚力的兴国之魂、强国之魂。"对学生进行中国梦教育，要以习近平总书记的经典论述为指导使学生明白什么是中国精神，怎样弘扬中国精神，因此要发挥思政课理论导向功能，宣传弘扬中国精神，振奋起大学生的精气神。教育和引导学生弘扬和培育民族精神，既要弘扬中国古代的优秀民族文化传统，更要大力弘扬和培育井冈山精神、长征精神、延安精神、西柏坡精神、雷锋精神、铁人精神、两弹一星精神、载人航天精神、北京奥运精神，等等，要以实现中国梦的生动实践为源泉，使中国传统文化创造性转化、创新性发展，不断丰富民族精神的时代内涵，使民族精神得到大力弘扬。教育和引导学生弘扬以改革创新为核心的时代精神，必须大力推进理论创新、制度创新、科技创新、文化创新以及其他各方面的创新，要自觉投身于改革创新的伟大实践，全面贯彻创新驱动战略，形成全民创业万众创新的局面，使学生在以爱国主义为核心的民族精神和以改革创新为核心的时代精神引领下实现伟大复兴的中国梦。

梦想的实现需要不解奋斗。习近平总书记指出："实现中国梦必须凝聚中国力量。这就是中国各族人民大团结的力量"。习近平总书记强调："我们深深知道，每个人的力量是有限的，但只要我们万众一心、众志成城，就没有克服不了的困难"，"生活在我们伟大祖国和伟大时代的中国人民，共同享有人生出彩的机会，共同享有梦想成真的机会，共同享有同祖国和时代一起成长与进步的机会。有梦想，有机会，有奋斗，一切美好的东西都能够创造出来"。对大学生进行中国梦教育要以习近平总书记经典论述为指导使学生明白什么是中国力量，怎样凝聚中国力量，因此要发挥思政课理论导向功能，宣传弘扬中国力量，紧密结合团中央相关活动的要求有针对性地开展志愿者服务，弘扬志愿精神使志愿服务成为大学生的生活方式和日常化行为。凝聚大学生实现中国梦的力量，做中国梦的参与者、书写着。

3. 要使学生理解中国梦与世界梦的关系

中国梦是和平、发展、合作、共赢的梦，与各国人民美好梦想是相通的。习近平总书记强调，中国梦是和平、发展、合作、共赢的梦；中国梦与各国人民追求和平发展的美好梦想相通；我们将始终不渝走和平发展道路，始终不渝奉行互利共赢的开放战略，不仅致力于中国自身发展，也强调对世界的责任和贡献。思想政治理论课教师要以习近平总书记经典论述为指导，科学阐述中国梦与世界梦的关系，引导学生树立全球视野和开放观点，在积极投身"一带一路"建设过程中发挥光和热。

4. 要使学生理解"四个全面"与中国梦的关系

习近平总书记指出："要全面贯彻党的十八大和十八届三中、四中全会精神，用全面建成小康社会、全面深化改革，全面依法治国，全面从严治党，来引领各项工作"。"四个全面"是马克思主义与中国实际相结合的新飞跃，是我们党治国理政的新战略。思想政治理论课教师要坚持与时俱进，把"四个全面"新战略引进课堂，诠释"四个全面"的由来、科学内涵和"四个全面"与实现中国梦的关系。引导大学生深刻认识全面建成小康社会是实现中国梦的第一阶梯、全面深化改革是实现中国梦的强大动力、全面推进依法治国是实现中国梦的法治保障、全面从严治党是实现中国梦的根本保证、"丝绸之路经济带和海上丝绸之路"是实现中国梦的战略空间。树立全面深化改革的意识，支持改革、参与改革，树立法治思维、运用法治思维、形成法治文化，自觉坚持党的领导，为全面建成小康社会、实现伟大复兴的中国梦而奋斗。

5. 要教育学生理解"五大理念"与中国梦的关系

十八届五中全会提出关于创新发展、协调发展、绿色发展、开放发展、共享发展的"五大理念"，"五大理念"的提出，就是全面建成小康社会和实现中国梦的实施路径。

当第一个一百年到来之际，我们国家应是"苟日新、日日新、又日新"，创新摆在国家发展全局的核心位置，让创新贯穿党和国家一切工作，让创新在全社会蔚然成风，理论创新、制度创新、科技创新、文化创新都达到新的境界。

当第一个一百年到来之际，我们国家应是"仓廪实而知礼节，衣食足而知荣辱"，城市与乡村、工业与农业、物质文明与精神文明、综合国力与文化软实力等协调发展、并鲁而行，发展格局更加完善。

当第一个一百年到来之际，我们国家应是"水光山色与人亲，说不尽，无穷好"，形成资源节约型、环境友好型社会，形成人与自然和谐发展现代化建设新格局，环境更好、中国更美、发展更有后劲。

当第一个一百年到来之际，我们国家应是"近者亲其善，远方慕其义"，与世界的联系愈加紧密，深度参与国际合作，提升对外开放水平，让中国从世界汲取发展力量，世界因中国而缤纷多姿。

当第一个一百年到来之际，我们国家应是"稻米流脂粟米白，公私仓廪俱丰实"，改革应该也能够释放出更多的红利，让发展果实由全民共享；让每一个中国人，都有踏踏实实的获得感；让每一个中国梦，都有变成现实的厚重基础。

引导学生深刻理解"五大理念"是实现中国梦的实施路径，自觉培育和践行"五大理念"。

（二）必须发挥思想政治课的政治引导功能，使中国梦理论被大学生自觉地接受，树立正确的世界观、人生观、价值观

意识形态工作是党和国家一项极端重要的工作，思政课是塑造大学生灵魂的主渠道、主阵地，要建设学生真心喜爱、终身受益的高职院校思想政治理论课，坚持把思想政治理论课教学的政治性放在首位，使中国梦理论被大学生自觉接受，内化于心，外化于行。

1. 引导大学生树立实现中国梦的理想信念

实现中国梦的理想信念对大学生的健康成长具有重要意义，有利于引导大学生做什么人、走什么路，激励大学生为什么学。思想政治理论课在向学生传授知识的同时，要坚持坚持育人为本、德育为先，对学生进行意识形态引导，用习近平总书记系列讲话精神武装学生。要引导大学生认真践行习近平总书记"五四讲话"中引用的"功崇惟志，业广惟勤"；用党的最新创新理论成果武装自己的头脑，培养自己的政治素养；坚定走中国特色社会主义道路和实现中国梦的理想信念，"进一步增强理论认同、政治认同、情感认同"，激发自己实现中国梦的精神动力，增强实现中华民族的伟大复兴中国梦的自觉性。

2. 引导大学生树立正确的价值理念

当今世界多元文化和各种思想观念借着我国改革开放的大门涌进大学校园，再加之网络传媒兴起等都给大学生的思想带来了巨大的冲击和挑战，大学生价值多元趋向是我们必须面对的现实问题。但正如习近平总书记北京大学"五四"重要讲话时所论述："如果一个民族、一个国家没有共同的核心价值观，莫衷一是，行无依归，那这个民族、这个国家就无法前进。"所以，必须使大学生树立和培育社会主义核心价值观。思想政治理论课教师要将政治性作为教学的起点，更加重视价值观教育，在为大学生解答全球化背景下的现实问题时坚守政治底线、法律底线、道德底线，有明确的政治立场，引导大学生正确认识、理解和把握社会生活及思想意识形态领域出现中的各种问题。中国梦的"最大公约数"就是"中华民族的伟大复兴"，要以中国梦引领大学生树立正确的价值观。正确处理好个人与他人、个人与集体、个人与社会、个人与国家的关系、个人与自然的关系，自觉把个人梦融入中国梦之中。

3. 引导大学生树立马克思主义文化观

习近平总书记指出："继承优秀传统文化又弘扬时代精神，立足本国又面向世界"。习近平总书记还强调，"要加强对中华优秀传统文化的挖掘和阐发，努力实现中华传统美德的创造性转化、创新性发展"。思想政治理论课教师要认真学习领会，以"中国梦"为生动素材，引导学生树立马克思主义文化观，培育大学生实现中国梦的马克思主义、毛泽东思想和中国特色社会主义理论体系、社会主义核心价值观等主流文化。使大学生树立高度的文化自觉和文化自信，继承中华民族的优秀传统文化和红色文化，还要有文化自为，在继承中创新、发展，自强不息，把优秀的传统文化与社会主义核心价值观有机地结合起来，积极汲取世界各民族文化的长处，为我所用。

（三）必须发挥思想政治理论课的行为指导功能，培养大学生实现中国梦的过硬本领

中国梦归根到底是人民梦，必须紧紧依靠人民来实现。实现中国梦，既要要有责任担当意识，更要靠脚踏实地地实干精神。大学生作为中国特色社会主义的建设者和接班人，每一个人都应该在中华民伟大复兴中国梦的生动实践中放飞青春梦想，做中国梦的参与者、书写者。

1. 教育引导大学生增强本领意识，把"勤学"作为生活习惯，下得苦功夫求得真学问

思想政治理论课的理论导向功能、政治引导功能落到实处就是指导大学生进行正确的行为选择。要引导大学生要勤学、修德、明辨、笃实，把社会主义核心价值观内化于心，外化于行。习近平总书记指出，"知识是树立核心价值观的重要基础"。思想政治理论课引导学生树立和培育社会主义核心价值观，就要引导学生把"勤学"作为生活习惯，下得苦功夫求得真学问。要坚持课内教学和课外实践的有机结合，在实践活动中引导学生热爱专业，培养创精神和实践能力，掌握专业知识和技能，明确责任，增强未来投身实现中国梦实践过程中的信心和动力。要教育引导大学生要保持清醒头脑，认识到实现中国梦不是一帆风顺的，会遇到各种风险和挑战，认识到共筑"中国梦"的过程是全面建成小康社会、全面深化改革、全面推进依法治国、全面从严治党的过程，认识到我国现在处于并将长期处于社会主义初级阶段的基本国情没有变，人民日益增长的物质文化需要同落后的社会生产之间的矛盾是我国社会的主要矛盾没有变，我国仍然是最大的发展中国家的国际地位没有变，认识到圆梦之路改革是支撑、法治是保障、发展是根基、党的领导是保证、创新是动力，勇于实践、勇于变革、勇于创新，增长本领。大学生必须要抓好学习的黄金时期，坚持德智体美劳全面发展的方针，坚持面向现代化、面向世界、面向未来的方针，要始终处于学习状态，站在知识发展前沿，有扎实的知识功底，刻苦钻研、严谨笃学，不断充实、拓展、提高自己。如饥似渴地学习，打牢基础知识，不断更新知识，同时掌握相关技能，提高自己的素质和能力，不断培养自己的创新精神、创新能力，为中国梦的实现做出贡献打下基石。

2. 教育引导大学生要重视实践和创新，做中国梦的参与者、书写着

习近平总书记指出，距离实现中华民族伟大复兴的目标越近，我们越不能懈怠，越要加倍努力。"空谈误国，实干兴邦"，强调真抓才能攻坚克难，实干才能梦想成真。要求我们在全社会大力弘扬真抓实干、埋头苦干的良好风尚。大学生是未来实现中国梦的主力军，必须树立实践意识，重视实践，

积极参加"三下乡"活动，参加学雷锋志愿服务活动、公益活动，参加社会调查，到社区、工厂、农村等用所学专业知识服务社会，实现青春梦，奋斗新常态，大学生要富于并敢于改革创新，改革创新贵在实践，实践出真知，使自己真正成为实现中华民族的伟大复兴中国梦的参与者、书写者、实践者。

三、在思想政治理论课中坚持"四个"结合，培养大学生实现中国梦的精神状态

一是把中国梦宣传教育同中国特色社会主义宣传教育结合起来，坚定大学生实现中国梦的共同理想信念，使大学生在坚定道路自信、理论自信、制度自信中走好中国道路，举好圆梦旗帜。

中国梦的核心要义就是在中国特色社会主义道路上实现中华民族伟大复兴，推进中国特色社会主义的根本目的也是为了实现中国梦，中国梦宣传教育与中国特色社会主义宣传教育是完全统一的。要把这两个方面的宣传教育有机结合起来，在主题上贯通、基调上呼应、内容上衔接，使之相辅相成、相得益彰。党的十八大深刻指出："中国特色社会主义道路，中国特色社会主义理论体系，中国特色社会主义制度，是党和人民九十多年奋斗、创造、积累的根本成就，必须倍加珍惜、始终坚持、不断发展。"实现中国梦必须走中国道路，这就是中国特色社会主义道路。道路决定命运。没有正确的道路，再美好的愿景、再伟大的梦想，都不能实现。习近平总书记指出，"中国特色社会主义这条道路来之不易，它是在改革开放三十多年的伟大实践中走出来的，是在中华人民共和国成立六十多年的持续探索中走出来的，是在对近代以来一百七十多年中华民族发展历程的深刻总结中走出来的，是在对中华民族五千多年悠久文明的传承中走出来的，具有深厚的历史渊源和广泛的现实基础"。世界社会主义五百年波澜壮阔的历史进程告诉我们：中国特色社会主义是科学社会主义理论逻辑和中国社会发展历史逻辑的辩证统一，是历史的结论、人民的选择。事实证明，中国特色社会主义是实现"中国梦"的唯一正确道路。对大学生进行中国梦教育，让中国梦成为大学生梦想的凝聚与升华，就必须打牢大学生的共同思想基础，必须紧紧抓住理论武装和思想教育这个基础工程不放松。要教育和帮助大学生树立正确的世界观、人生观、价值观，热爱祖国，热爱人民，热爱中华民族，用中国特色社会主义理论体系武装大学生头脑，让大学生把对中国梦的认识和信念建立在科学理论奠基的理性认同上。梦想连接道路，道路决定命运。没有正确的道路，就无法汇聚各方的力量，再美好的梦想也无法实现。我们党紧紧依靠人民，把马克思主义基本原理同中国实际和时代特征结合起来，独立自主走自己的路，历经千

辛万苦，付出各种代价，取得革命建设改革伟大胜利，开创和发展了中国特色社会主义，从根本上改变了中国人民和中华民族的前途命运。历史和现实充分证明，无论封闭僵化的老路，还是改旗易帜的邪路，都是绝路、死路。只中国特色社会主义道路才能发展中国、富强中国，这是一条通往复兴梦想的康庄大道、人间正道。中华民族是具有非凡创造力的民族，我们创造了伟大的中华文明，我们也能够继续拓展和走好适合中国国情的发展道路。要增强对中国特色社会主义的道路自信、理论自信、制度自信，习近平总书记指出："当今世界，要说哪个政党、哪个国家、哪个民族能够自信的话，那中国共产党、中华人民共和国、中华民族是最有理由自信的。"实现中国梦，必须走中国道路，增强道路自信、理论自信、制度自信。要用中国特色社会主义理论体系武装教育大学生头脑，融入大学生思想政治教育之中，做到进教材、进课堂、进学生头脑，引导广大青年学生自觉地将个人的成长进步融入推动国家富强、民族振兴、人民幸福的时代大潮中。不断深化对中国特色社会主义道路、理论体系、制度的学习研究，为开展中国梦的宣传教育、实现中国梦的伟大实践做出贡献。

在思想政治理论课中把中国梦宣传教育同中国特色社会主义宣传教育结合起来，要以宽广的历史视野开展宣传教育，紧密联系中国近代史，紧密联系党领导人民的奋斗史、创业史、改革开放史，深入宣传实现民族复兴的过程是探索和坚持正确发展道路的过程，深入宣传中国特色社会主义的成功实践为实现中国梦展示的光明前景，深入宣传中国特色社会主义是我们寻梦圆梦的必由之路，坚持用正确的道路引领大学生，用科学的理论体系武装大学生，用无比优越的社会主义制度凝聚大学生，增强青年学生对中国特色社会主义的理论认同、政治认同、情感认同，同时还必须结合生动的社会生活进行教育，让事实说话，让数据作支撑，不然关于中国梦的教育就会在大学生那里变成空洞的说教。要引导大学生在深入把握中国特色社会主义科学性和真理性的基础上，进一步坚定理想信念、明确奋斗目标，进一步增强坚持中国特色社会主义道路、理论体系、制度的自觉性坚定性，把握好总依据、总布局、总任务，贯彻好"八个必须"的基本要求，坚定在党的领导下为实现中国梦接力奋斗的信念，走好中国道路，自觉承担起建设中国的历史重任，续写"中国故事"、创造"中国奇迹"；同时，自觉承担起宣传中国的历史使命，传播"中国声音"、解读"中国实践、中国道路、中国形象"，不断交出坚持和发展中国特色社会主义的合格答卷，举好圆梦旗帜。

二是把中国梦宣传教育同培育和践行社会主义核心价值观结合起来，在培育和践行社会主义核心价值观中凝聚中国力量，汇聚圆梦正能量，构筑大学生实现中国梦的精神支柱。

习近平总书记强调，中国梦的宣传和阐释，要与当代中国价值观念紧密结合起来。中国梦意味着中国人民和中华民族的价值体认和价值追求，意味着全面建成小康社会、实现中华民族伟大复兴，意味着每一个人都能在为中国梦的奋斗中实现自己的梦想，意味着中华民族团结奋斗的最大公约数，意味着中华民族为人类和平与发展做出更大贡献的真诚意愿。人类社会发展的历史表明，对一个民族、一个国家来说，最持久、最深层的力量是全社会共同认可的核心价值观。倡导富强、民主、文明、和谐，倡导自由、平等、公正、法治，倡导爱国、敬业、诚信、友善，社会主义核心价值观言简意赅地回答了我们要建设什么样的国家、建设什么样的社会、培育什么样的公民的重大问题。"三个倡导"所体现的社会主义核心价值观凝聚着全党全社会的价值共识，是中国特色社会主义的内在要求，是全体人民的共同追求，是兴国之魂、立国之本、强国之基。

中国梦之所以具有强大的吸引力感召力，就在于它不仅生动形象地展示了我们国家和民族的美好前景，也集中反映了社会主义核心价值体系的内在要求，体现了国家价值、社会价值和个人价值的完美融合。培育和践行社会主义核心价值观为实现中国梦提供了精神动力和思想基础。自近代以来，中国人民一直渴望建立一个富强、民主、文明、和谐的国家，建立一个自由、平等、公正、法治的社会，使全体社会成员能够成为爱国、敬业、诚信、友善的公民。这一要求与中国梦的内涵是一致的。只要全体中国人都能以社会主义核心价值观为自己的奋斗目标和行为准则，中国梦必将获得无比强大的精神动力。培育和践行社会主义核心价值观就是在为实现中国梦而努力。深化中国梦宣传教育，就要大力推进社会主义核心价值体系建设，认真贯彻党的十八大提出的"三个倡导"要求，在全社会大力倡导富强、民主、文明、和谐，倡导自由、平等、公正、法治，倡导爱国、敬业、诚信、友善，引导人们自觉践行社会主义核心价值观，自觉追求和实践中国梦所蕴含的价值理想。实现中国梦，必须弘扬中国精神，形成强大的精神力量。弘扬中国精神，是实现中国梦的题中应有之义。文化是民族的血脉，是人民的精神家园。当今世界各种思想文化相互激荡，文化软实力已经成为综合国力竞争的重要内容，成为一个国家、一个民族是否兴旺发达的重要标志。民族的复兴从本原上说是文化的复兴，而文化的内核是核心价值观，是基于核心价值观所形成的民族精神。要加强社会主义核心价值体系建设，培育和践行社会主义核心价值观，坚持把立德树人作为教育的根本任务，思想政治理论课要自觉以社会主义核心价值体系为引领，将社会主义核心价值观贯穿于思想政治理论课全过程。高职院校思想政治理论课各门课程应该全面渗透社会主义核心价值观的内容，做到社会主义核心价值观"进教材、进课堂、进头脑"，教育引导青年学生要勤学、修德、明辨、笃实，知荣辱、讲正气、做奉献、促和谐，身体力行社会主义核心价值观。高职院校思想政治理论课要注重运用马克思主义的立场、观点和方法，结合中国特色社会主义文化建设，分析和阐释社会主义核心价值观的科学内涵和重大意义。要善于从中华优秀传统文化中汲取丰富营养，让中华优秀传统文化成为涵养大学生社会主义核心价值观的重要源泉。广泛进行爱国主义、集体主义、社会主义教育，增强民族自尊心、自信心、自豪感，教育引导学生坚定理想信念、练就过硬本领、勇于创新创造、矢志艰苦奋斗、锤炼高尚品格，努力做实现中国梦的奋进者、开拓者、奉献者。要在广大青年学生中深入持久地开展"爱学习、爱劳动、爱祖国"教育活动，大力弘扬以爱国主义为核心的民族精神，要充分发挥榜样的示范引领作用，褒扬最美人物、弘扬最美精神，引导广大青年学生从自己做起、从现在做起、从点滴做起，把培育和弘扬核心价值观同大学生的学习生活紧密联系起来，使其成为大学生社会实践活动的基本遵循，增强大学生对社会主义核心价值观的认同感，做到内化为精神追求，外化为自觉行动，把对祖国、对人民的热爱转化为伟大梦想的实际行动。要用波澜壮阔的改革开放和现代化建设实践教育引导学生，大力弘扬以改革创新为核心的时代精神，增强开拓创新、奋发进取的精神力量，引导广大青年学生树立创新意识，增强创新能力，不断激发创造热情，为放飞梦想提供更为广阔的天空。

三是把中国梦宣传教育同学习习近平总书记在山东考察时发表重要讲话相结合，要发挥优秀传统文化怡情养志、涵育文明的重要作用，使大学生在增强文化自觉、文化自信、文化自强中弘扬中国精神，提升圆梦软实力。

2013年11月26日，习近平总书记来到历史文化名城山东曲阜，参观考察孔府、孔子研究院并同专家学者座谈。他强调，中华优秀传统文化是中华民族的突出优势，中华民族伟大复兴需要以中华文化发展繁荣为条件，必须大力弘扬中华优秀传统文化。……国无德不兴，人无德不立。必须加强全社会的思想道德建设，提高道德实践能力尤其是自觉践行能力，引导人们向往和追求讲道德、尊道德、守道德的生活，形成向上的力量、向善的力量。

传统的中国文化是一个以伦理为核心的文化系统。中国人崇奉以儒家"仁爱"思想为核心的道德规范体系，讲求和谐有序，倡导仁义礼智信，追求修身齐家治国平天下全面的道德修养和人生境界。可以说，思想道德建设是中华文化脉动几千年的核心力量。正因如此，实现民族文化的复兴，就必须传承中华文化的优秀传统，加强思想道德建设。中国共产党自成立之日起，就既是中华优秀传统文化的忠实传承者和弘扬者,又是中国先进文化的积极倡导者和发展者。不忘本来才能开辟未来,善于继承才能更好创新。要用中华民族创造的一切精神财富来以文化人、以文育人,决不可抛弃中华民族的优秀文化传统。

四是把中国梦宣传教育同促进大学生健康成长结合起来,进一步焕发大学生实现中国梦的青春激情。

以中国梦为引领,引导大学生坚定理想信念,树立正确"三观",必将促使他们更自觉地将个人命运与国家命运紧密相连、把个人梦想与民族复兴紧密相连,必将促使大学生刻苦学习、奋发拼搏,提高思想道德素质、科学文化素质、身心健康素质,为实现中华民族伟大复兴贡献青春力量。2013 年 4 月 8 日,刘云山在北京出席深化"中国梦"宣传教育座谈会强调,把中国梦宣传教育同促进青少年健康成长结合起来,进一步焕发广大青少年实现中国梦的青春激情。中国梦寄托着青少年的梦想,也最能点燃他们为梦想而奋斗的热情。要把面向青少年的宣传教育作为一项重点任务,加强规划、精心谋划,通过学校教育、家庭教育、社会教育等多种途径,使中国梦深深扎根于青少年心中。大学生是民族的希望、祖国的未来,是推动国家蓬勃发展的生力军,是实现中华民族伟大复兴的重要力量。2013 年 5 月 4 日,习近平在同各界优秀青年代表座谈时勉励广大青年在实现中国梦的生动实践中放飞青春梦想。大学本来就是充满梦想之地。大学生处于逐梦的年龄,有着圆梦的期待。就大学生思想政治教育和立德树人而言,中国梦是内容和形式的最佳结合。中国梦是国家大梦与国民小梦的结合,"宏大叙事"的国家梦可以演绎出许多"具体而微"的个人梦。在大学生那里,中国梦就是"学业梦""职场梦""发展梦""成才梦"等跟大学生学习生活紧密相关的具体梦想。对大学生进行中国梦教育,必须找到中国梦与大学生成长成才的"个人梦"的结合点,将这些结合点作为思想政治教育的作用点,遵循人才发展的客观规律,引导大学生在中国梦的视域下,通过实现和发展自己的梦,推动国家梦的实现。通过树立典型、宣传典型让大学生感受典型的力量,推动大学生逐渐明晰和形成自己追逐理想的路线图,引导大学生将自己梦想的实现融入中国梦的实现过程中去,在实现中国梦的过程中,谱写人生的绚丽篇章。

四、改进教育方法

习近平总书记批示"必须办好"高校思想政治理论课。"教得其道、乐为用矣,教不得法、无益于事。"应不断创新理念、形式、手段,在增强针对性有效性上下功夫。要强化以学生为本的理念立足于学生成长需求与教学需求、学生物质需求和深层精神需求、学生现时应急需求和未来根本需求、学生个人需求与群体秩序需求的相互对接，树立科学发展的改革理念。处理好教师主导作用与学生主体作用的关系。激励教师根据不同的教育对象和教学安排，采用灵活多样的教学方法，实现教学水平的不断提升；尊重学生在教学过程中的主体地位，充分发挥大学生学习中国梦理论的主观能动性，探索学生自觉参与中国梦理论学习的路径和方式，实现中国梦理论教师"讲出来"与学生"听进去"的无缝对接。一是要坚持情理交融，在教学过程中循循善诱，在教学过程之外热爱学生、关心学生、尊重学生。所谓"亲其师，信其道"。坚持理论教育与体验式教育相结合。探寻启发式教学、情境教学、讨论辩论、社会调查等教学方式，使学生真正成为中国梦融入思想政治理论各门课教学过程的参与者和教学模式创新的实践者。树立实践理念，既着眼全面建成小康社会、全面深化改革、全面依法治国、全面从严治党实现中国梦的生动实践，明确新时期高职院校思想政治理论课改革发展的新要求，又着眼学生学习生活实践，满足学生的学习生活需求和精神需要。二是要坚持身教与言教相结合，不仅要靠真理的力量、逻辑的力量，更要靠教师人格的力量。好师德培养好教师，好教师造就好学生，好学生谱写好未来。三是善于运用手机短信、社交网络、微博微信等平台，运用现代教育技术等手法，进行形象化展示故事化表达，进一步增强吸引力感染力。充分利用"BBS 网络平台"延伸教学时空，实现课上课下一体化。四是加强爱国主义教育基地建设。思想政治理论课老师要带领大学生深入爱国主义教育基地现场教学，通过图片、文字、建筑等对大学生价值观教育。通过喜闻乐见的形式，将爱国情感潜移默化地注入大学生的心灵。重要节庆日蕴藏着丰富教育资源，要充分发挥重要节庆日传播中国梦的独特优势。充分利用重大纪念日、重要传统节日开展中国梦主题实践活动，开展升国旗、入党入团等有庄严感的礼仪活动，让大学生更好感悟中国梦的真谛和要义。五是树立合作理念，充分发挥思想政治理论课教学过程中各要素的积极作用，上下联动、协调一致，积极构建生生合作、师生合作的良好教学格局实现教与学的有机统一。

参考文献

[1] 崔付荣 . 新时代大学生思想政治教育创新发展研 [M]. 北京 : 新华出版社，2018.

[2] 张雪霞，杨伟丽，贾博 . 大学生思想政治教育的理论与实践新探索 [M]. 北京 : 中国时代经济出版社，2014.

[3] 黄慧琳 . 高校大学生思想政治教育与创新能力培养探索 [M]. 成都 : 电子科技大学出版社，2017.

[4] 闫晓静 . 大学生思想政治教育创新研究 [M]. 成都 : 电子科技大学出版社，2017.

[5] 王楠 . 大学生思想政治教育创新研究 [M]. 延吉 : 延边大学出版社，2017.

[6] 曾光顺 . 中国梦融入大学生思想政治教育的模式研究 [M]. 北京 : 光明日报出版社，2016.

[7] 林杰 . 工匠精神培育与高校思政教育有效融合的实现路径研究 [J]. 开封教育学院学报，2017（12）:196-197.

[8] 杨伟萍 . 网络时代高校思想政治教育的机遇、挑战和对策 [J]. 泰州职业技术学院学报，2017（06）:21-23.

[9] 全健 . 网媒时代高校思想政治教育模式探究 [J]. 长沙民政职业技术学院学报，2018（01）:62-63.

[10] 韦敏 . 探讨新媒体对高校学生思想政治教育的影响 [J]. 中国多媒体与网络教学学报（中旬刊），2018（06）:1-2.

[11] 韩丽萍 ."中国梦"视阈下高校思想政治教育模式探析 [J]. 文教资料，2014（08）:85-87.

[12] 范忠永 . 工学结合模式下的高校学生思想政治教育探析 [J]. 文教资料，2018（01）:167-168.

[13] 黄珊珊 . 新媒体环境对高校大学生思想政治教育的影响研究 [J]. 才智，2018（29）:146.

[14] 朱长根，安礼奎，熬丽芳 . 试析手机媒体在高校思想政治教育中的运用

[J]. 学校党建与思想教育，2015（06）:73-74.

[15] 马静．基于产学研结合的高校思想政治教育创新探究 [J]. 淮南职业技术学院学报，2015（01）:39-41.

[16] 李进．现代学徒制背景下高校生思想政治教育模式探析 [J]. 教育与职业，2015（13）:46-48.

[17] 李旭芳．新时期高校学生思想政治教育模式与实践研究 [J]. 现代交际，2015（09）:136.

[18] 王瑞兰．高校思想政治理论课实施人文素质教育模式研究 [J]. 遵义师范学院学报，2012（01）:97-100.

[19] 张荣香，张玉强．高校校企"双主体"人才培养模式对思想政治教育的影响 [J]. 继续教育研究，2012（05）:131-133.

[20] 方希．大数据时代背景下高校思想政治教育的现实意义 [J]. 文化学刊，2016（03）:142-144.

[21] 李荣胜．新媒体背景下高校思想政治教育创新研究 [J]. 职教论坛，2016（17）:18-22.

[22] 王振文．高校学生"五位一体"思想政治教育新模式的构建与实施 [J]. 亚太教育，2016（24）:78.

[23] 朱冰．高校"思政课程"向"课程思政"转变的意义与路径 [J]. 淮北职业技术学院学报，2019（01）:29-30.

[24] 彭洁．论工匠精神培养与高校思政教育的有效融合 [J]. 智库时代，2019（19）:114.

[25] 李会，魏国方．新媒体时代高校思想政治教育面临的挑战及对策研究 [J]. 产业与科技论坛，2019（21）:164-165.

[26] 谭成明，李新梅，赵蓉．基于就业导向的高校思想政治教育创新 [J]. 经贸实践，2017（05）:269.

[27] 葛志亮．关于增强高校思想政治教育实效性的路径研究 [J]. 河北农业大学学报（农林教育版），2011（03）:297-300.

[28] 董东，刘明珠．"大思政"体系下高校思想政治教育现状思考——以福建卫生职业技术学院思政教育为例 [J]. 湖北开放职业学院学报，2019（01）:105-106.

[29] 刘瑶．新时代背景下专业服务导向的高校思想政治教学评价改革研究 [J]. 产业与科技论坛，2019（03）:269-270.

[30] 张隽，蒋金康，徐微．大思政视野下高校思想政治教育实践育人模式研究 [J]. 现代营销（信息版），2019（03）:144-145.